航海概论

赵庆涛　主编
张吉平　主审

大连海事大学出版社

© 赵庆涛 2010

图书在版编目(CIP)数据

航海概论 / 赵庆涛主编 .—大连 ：大连海事大学出版社，2010.1(2025.7 重印)
ISBN 978-7-5632-2405-0

Ⅰ.①航… Ⅱ.①赵… Ⅲ.①航海学—高等学校—教材 Ⅳ.①U675

中国版本图书馆 CIP 数据核字(2010)第 010954 号

大连海事大学出版社出版

地址:大连市黄浦路 523 号 邮编:116026 电话:0411-84729665(营销部) 84729480(总编室)

http://press.dlmu.edu.cn E-mail:dmupress@dlmu.edu.cn

大连金华光彩色印刷有限公司印装 大连海事大学出版社发行

2010 年 1 月第 1 版 2025 年 7 月第 21 次印刷

幅面尺寸:184 mm×260 mm 印张:10.5

字数:257 千 印数:49501~51500 册

责任编辑:史洪源 版式设计:海 韵

封面设计:王 艳 责任校对:高 炯

ISBN 978-7-5632-2405-0 定价:20.00 元

内容提要

本书共分为五章。第一章讲述船员组织、船员职责和船员的职业资格；第二章讲述船舶常识、船舶设备和船舶的航行性能；第三章讲述航海基础知识，包括地理坐标、航向与方位、能见距离、航速和航程、时间系统、航标、航海图书资料以及气象与海况；第四章讲述船舶航行中的航行计划、值班、通信、定位、操纵与避碰以及特殊航行方法；第五章讲述海上运输和船舶营运方式、主要货运单证、货物配载和装卸以及航行途中货物的保管等。

本书可作为高等海运院校船舶轮机工程专业教材，也可作为航海类院校其他与船舶有关的陆上专业的选修教材和参考书。

前　言

本书是根据高等海运院校船舶轮机工程专业的特点和需要，按照“航海概论”教学大纲编写的。

现代科学技术的发展使航海技术取得了长足的进步，航海技术的进步对航海人员的素质提出了更高的要求。现代航海要求航海人员必须具有较扎实的现代科学技术的基础知识，通过实践不断地积累与丰富航海经验，以便对各种复杂的航海环境具有独立分析、判断与处理的能力。

目前，我国船员总数居世界第一位，是世界公认的船员大国。以船员为骨干支撑的航运业，担负着我国一半的货物周转量和绝大部分的对外贸易运输任务，为发展国民经济、保障公共安全和扩大对外开放作出了突出贡献。对于轮机工程专业来说，必须了解和掌握航海的基本原理和基础知识，以便对船舶驾驶工作有一定的了解，提高业务素质和理论修养，更好地做好本职工作，从而为将来成为高素质的合格的航运人才打下坚实的基础。

航海学是一门理论性和实践性很强的综合性学科，涉及的内容极其广泛。本书针对轮机工程专业所必须了解和掌握的航海基本原理和基础知识进行梗概介绍，力求简明扼要，由浅入深，内容新颖，突出重点，篇幅适中，使读者易于接受，便于掌握。

本书还可作为航海院校其他与船舶有关的陆上专业的选修教材和参考书。

本书由大连海事大学航海学院赵庆涛主编，张吉平教授主审。赵庆涛编写第一章、第二章和第三章第一节至第七节；赵庆涛、章文俊、王辉共同编写第三章第八节；章文俊编写第四章和第五章；赵庆涛整理并完成全书的统稿。

本书的编写参考了许多宝贵的资料，刘德新教授和王建军副教授对本书提出了许多宝贵的意见和建议，在此表示诚挚的谢意。

本书在整个编审过程中一直得到了大连海事大学继续教育学院汪佩老师的热情关注和大力支持，大连海事大学出版社也给予了积极的协助，在此一并致谢。

由于我们的经验和水平有限，本书不足之处在所难免，欢迎批评指正。

编　者

2009 年 8 月

目　录

第一章　船　员

船员职业是一种特殊的职业，是一种真正意义上的国际职业。船员作为水上运输的最终实现者和水上交通安全的最终保障者，在保障水上交通安全、防止船舶污染环境、保护水路运输、促进对外贸易和国民经济发展等方面发挥着重要作用。

船舶必须按照有关的国际公约和国内法规的要求，配备足够数量的合格船员，并明确岗位职责。

第一节　船员组织

一、船员的配备与编制

为了保证船舶安全航行、停泊和作业，防止船舶污染环境，船舶所有人、经营人、管理人必须按照与船舶最低安全配员有关的国际公约和国内法规的要求，为所属船舶配备足够数量的合格船员。

表 1-1-1 为我国船舶最低安全配员规则中有关海船（一般船舶、客船）甲板部最低安全配员标准。

表 1-1-1

船舶种类	船舶吨位	一般规定	附加规定
一般船舶	3 000 总吨及以上	船长、大副、二副、三副各 1 人，值班水手 3 人	连续航行时间不超过 36 h，可减免三副和值班水手各 1 人
	500 总吨及以上至未满 3 000 总吨	船长、大副、二副、三副各 1 人，值班水手 3 人	连续航行时间不超过 36 h，可减免值班水手 1 人；连续航行时间不超过 8 h，可再减免三副 1 人
客船	500 总吨及以上	(1)船长、大副、二副各 1 人，值班水手 3 人； (2)配有与救生艇数量相等的持有精通救生艇筏及救助艇操纵证书的人员（不包括船长和大副）	连续航行时间超过 24 h，须增加二副 1 人；连续航行时间不超过 8 h，可减免二副和值班水手各 1 人

船员按职务可分为船长、高级船员和普通船员。高级船员包括大副、二副、三副、驾驶助理、轮机长、大管轮、二管轮、三管轮、轮机助理、电机员、无线电操作员、政委、管事和医生。普通船员是指除船长和高级船员以外的其他在船上服务的人员，包括水手长、木匠、一级水手、二级水手、机工长、一级机工、二级机工、大厨、厨工和服务员等。

根据船员在船上所处的岗位和职责，可将船员分为管理级、操作级和支持级三个职责级别。这是 STCW 公约提出的分类法。

管理级是指确保正确履行指定职责范围内的所有职能的责任级别，对应的职务是船长、大副、轮机长和大管轮。

操作级是指在相同责任范围内管理级人员的指导下，按照正规的程序，对指定责任范围内的所有职能的履行保持直接的控制的责任级别，对应的职务是二副、三副、二管轮、三管轮和无线电操作员。

支持级是指在操作级或管理级人员的指定下，在海船上与履行指定的任务、职责和责任有关的责任级别，对应的职务是水手和机工等普通船员。

二、船员组织

近年来，船员组织系统正酝酿着进一步的调整：无线电电子员的工作逐步由持有相应证书的船长、驾驶员担任（驾通合一）；电机员的工作逐步由轮机员担任（机电合一）；水手、机工逐步走向一体化（水机合一）。

一般来说，船上的船员和业务按部门可分为甲板部、轮机部和事务部。

甲板部包括大副、二副、三副、驾驶助理、水手长、木匠、一级水手和二级水手等，其负责人是大副。甲板部主要负责船舶航海、船体保养和船舶营运中的货物积载、装卸设备、航行中的货物照管；主管驾驶设备和助航仪器、信号、旗帜、海图及航海图书资料；负责救生、消防、堵漏器材的管理；主管舵、锚、系缆和装卸设备的一般保养；负责货舱系统和机舱外淡水，压载水和污水系统的使用和处理。

轮机部包括轮机长、大管轮、二管轮、三管轮、轮机助理、电机员、机工长、机工等，其负责人是轮机长。轮机部主要负责主机、锅炉、辅机及各类机电设备的管理、使用和维护保养；负责全船电力系统的管理和维护工作。

事务部包括管事、大厨、厨工、服务员、医生等，其负责人是管事。事务部主要负责全船人员的伙食、生活服务和财务工作。对于不设管事的船舶，事务部的人员划归甲板部。

第二节　船员的职责

一、船长

船长是船舶领导人，受船公司的委托，负责船舶的管理和驾驶。船长对船公司（船东）负责，是船舶安全生产、经营管理、航行工作、行政管理、应变指挥和涉外工作的负责人，并协同政委做好船员的思想政治工作。

船长应严格遵守有关的各项国际公约和原则，以及地区性规定，尤其是国际海上防污染公约及各国有关防污染的规定；严格贯彻执行公司对船员的各项行政管理制度，领导船员严格执行岗位职责，保持船舶适航、适货状态和设备的良好技术状态，确保船舶的安全生产。

船长负责审批大副编制的货物配载计划，严格执行乘员定额和载重干舷规定，不得超载，并有权拒绝装运违反运输规则的货物。在装卸危险品、重大件或贵重物品时，船长应亲自监督；负责审批各部门负责人制订的运输生产和维修保养方面的航次工作计划；负责组织全体船员制订和落实防火、防爆、防海盗、防偷渡、防走私等各项防范措施；负责审核并签署应变部署表，定期主持救生、消防等各种演习；负责审阅并签署航海日志，监督航海日志、轮机日志和电台日志的正确记载；负责保管船舶公章、重要文件、船舶证书、船员适任证书等，并且在证书到期前应及时申请检验或更换；负责填写并保管船史簿。

当船上有出生或死亡情况时，船长应予证明；当船上有罪犯时，船长有责任防止罪犯逃亡、隐藏以及销毁罪证，并应在到港时将罪犯及罪证一并送交公安机关；当受到军事威胁、挑衅和进攻时，船长应与政委慎重研究，及时采取保护生命财产安全的有效措施，并急电请示公司和港口当局。

开航前，船长应通知各部门负责人做好开航前的准备工作；督促二副备齐并改妥所需海图和其他航海图书资料，制订出安全经济航线；部署航行计划，备足航次所需的燃料、物料、淡水、伙食等；检查各种船舶证书、船员证件、运输单证以及港口文件，并确认齐全，办妥离港手续。

航行中，船长应督促各部门负责人认真落实航前所制订的各项计划和措施，及早布置和落实防暴风、防台风、防冻、防碰撞以及雾航等安全生产措施。在船舶进出港口，靠离、移泊，通过狭水道、危险水道和船舶密集海域，航近冰区、礁区以及遇恶劣天气、能见度不良和遇敌情时，船长应上驾驶台指挥或指导。即使有引航员引领时，船长仍负有指挥的责任。夜间航行时，应将有关航行指示和安全注意事项明确记入船长夜航命令簿，并且在任何时间当值班驾驶员唤请时，应尽快到达驾驶台。

在停泊期间，船长应布置值班注意事项，并督促检查值班情况，合理地安排船员登岸或留船值班。

在船舶发生海损事故时，应按规定发出扼要海事声明或海事报告，连同航海日志摘要，一并在船舶抵达第一港口时送交有关部门签证，并按需要申请检验。

在船舶发生海难时，船长应积极领导和组织全体船员采取一切有效的措施奋力抢救，并急电报告公司。如确需救助时，应按规定呼救求援。如船舶确已无法挽救而决定弃船时，应按先旅客、后船员的原则，有秩序地安全、迅速离船。船长应督促有关主管船员携带必须携带的航海文件，并亲自携带国旗和航海日志最后离船。若接到他船的呼救信号或发现附近有人遭遇生命危险时，只要对本船没有严重危险，应该尽力救助。

在修船时，船长应认真审批各部门修理计划，检查进厂准备工作，做好防火、防爆、防工伤等工作。修理过程中，经常检查工程的质量和进度，严格监修和验收，保质保量地按期完成修船任务。

在接受新建、新购船舶时，船长应领导船员制订出接船计划和具体措施，做好对口交接工作，认真清点各种属具、备件、工具、资料、证书以及图纸和说明书等技术资料，按合同规定做好试车、试航和各种设备的验收工作，办妥各种船舶技术证书，部署受载或各项开航准备工作。

二、政委

政委是船舶领导人之一，受上级党委和行政双重领导，以党委领导为主，负责船舶思想政治工作和精神文明建设，并兼管部分行政管理工作；作为船舶党支部书记还负责船舶党务工作。

三、大副

大副是船长的主要助手，是甲板部的负责人，在船长、政委的领导下，全面负责甲板部的工作。除航行和停泊值班并协助船长搞好安全航行外，主管货物的配载、装卸、交接和运输管理以及甲板部的维修保养工作。贯彻执行上级指示和船务会议决定，制订并落实甲板部各项工作计划，保证本部门工作的安全优质、经济高效和部门间的良好协作。

大副负责编制甲板部的维修保养计划，组织甲板部人员做好维修保养工作；负责督促做好甲板部的备件、物料、工具和劳保用品的请领、验收、保管、使用、盘点和报销工作；负责每日检查淡水舱、压载水舱和污水沟(井)的测量记录并记入航海日志;负责安排淡水舱、压载水舱的注入、排出或移注工作,以及管理淡水的储量和消耗;负责甲板部船员和实习生的技术业务培训;负责航海日志和船舶垃圾记录簿的正确记载和保管,以及有关图纸、技术资料和业务文件的保管;负责全船的通用、备用钥匙;负责督促三副和水手长做好救生、消防、堵漏设备和各种应变器材的养护工作,按时进行各种应变演习并在现场指挥。船上未配备医生时,负责全船的医疗工作。

装卸货时,大副全面负责。在保证货物和船舶安全的前提下,充分利用船舶的装载能力,合理配载,不得超载,计算并保持良好的稳性和适宜的吃水差,布置有关人员监督装卸,防止发生货损货差。在装卸危险品、重大件、贵重物品时,应指定水手长检查装卸设备和绑扎、加固等情况,并亲临现场监装监卸。

开航前,大副负责检查装卸单证是否齐全、甲板部人员是否到船以及淡水储备量、封舱、活动物件绑扎固定等情况,并会同轮机长(大管轮)、电机员试舵,确认良好并记入航海日志。

大风浪侵袭前,大副应督促水手长和木匠检查船上易移动物件并予以绑固,并亲自检查舱口的水密性和牢固情况,督促有关人员关闭货舱通风口和外侧水密门窗以及疏通甲板排水孔道。

进出港口、靠离移泊和抛起锚时,大副在船首负责瞭望,并按船长意图指挥安全操作,及时向船长汇报情况。

修船时,大副负责汇总和编制甲板部的修船计划,制订并落实各项安全措施,组织好监修、验收和自修工作,掌握修理进度和质量,争取缩短工期。

航行和锚泊的值班时间:0400~0800;1600~2000。

船长因故不能履行职责时,大副临时代理船长职务。

四、二副

二副在船长、大副的领导下履行航行和停泊值班的职责,主管驾驶设备,包括各种无线电航海仪器、气象仪表、操舵仪、天文钟和船钟、罗经、国旗、号旗、号灯、号型和海图及其他航海图书资料,按大副的指示管理货物装卸。

二副负责向新到任的驾驶员介绍仪器设备的性能和操作;负责张贴驾驶台规则、驾驶轮机联系制度和重要仪器设备的操作说明。

开航前,二副应按船长指示备妥所需号旗、海图和有关航海资料并改正至最新,拟定好航线,并报船长审批,检查并启动有关助航设备。

航行中,负责跨时区拨钟,每天填写并与二管轮交换正午报告;航次结束后及时填报航次报告。

进出港口、靠离移泊时,二副在船尾按船长的指示指挥船员进行靠离泊安全操作,并及时向船长报告情况。

修船时,做好所管项目的维修和验收工作,特别是在船舶进坞后和出坞前,应对测深仪的水下部分进行检查、保养和记录。

航行和锚泊的值班时间:0000~0400;1200~1600。

大副因故不能履行职责时,二副代理大副职务。

五、三副

三副在船长、大副的领导下履行航行和停泊值班的职责,主管救生、消防设备,并按大副指示管理货物装卸。

三副负责管理全船救生、消防设备和器材，并将其认真登记入册，定期检查、清洁、保养，更换淡水、食品和电池，使其处于有效使用状态，保持各种救生信号在有效期内（属二副管理的除外），按规定向船员讲解救生、消防知识和各种设备、器材的操作使用方法。

开航前，按大副指示编妥船舶应变部署表及船员应变任务卡，经大副审核、船长批准后公布执行；张挂有关救生、消防的规章和图表，及时向新到船员介绍应变岗位和具体职责。

船舶进出港口、靠离移泊、抛起锚时，三副在驾驶台协助瞭望，执行并记录车钟令，传达船长指令，记录重要船位及有关情况等。

船舶进出港口、靠离移泊、抛起锚时，三副在驾驶台协助瞭望，传达和执行船长命令，并操纵车钟，记录车钟令、船舶的主要动态和情况。

负责救生、消防设备及器材的养护和维修、厂修申报。修船时，做好所管项目的自修、监修和验收，完成大副指派的其他工作。

航行和锚泊的值班时间：0800～1200；2000～2400。航行中晚餐时，替换大副用餐半小时。

二副因故不能履行职责时，三副代理二副职务。

六、无线电电子员或操作员

在船长、政委的领导下，负责管理和使用无线电通信设备，认真完成各项通信任务，并做好记录。目前，船上的通信工作由持有相应证书的船长、驾驶员兼任。

七、水手长

水手长在大副的领导下，组织领导木匠和水手工作，负责编制水手航行、停泊及瞭头轮值表，按大副指示安排水手进行船体和甲板部设备的维修保养、起落吊杆、开关舱、绑扎甲板货、清洁以及装卸和靠离泊的准备工作等，并管理甲板部物料、属具、绑扎器材和劳保用品，做好请领、验收、发放和清点等工作。

八、木匠

木匠在大副和水手长的领导下，负责木工及有关工作，负责请领、保管和清点木工工具和物料；负责定期检查舷窗、水密门、导缆孔滚筒和救生艇吊柱等设备，并适时加油活络；负责每天至少两次测量淡水舱、压载水舱、污水沟（井），并做好记录；负责按大副或值班驾驶员指示添装淡水，联系机舱灌注、移注、排出压载水或排出货舱污水；负责操纵起锚机及其外部的清洁保养和活络部分加油；负责在添装燃油前堵塞甲板泄水孔。

九、一级水手

一级水手在值班驾驶员和水手长的领导下，履行值班职责或参加维修保养工作。

值班时，一级水手应切实执行值班制度的各项规定，开航前，做好试航、检查航行灯、备妥所需号旗等准备工作，航行中按要求正确操舵和转换操舵仪的工作状态，并负责驾驶台的整洁及有关设备的养护工作。

不参加轮值时，在水手长的安排下，履行二级水手的职责。

十、二级水手

二级水手在水手长的领导下，参加系泊带缆、收放舷梯、安全网和引航梯，清洁和维修保养起落吊杆和开关舱，清舱洗舱，看舱理货，绑扎货物，拆装检查装卸属具，插编绳结，收放救生艇（筏），消防、救生、堵漏、瞭头以及大副、水手长安排的其他工作。

十一、轮机长

轮机长在船长、政委的领导下，是全船机械、动力、电气（无线电通信导航和甲板部使用的电子仪器除外）设备的技术总负责人。轮机长负责制订并落实各种机电设备的操作规程、保养检修计划和值班制度；船舶进出港口、靠离移泊、通过狭水道或在其他困难条件下航行时，应在机舱领导和监督值班人员操作，按照驾驶台的指令迅速、正确地操纵主机，并保持正常的工况参数；负责组织制订轮机部修船计划、编制修理单和预防检修计划，组织领导修船并验收；负责燃润料、物料、备件的申请、造册、保管和合理使用；负责保管轮机设备的证书、图纸资料和技术文件；负责检查和签署轮机日志和电机日志，指导相关轮机员或自己填写油类记录簿。在发生紧急事故时，轮机长负责指挥机舱人员进行抢修和抢救工作。

十二、大管轮

大管轮是轮机长的主要助手，在轮机长的领导下，负责领导轮机部人员进行机电设备管理、操作、保养和检修工作，教育所属人员严格遵守工作制度、操作规章和劳动纪律，保证轮机部各种规章制度的正确执行。

大管轮负责管理主机、轴系及为主机直接服务的辅机，并负责管理舵机、冷藏设备以及轮机部有关安全的设备（如应急舱底阀、燃油应急开关等）；负责轮机部通用物料及本人主管机械设备的备件、润滑油的申领、验收和报销；负责机、炉、泵舱的清洁工作。

担任航行、停泊值班，值班时间同大副。

十三、二管轮

二管轮在轮机长和大管轮的领导下，负责管理发电原动机及为它服务的机械设备、机舱内部分辅机和轮机长指定的其他设备；负责加装燃油（驳油），并进行燃油的测量、统计和记录工作，到港前，还应将燃油存量送交轮机长。

担任航行、停泊值班，值班时间同二副。

十四、三管轮

三管轮在轮机长和大管轮的领导下，负责管理甲板机械、救生艇艇机、各种泵、应急消防泵和应急发电机等应急设备、油水分离器和焚烧炉等船舶防污染设备、空调机、辅锅炉及其附属设备以及轮机长指定的其他辅机和设备。对于不配备电机员的船舶，由三管轮负责管理全部电气设备。

担任航行、停泊值班，值班时间同三副。

十五、机工长

机工长应具有管理、操作和检修水平。在大管轮的领导下，机工长负责组织、安排机工值班以及机、炉、泵舱等处的清洁和日常维修保养工作。

十六、机工

机工在轮机长、大管轮的领导下，在机工长的直接领导和安排下，协助轮机员或独立进行机、电、锅炉设备、管系、阀门等的检修、保养和清洁工作，并按规定时间值班。

十七、管事

管事是事务部的负责人，是船长和政委对外联系的助手，在船长、政委的领导下，负责组织领导事务部人员工作；负责船员和旅客的生活服务；负责办理联检、现金出纳和船员工资等项工作。

十八、大厨

大厨在管事的领导下，领导和分配厨房人员工作，并协助管事采购、储备和保管粮食、副食品和餐膳用料，保证厨房和食品的清洁卫生。

十九、厨工

厨工是大厨的助手，在大厨的领导下，负责炉灶、仓库和膳食等工作。

二十、船医

船医在船长、政委的领导下，负责全船的医疗工作，并协同大副监督船舶的清洁卫生工作，保证全体船员和旅客的身体健康。对于不配备船医的船舶，船医工作由大副兼任。

二十一、服务员

服务员在管事的领导下，负责船员、旅客的服务工作。

第三节　船员的职业资格

我国船员条例设立了船员职业准入制度，主要通过两项行政许可实现：一是船员注册制度，二是船员任职资格制度。船员注册制度是对从事船员职业的入门要求，船员任职资格制度则是对船上特定工作岗位的进一步要求。

一、船员注册

船员是指具备船员条例规定的船员注册条件，经海事管理机构注册，取得海事管理机构颁发的船员服务簿的人员。

船员条例对船员注册工作作了规定，建立了船员注册制度；《船员注册管理办法》规范了船员注册制度，规定了从事船员职业的最基本要求，即申请船员注册，应当具备下列条件：

1. 年满 18 周岁（在船实习、见习人员年满 16 周岁）但不超过 60 周岁。

2. 符合船员健康要求。

3. 经过船员基本安全培训，并经海事管理机构考试合格。申请注册国际航行船舶的船员，还应当通过船员专业外语考试。

只要符合规定的年龄和《海船船员体检要求》（该标准同时适合于海船船员和内河船员）规定的健康条件以及完成熟悉和基本安全培训而具备在船上工作最基本的安全知识和操作技能，就可以申请注册为船员，领取船员服务簿，上船从事与船舶航行安全没有直接联系的基本工作。

船员注册制度划分了船员职业身份的界限，即公民必须经过船员注册程序，方能取得船员的职业身份，然后才能上船从事相应的工作；而不论在船上担任什么岗位的职务，都必须首先经过船员注册，取得船员身份。

二、船员的任职资格

公民取得船员注册，仅仅满足了在船上工作的最基本要求，只能从事普通船员（不参加航行和轮机值班的机工和普通水手）的有关工作，而不能从事参加航行和轮机值班船员（船长、大副、二副、三副、轮机长、大管轮、二管轮、三管轮）的工作，只有满足相应的学历和资历要求，经过相应的适任培训，并通过相应的船员适任考试，获得相应的适任资格后，才能在与船舶安全航行密切相关的岗位上任职。因此，船员任职资格制度较之船员注册制度更加注重于对船员实际技能的锻炼和培养，注重于船员职业经历的积累。

申请船员适任证书的条件：

1. 已经取得船员服务簿。

2. 符合船员任职岗位健康要求。

3. 经过船员适任培训。船员适任培训是船员在取得适任证书前接受的旨在提高船员适应拟任岗位所需的专业技术知识和专业技能的教育或培训，船员适任培训的种类有：

（1）适任证书考前培训，包括船长、驾驶员考前培训；轮机长、轮机员考前培训；船舶无线电人员考前培训；组成值班的水手、机工适任培训等。

（2）船员专业培训，包括熟悉和基本安全培训；精通救生艇筏和救助艇培训；船舶高级消防培训；精通急救和船上医护培训；雷达操作和模拟器培训；船舶操纵模拟器培训；船舶轮机模拟器培训等。

（3）特定类型船舶船员特殊培训，包括散装液体货船船员特殊培训；客船及滚装客船船员特殊培训；大型船舶操纵特殊培训；高速船船员特殊培训；船舶装载散装固体或包装危险和有害物质作业特殊培训等。

（4）精通业务和知识更新培训，即申请适任证书再有效和申请船员特殊培训合格证再有效的船员为保持其适任能力而进行的培训。

（5）船上培训，即初次申请船长、三副、轮机长和三管轮者，为达到规定的适任标准，在船上有资格的人员指导下完成的技能训练。

4. 具备相应的船员任职资历，并且任职表现和安全记录良好。

5. 通过国家海事管理机构组织的船员任职资格考试合格。船员任职资格考试包括适任考试和适任评估两个方面的内容。适任考试是指采用书面或电子形式对船员进行理论知识、概念、原理等内容的考察，以考核船员的专业知识水平和应用能力。适任评估是指以综合运用能力和实际操作能力为主要目标，通过相应设备或模拟器操作、听力测验、口试、船上培训以及船上资历和业绩考核等对船员进行的技能考核。海事管理机构通过对船员的适任考试和适任评估，判定船员是否达到相应的适任标准。

下面分别具体介绍各级船员申请船员适任考试、评估应满足的条件：

1. 船长和甲板部船员

（1）值班水手

申请无限航区、沿海航区船舶的值班水手适任证书考试、评估者，应完成不少于主管机关规定的值班水手适任培训时间或者完成航海类技工学校相关专业的教育，完成熟悉和基本安全培训，并取得培训合格证，以及在相应航区、船舶等级的船舶上服务满 6 个月（正在接受航海类教育的学员除外）。申请 500 总吨及以上船舶值班水手适任考试、评估者，还应完成精通救生艇筏和救助艇培训，并取得培训合格证。

（2）三副

申请 500 总吨及以上船舶三副适任证书考试、评估者，应完成不少于 2 年的航海类相关专业的职业教育或者完成航海类中专及以上的学历教育，还应持有相应航区、船舶等级的值班水手适任证书，并实际担任其职务满 12 个月（正在接受航海类教育的学员除外）。

申请 500 总吨及以上船舶的三副适任考试、评估者，还应完成高级消防培训、精通急救培训、雷达观测与标绘和雷达模拟器培训、自动雷达标绘仪培训，并取得培训合格证。

申请无限航区、近洋航区船舶的三副适任证书者，应当持有 GMDSS 通用操作员适任证书。

(3)二副

持有相应航区、船舶等级的三副适任证书,并实际担任其职务满12个月,可到海事管理机构申请换发二副适任证书。

(4)大副

申请无限航区船舶大副适任证书考试、评估者,应完成航海类相关专业的高等职业教育或者完成航海类相关专业的大专及以上学历教育;或者在完成三副任职资格规定的教育的基础上,再完成不少于1年的航海类相关专业的职业教育,应持有相应航区、船舶等级的二副适任证书,并实际担任其职务满12个月。

申请500总吨及以上船舶大副适任考试、评估者,还应完成船上医护培训,并取得培训合格证。

(5)船长

申请船长适任证书考试、评估者,应持有相应航区、船舶等级的大副适任证书,并实际担任其职务满18个月。

此外,申请航区扩大考试、评估者,应持有与所申请的航区较低一级航区但相同船舶等级和职务的适任证书,并实际担任其职务满6个月。持有沿海航区船长或甲板部船员适任证书并实际担任其职务满6个月者,可跨航区申请无限航区相同船舶等级和职务的适任考试、评估。

申请吨位提高考试、评估者,应持有与所申请的吨位较低一级吨位但相同航区和职务的适任证书,并实际担任其职务满12个月。

同时申请航区扩大和吨位提高考试、评估者,应持有与所申请的航区和吨位均较低一级但相同职务的适任证书,实际担任其职务满18个月。

2.轮机部船员

(1)值班机工

申请无限航区、沿海航区船舶的值班机工适任证书考试、评估者,应完成主管机关规定的值班机工适任培训或者完成航海类技工学校相关专业的教育,完成熟悉和基本安全培训,并取得培训合格证,且在相应航区、船舶等级的船舶上服务满6个月(正在接受航海类教育的学员除外)。

申请750 kW及以上船舶的轮机部船员适任考试、评估者,还应完成精通救生艇筏和救助艇培训,并取得培训合格证。

(2)三管轮

申请750 kW及以上船舶的三管轮适任证书考试、评估者,应完成不少于2年的航海类相关专业的职业教育或者完成航海类相关专业的中专及以上的学历教育,应持有相应航区、船舶等级的值班机工适任证书,并实际担任其职务满12个月(正在接受航海类教育的学员除外)。

申请750 kW及以上船舶的三管轮适任考试、评估者,还应完成高级消防培训、精通急救培训,并取得培训合格证。

(3)二管轮

持有相应航区、船舶等级的三管轮适任证书,并实际担任其职务满12个月,可到海事管理机构申请换发二管轮适任证书。

(4)大管轮

申请无限航区船舶的大管轮适任证书考试、评估者，应完成航海类相关专业的高等职业教育或者完成航海类相关专业的大专及以上学历教育，或在完成三管轮任职资格规定的教育的基础上，并再完成不少于 1 年的航海类相关专业的职业教育，并应持有相应航区、船舶等级的二管轮适任证书，并实际担任其职务满 12 个月。

(5)轮机长

申请轮机长适任证书考试、评估者，应持有相应航区、船舶等级的大管轮适任证书，并实际担任其职务满 18 个月。

此外，申请航区扩大考试、评估者，应持有与所申请航区较低一级航区但相同船舶等级和职务的适任证书，并实际担任其职务满 6 个月。持有沿海航区轮机部船员适任证书并实际担任其职务满 6 个月者，可跨航区申请无限航区相同船舶等级和职务的适任证书；申请功率提高考试、评估者，应持有较低一级功率但相同航区和职务的适任证书，并实际担任其职务满 12 个月；同时申请航区扩大和功率提高考试、评估者，应持有与所申请的航区和功率均较低一级但相同职务的适任证书，并实际担任其职务满 18 个月。

3. 无线电人员的任职资格

(1) GMDSS 限用操作员

申请 GMDSS 限用操作员适任证书考试、评估者，应完成不少于 6 个月的相关专业的职业教育和培训或者完成航海类技工学校相关专业的学历教育，应完成熟悉和基本安全培训，并取得培训合格证。

(2) GMDSS 通用操作员

申请 GMDSS 通用操作员适任证书者，应完成不少于 2 年的航海类相关专业的职业教育或者完成航海类相关专业的中专及以上的学历教育，完成熟悉和基本安全培训、精通救生艇筏和救助艇培训和精通急救培训，并取得培训合格证。

(3) GMDSS 二级无线电电子员

申请 GMDSS 二级无线电电子员适任证书考试、评估者，应完成航海类相关专业的高等职业教育或者完成航海类相关专业的大专及以上学历教育；或者在完成 GMDSS 通用操作员规定的教育的基础上，再完成不少于 1 年的航海类相关专业的职业教育，应持有 GMDSS 通用操作员适任证书，并至少具有 12 个月海上服务资历。

(4) GMDSS 一级无线电电子员

申请 GMDSS 一级无线电电子员适任考试、评估者，应持有 GMDSS 二级无线电电子员适任证书，并至少具有担任 GMDSS 二级无线电电子员 18 个月海上服务资历。

第二章　船　舶

第一节　船舶常识

一、船舶种类

众所周知，在人类生存的地球表面，70%以上为海洋所覆盖。海洋是人类赖以生存和发展的摇篮。在人类与海洋长期接触的过程中，人类发明、创造了征服海洋的重要工具——船舶。

船舶是一种能够航行或漂浮于水上的建筑物，是人类从事水上运输、捕鱼、作战以及其他水上活动的重要工具。随着科学技术和社会生产的发展，船舶服务面日趋扩大，造船工业推陈出新，新型的多用途的专用船舶相继产生。迄今为止，世界上船舶的种类已不下数百种。

船舶分类的方法很多，常用的有以下几种：

按船舶用途分，有民用船舶和军舰两大类；

按航行区域分，有远洋船、近海船、沿海船、内河船及港作船等；

按船体材料分，有金属船（钢船、铝合金船）、非金属船（木船、塑料船、玻璃钢船）、混合材料船（铁木船、钢筋水泥船）等；

按推进方式分，有明轮船、螺旋桨船、平旋推进器船、喷气推进器船以及风帆助航船等；

按推进动力分，有蒸汽机船、内燃机船、汽轮机船、电动船及核动力船等；

按行驶方式分，有机动船和非机动船（如帆船、驳船、划桨船、摇橹船等）；

按航行状态分，有排水型船和非排水型船；

按机舱位置分，有尾机型船、中机型船、中尾机型船等。

下面主要按船舶用途进行详细的分类，并加以介绍。

1. 运输船舶——商船

(1)客船

根据《国际海上人命安全公约》的规定，凡载客超过12人者均应视为客船，其一般特点为稳、快、安全、舒适。

按载客性质的不同，客船可分为以下几种：

①全客船

全客船可分为两类：一类是专门用于运送旅客及其所携带的行李和邮件的船舶（如图2-1-1所示），主船体以上甲板层数多，生活设施仅满足旅客的一般旅行需要，多设计为“二舱或三舱不沉制”，为定期定线航行；另一类是用于休闲、旅游的豪华邮船（游船）。

图2-1-1

②客货船

客货船是指以载客为主、载货为辅的船舶，多设计为“二舱不沉制”，并为定期定线航行。

③货客船

货客船是指以载货为主,载客为辅的船舶,多以“一舱不沉制”为最低要求。

④滚装客船

滚装客船是指具有滚装装货处所或特种处所的客船,其结构特点与滚装船类似。

(2)货船

货船是指专门用于载运各种货物的船舶,也可搭乘旅客,但不得超过 12 人。货船可分为:

①杂货船

杂货船,也称为普通货船,是专门用于载运各种件杂货的船舶(如图 2-1-2 所示)。所谓件杂货是指各种经过包装、捆扎或加工成件的固态或液态货物,如成包、成箱、成捆或成桶货物等。

图 2-1-2

为了便于分票和避免货物因堆装过高而压损,杂货船都设计成多个货舱和多层甲板结构;为了便于装卸,各货舱的舱口尺寸均较大,并配有起货设备。

②散货船

散货船是指专门用于载运各种散装货物的船舶,可分为:

a. 干散货船

干散货船,即通常所说的散货船,它是指专门用于载运各种大宗固体散装货物的船舶(如图 2-1-3 所示)。它通常采用尾机型,单层甲板结构,船上不设起货设备。由于多为单向运输,空载回航,为满足压载航行时的吃水要求,设有大容量的压载水舱。

图 2-1-3

散货船通常可分为如下几个级别:

(a)好望角型散货船:是指载重量为 15 万吨级左右的散货船。该船型以运输铁矿石为主,由于尺度限制而不能通过巴拿马运河和苏伊士运河,需绕行好望角和合恩角。

(b)巴拿马型散货船:是指载重量为 6 万 ~7.5 万吨级的散货船。顾名思义,该型船是指在满载情况下可以通过巴拿马运河的最大型散货船。

(c)轻便型散货船:是指载重量为 2 万 ~5 万吨级的散货船,其中超过 4 万吨的船舶又被称为大灵便型散货船。这些吨位相对较小的船舶具有较强的对航道、运河及港口的适应性,载重吨位适中,且多配有起货设备,营运方便灵活,吃水较浅,世界上各港口基本都可以停靠,因而被称为“灵便型”船。

(d)大湖型散货船:是指经由圣劳伦斯水道航行于美国、加拿大交界处五大湖区的散货船,以承运煤炭、铁矿石和粮食为主。该型船一般在 3 万吨左右,大多配有起货设备。

由于谷物、煤和矿砂等各种散货的积载因数(每吨货物所占的体积)相差很大,因此所要求的货舱容积的大小、船体的结构、布置和设备等许多方面都有所不同。为适应各种大宗散货的运输要求，现已发展了多种散货船，如通用型散货船、矿砂船和自卸式散货船等。

通用型散货船是指装运谷物、煤炭等普通固体散货的船舶，其舱口围板高大，舱内设置止移板，以防止货物移动；货舱横剖面设置成棱形，既有利于平舱和清舱工作，又可防止航行中因货物移动而危及船舶稳性；货舱四角的三角形舱柜作为压载舱，可以用于调整船舶的吃水和稳性。由于常常是单程运输，因而需要较多的压载舱，有时还需要选定某一货舱在空载时兼作压载舱。

矿砂船是专门载运各种散装矿石的船舶。由于矿石的密度大，故舱容较小。为了提高船舶重心的高度，以保证船舶具有适度的稳性，减小横摇频率，故双层底较高，而且货舱两侧的压载舱也较大。另外，矿砂船普遍采用高强度钢。

自卸式散货船是一种采用自卸系统的散货船，其货舱底部呈 W 形，W 形的尖顶部位有开口，可将货物漏到下面的纵向传动皮带上，再经垂直提升机和悬臂运输皮带输送到码头上，不仅显著地缩减了停港时间，而且对码头要求不高，对需要中转的航线，也可避免码头的再装卸。

b. 液体散货船

液体散货船是专门载运各种散装液体货物的船舶，包括油船、液体化学品船和液化气船。

油船是专门载运石油及石油产品（如柴油、汽油和重油等）的船舶。按所载货油的成分可分为原油船（如图 2-1-4 所示）和成品油船。按船舶规模与航线可划分为：载重量在 1 万～3.5 万吨之间的灵便型；载重量在 3.5 万～6 万吨之间的大灵便型；可以通过巴拿马运河、船宽不超过 32.2 m、载重量在 6 万～8 万吨之间的巴拿马型；载重量在 8 万～12 万吨之间的阿芙拉型；载重量在 12 万～20 万吨之间的苏伊士型；载重量在 20 万吨以上的海角型，包括 VLCC 和 ULCC。VLCC 是指载重量在20 万～30 万吨之间的油船，ULCC是指载重量在 30 万吨以上的油船。油船采用尾机型，单层纵通甲板结构，船型丰满，船速不高，干舷较低，甲板上布置有大量的输油管系。油船一般不设起货设备和大的货舱口，而只有小的圆形的油气膨胀舱口，并装有油密性较好的舱口盖。油船设有纵向水密舱壁，将油舱划分为并列的两列或三列油舱，以减少自由液面对船舶稳性的影响和提高船舶的总纵强度。油船的货油舱前后两端设有油密的隔离空舱，以防油气渗入机舱和船员居室等处所。油船设有专用压载舱和污油舱。老式油船除机舱部分外均采用单层底。但近年来要求中型以上油船应设置双层底或双层船壳。

图 2-1-4

液体化学品船是专门载运散装液体化学品的船舶。由于液体化学品多为有毒、易燃、腐蚀性强的液体货物，且品种繁多，因此，其货舱结构表现为多而小、舱壁多采用耐腐蚀的不锈钢制成，且设计成双层底和双层船壳结构。货舱与其他非货舱之间设有隔离空舱。每一个液货舱都有一套独立的不通过其他液货舱的泵和管系、液舱透气系统和消防系统等。

液化气船是专门载运散装液态气体的船舶，包括液化天然气船和液化石油气船。液化天然气船是专门载运散装液态天然气（甲烷等）的船舶，简称 LNG（Liquefied Natural Gas）船（如

图 2-1-5 所示),其液舱的形状多为球形和矩形,要求隔热且保持恒定的低温。液化石油气船是专门载运散装液态石油气(丙烷、丁烷等)的船舶,简称 LPG(Liquefied Petroleum Gas)船(如图 2-1-6 所示),分为全加压式、全冷冻式和半加压半冷冻式液化石油气船。

图 2-1-5

图 2-1-6

c. 干液散货兼用船

干散货船和液散货船等专用船舶,虽然载重量都比较大,但是由于所运输的货物种类单一,往往空载返航,降低了船舶的利用率,增加了经济损失。干液散货兼用船就是根据货物种类的变化而设计的、在往返航程中可以装载不同种类货物的多用途散货船,如矿砂、石油两用船和矿砂、石油及其他散货三用船等。

兼用船都是尾机型、单层甲板的肥大型船,并都设有双层底、中间舱和两边舱。中间舱用来装载矿砂、原油或其他较轻的散货,两边舱专门用来装载原油。

③冷藏船

冷藏船是专门载运易腐鲜货的船舶。它具有良好的隔热设施和制冷设备,其货舱甲板的层数较多,货舱口较小,舱口盖除了保证水密以外,还必须保证气密和绝热,以防止舱外热空气侵入舱内,或由于传热而使舱内温度升高。冷藏船的船速较高,但吨位不大,其船舶外形与杂货船相似。

④集装箱船

集装箱船,又称货柜船或货箱船,是专门载运具有统一规格的标准货箱(集装箱)的船舶(如图 2-1-7 所示)。集装箱船一般都是尾机型或中尾机型船,多为两部主机,双螺旋桨,主机功率大,船速较高,其结构形式多采用双层船壳、单层甲板结构,甲板面积较大,且不设起货设备。货舱深而方整,舱口较大,舱内设有格栅式货架(箱格导轨系统)。甲板上设置专用的紧固件或捆扎装置,并且甲板强度有所加强。

图 2-1-7

集装箱运输可以提高装卸效率,便于开展联运,减轻劳动强度,加速船舶周转,节省包装费用,减少货损货差。因此,近年来集装箱船已经逐渐向大型化、高速化发展,出现了许多装载能力达到 1 万标准箱以上的船舶。集装箱船的缺点是需设专用码头和设备,投资较大。

⑤滚装船

滚装船是将带有滚车底盘的集装箱或装在托盘上的其他货物作为一个货物单元,用牵引拖车拖带或叉式装卸车搬运，经过船尾或舷侧开门的跳板直接开上(滚进)开下(滚出)货舱的船舶(如图2-1-8所示)。在装运汽车、卡车等机动车时，车辆可直接开上开下。

图2-1-8

滚装船的结构较特殊，其上层建筑位于船首或船尾，机舱设在尾部甲板下面，烟囱位于两舷，船上不设起货设备。滚装船采用多层甲板结构，主甲板以下设有双层船壳，两层船壳之间可作为压载水舱。滚装船在船尾或舷侧设有特制的水密门，多数采用尾门斜跳板。船舶靠码头装卸货物时，先将跳板搭放在码头上，由拖车把货物从岸上通过跳板直接拖放到舱内。货舱内不设横舱壁，载货甲板平整且面积较大，以便于拖车在舱内运行。货舱内各层甲板之间设有活动斜坡道或升降平台，以供货物作上下层间的移动。

滚装船将传统的垂直上下作业改成水平方向的滚动作业，大大提高了装卸效率，且不受船上或码头装卸设备的限制。另外，滚装船的通用性较大，不仅可以装载集装箱和各种车辆，而且可装运其他超大件货物。滚装船的主要缺点是舱容利用率低，船舶造价较高，许多航行安全性问题尚未解决，不适于远距离跨洋航行。

⑥木材船

木材船是专门载运各种木材的船舶，其货舱长而大，舱口宽阔，舱内无支柱和其他障碍物。由于相当一部分木材需要装在甲板和舱盖上，故甲板和舱盖有所加强，舷墙较高，在甲板两舷侧上还设有立柱的底脚，而且起货设备均安装在桅楼的平台上，同时，为了便于排水，船侧的排水孔大而且多，木材船的干舷比一般货船低。

⑦多用途船

多用途船是指具有既可单独用于载运普通件杂货、重大件货、袋装货或散装货，同时又可用于载运集装箱或其他特种干货能力的船舶，如集装箱/杂货船、杂货/袋装货/散装货船、杂货/特种重大件货/集装箱船等，其货舱均经特别设计，能满足载运多种货物的要求，货舱口一般较大，有的船舶还设有二层甲板，设有起货设备(以起重机为主)。

⑧载驳船

载驳船也称为子母船，是把装有各种货物或集装箱的一定规格的专用箱形驳船(子船)直接装到载驳船(母船)上，由载驳船带着箱形驳船一起运输，当驶抵目的港后，箱形驳船由载驳船直接卸入水中。其优点是将货驳作为装卸单元，提高了装卸效率，缩短了在港停泊时间，并且不受港口水深、装卸设备以及码头拥挤情况的影响，便于实现江海联运。

载驳船根据装卸货驳的方式不同，可分为门式起重机式、升降机式和浮船坞式三种。

(3)渡船

渡船是指专门用于江河两岸、岛屿之间、海峡、河口或城市与岛屿之间的短途运输的船舶，可分为旅客渡船、汽车渡船和火车渡船等。渡船航程短，船上设备简单，甲板面积大，船舶稳性好，操纵灵活。

(4)驳船

驳船是专供沿海、内河及港内驳载与转运大宗货物的非机动船，包括一般货驳、油驳、矿砂驳、泥驳、化学品驳等。

驳船本身没有推进工具和动力装置，上层建筑很少或没有，本身不设起货设备，移动或航行时依靠拖船拖带或顶推。但是，由于驳船结构和设备简单，营运时可按运输货物的种类而随时编组，船舶利用率高，因此，驳船在内河运输中占有重要地位。

2. 工程船舶

(1)挖泥船

挖泥船设有专用的挖泥设备，主要用于疏浚航道和港口，也可用于开挖水工建筑物(如码头、船坞等)基础，开挖运河、修筑堤坝等，是一种重要的工程船舶。挖泥船有机动和非机动之分。按施工特点又可分为耙吸式、绞吸式、抓斗式、铲斗式和链斗式等多种。

(2)起重船

起重船是在甲板上装设起货设备的工程船舶，俗称浮吊，多为非机动船，作业时需依靠拖船配合。

起重船可分为固定式和旋转式两种。固定式起重船的起货设备不能转动，当需要转动时要靠拖船带动，用于打捞沉船以及钻井平台和大型水下工程施工等。旋转式起重船的起货设备可以转动，用于港口、码头装卸货物，修船中搬运和安装大型机械等。

(3)打桩船

打桩船主要用于港口、桥梁以及其他临水建筑工程。打桩船与起重船相似，多使用箱形船体，且大多为非机动船。船首通常设有高大的桩架，打桩时，桩架作为桩的导轨，重锤沿着桩架升落。

(4)布缆船

布缆船是敷设海底电缆的专用船舶，也可兼作电缆维修工作。其机舱一般位于船尾部，中部为大型电缆舱，并设有大型压载水舱，以供电缆敷设后作压载用。船上设有布缆机，供布缆和维修电缆用。此外，船上还设有潜水设备、电缆测试及各种仪器仪表室。布缆船的操纵性要求较高。一般以柴油机作为主机，双机双桨，采用可调螺距桨，船首部设有侧推装置。

(5)航标船

航标船是专门用于敷设航标，定期巡视和检查航道上航标情况，并进行维修保养工作的船舶。它也可兼作航道测量以及海洋水文调查研究等工作。船上设有航标储藏室，船首部甲板宽敞平整，并设有起货设备，用于吊放航标。

(6)浮船坞

浮船坞是能够漂浮于水面的用来修造船舶的大型水上工程建筑物。它不设动力装置，造价较干船坞低，沉浮方便，根据工作需要可利用拖船搬移位置。

浮船坞是由箱形坞底和左右两侧对称的坞墙构成的凹形建筑，其上设有系泊、锚泊、起重和照明等设备和生活设施、坞内设有强力泵站，通过对坞底水舱的排灌，可以调节坞的浮沉，以便用于修造船舶、打捞沉船以及运送深吃水船舶通过浅水航道等。

(7)打捞船

打捞船是专门用于打捞沉船和其他物体的船舶，其航速较高，船上设有起重机、绞机和大型空气压缩机，以及潜水、电焊、起浮等打捞设备，其打捞方式有浮筒式、起吊式、充塑式和金属筒式等多种。

3. 工作船舶

(1)拖船

拖船是专门用于拖曳或顶推船舶及其他物体的船舶。除一般的航行设备外，船上还配备拖钩、拖柱和卷缆车等拖曳设备。拖船的特点是船舶强度高，船体小，功率大，操纵性极好，多采用双机双桨、可变螺距桨。拖船在港内主要用于协助船舶进出港、靠离码头、掉头、进出船坞以及其他拖带作业。

(2)引航船

引航船是专门用于接送引航员离开或登临被引航船的船舶，其上设有供引航员生活和办公用的设施。大型引航船上还备有交通艇，以供引航员登临或离开被引航船舶时使用。

(3)破冰船

破冰船是专门用于破碎冰层、救助被冰封船舶或开辟冰区航路的船舶，其主机功率大，操纵性特别是倒车性能极好，船体结构坚固，船首水线以下部分倾角加大，有利于冲上冰层，将冰层压碎。破冰船的首尾和中部都设有大容积的压载水舱，可以根据需要调整船舶的倾斜，以达到破冰的目的。

(4)消防船

消防船是专门用于港内船舶或岸边建筑物消防工作的船舶，其船身一般为红色，具有良好的操纵性，船上设有高压水泵、喷射水舱、泡沫消防枪以及保护自身的水幕系统。

(5)供应船

供应船是专门向到港船舶供应各种物品的船舶，如供油船、供水船、食品供应船等。

(6)交通船

交通船是专门用于船舶锚泊或系浮筒时，船上人员上岸或回船以及港务人员登离船等工作的小型船舶。

(7)海难救助船

海难救助船专门用于救助遇难或失事的船舶，其体积小，功率大，船速高，具有良好的航行性能，并备有各种救助设备。

(8)科学考察船

科学考察船是专门用于调查研究海洋水文、气象、地质、生物等的船舶，是活动的海洋研究基地。它具有良好的航行性能和大的续航能力，并设有实验室、起货设备、观测仪器以及良好的工作、居住条件。

4. 渔业船舶

渔业船舶是专门从事渔业生产的船舶的总称。它包括：

(1)渔捞船

根据作业区域的不同，可分为深海远洋渔船、近海渔船、沿岸渔船和内河渔船；根据捕捞工具和方式，可分为拖网渔船、围网渔船、流网渔船、张网渔船和延绳钓渔船等。

(2)捕鲸船

捕鲸船是专门用于捕鲸的追猎式船舶，其船速快，船首特别高，并装有捕鲸炮，通过放炮使鲸叉带着曳绳击中鲸，受伤的鲸带着捕鲸船在海上奔窜，直至无力游动而被捕获。

(3)渔业辅助船

渔业辅助船包括渔业加工船、冷藏运输船、渔业调查船、渔政巡逻船、渔业供应船等。

5. 特种船舶

(1)滑行艇

滑行艇是主要依靠快速航行时水对艇体所产生的托力来支持自身重量的一种高速船舶，航行时，随着航速的提高，托力逐渐增大而将艇体托起，直至在水面上滑行。

(2)水翼船

水翼船是由滑行艇的发展和演变而产生的一种高速船舶。它是在船底的前部和后部加装水翼，当高速航行时，船体能被水翼产生的水动升力支撑在水面上，使阻力大大减小，航速大幅度提高，可达45 kn以上，最快达70~80 kn。

(3)气垫船

气垫船是依靠船底与水面之间的空气垫来支撑船体重量的一种高速船舶，可分为：

①全垫升气垫船

全垫升气垫船是指借助柔性围裙保持气垫，并借助气垫支撑其全部重量的一种气垫船，即利用鼓风机把空气喷射到船底，使船底与水面之间形成静态空气垫，将船底托出水面而高速行驶。全垫升气垫船可用于水陆两栖，采用空气螺旋桨或喷气机推进。

②水面效应船

水面效应船是指借助于浸在水中的永久性硬结构，完全或部分地保持气垫的一种气垫船，如双体气垫船、侧壁气垫船等。

(4)双体船

双体船是由两艘尺度相同的瘦长的船体并列，在水线上部用连桥连接成一个整体的船舶。它有两个船首和船尾，每个单体各装一部主机和一个推进器，航行时同时运转。

近年来，双体船得到迅速发展，已研制出半潜式小水线面双体船。它是由水下体、水上体和支柱三部分组成的。水下体是两个相互平行的鱼雷状浮体；水上体是水面以上的平台结构；上、下体之间用截面为流线型的、瘦削的支柱连接。

6. 军用船舶

军用船舶是指执行战斗任务和军事辅助任务的各类舰船的总称。其种类繁多，包括航空母舰、巡洋舰、驱逐舰、护卫舰、鱼雷艇、潜艇、登陆快艇以及运输舰船、供应舰船、侦察船、通信船和防险救生船等。

二、船舶部位、尺度、吨位和标志

1. 船舶部位及舱室名称

(1)部位名称

如图2-1-9所示，船的前端叫做船首，后端叫做船尾，而船首两侧船壳弯曲处叫做首舷，船尾两侧船壳弯曲处叫做尾舷，船的两边叫做船舷，船舷侧板与船底板交接的弯曲部分叫做舭部。

船舶的首尾连线称为船首尾线(或纵中线、中央线)，它将船体分成左、右两半，从船尾向船首看，在船首尾线右边的部分叫做右舷，在左边的部分叫做左舷。

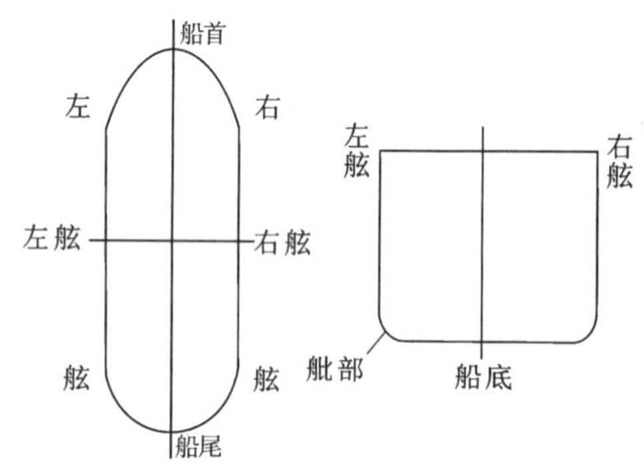

图2-1-9

(2)甲板名称

船体沿水平方向被甲板分成上下若干层，其中，最上一层为船首尾统长甲板，通常叫做主甲板或上甲板。在主甲板以下的各层甲板依次叫做二层甲板、三层甲板等。在主甲板以上的各层短甲板分别叫做首楼甲板、尾楼甲板、罗经甲板(顶甲板)、驾驶台甲板、艇甲板、起居甲板、游步甲板等,如图 2-1-10 所示。

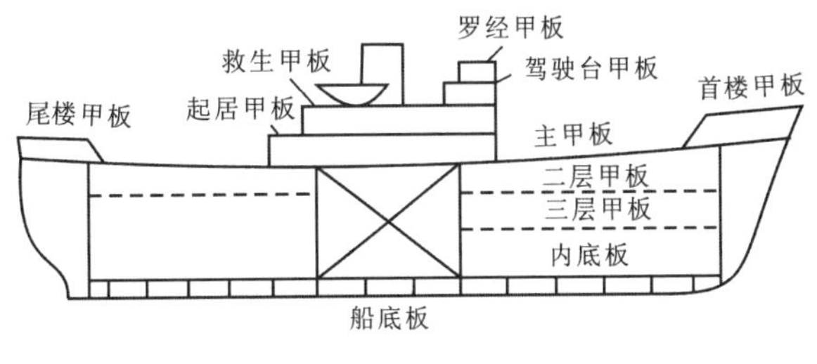

图 2-1-10

(3)舱室名称

船体内部根据需要用纵、横舱壁分隔成若干个大小不同的舱室,如图 2-1-11 所示。这些舱室按照各自的用途或所处的部位而命名,如首尖舱、尾尖舱、货舱、压载舱、机舱、油舱、淡水舱、锚链舱等。

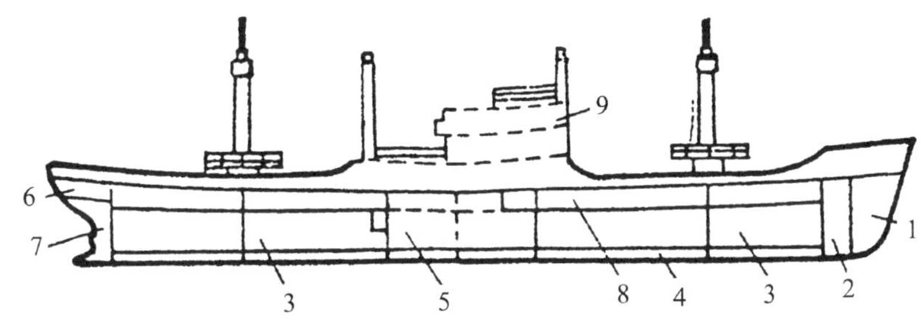

1—首尖舱;2—锚链舱;3—货舱;4—压载舱;5—机舱;6—舵机舱;7—尾尖舱;8—甲板间舱;9—驾驶台

图 2-1-11

2. 船舶尺度

船舶尺度主要是指表示船体外形的尺度,即船的长、宽、深和吃水等。它是根据各种船舶规范和船舶营运中使用上的要求而定义的。按照不同的用途,船舶尺度一般可分为船型尺度、登记尺度和最大尺度三种。

(1)船型尺度

船型尺度也称主尺度、理论尺度和计算尺度,是根据《钢质海船入级规范》的规定,从船体型表面上量取的尺度,主要用于船舶性能的理论计算和船舶主要图纸的标注。

①型长

沿设计夏季载重水线,自首柱前缘量至舵柱后缘的长度;对于无舵柱的船舶,由首柱前缘量至舵杆中心线的长度,即船首尾垂线间的长度,但均不得小于设计夏季载重水线总长的 96%,且不必大于 97%,如图 2-1-12 所示。

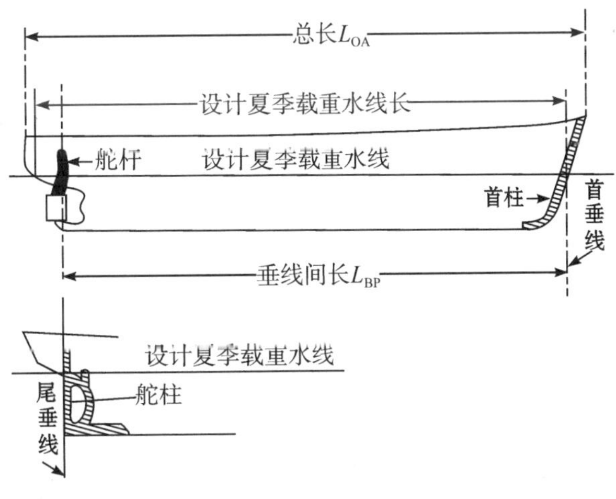

图 2-1-12

②型宽

在船体的最宽度处,由一舷的肋骨外缘量至另一舷的肋骨外缘之间的水平距离,如图 2-1-13所示。

③型深

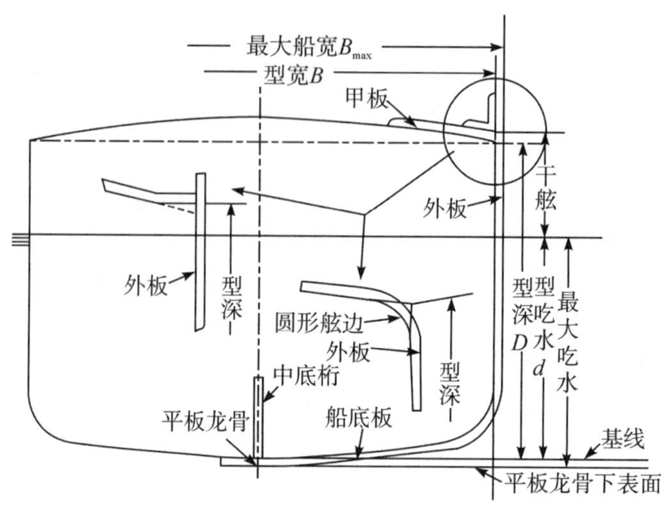

图 2-1-13

在船长中点处,自平板龙骨上缘量至干舷甲板横梁上缘的垂直距离;对甲板转角为圆弧形的船舶,则自平板龙骨上缘量至横梁上缘延伸线与肋骨外缘延伸线的交点,如图 2-1-13 所示。

④型吃水

在船长中点处,从平板龙骨上缘量至夏季载重水线的垂直距离,如图 2-1-13 所示。

⑤总长 L_{OA}

包括两端上层建筑在内的船体型表面最前端与最后端之间的水平距离,如图 2-1-12 所示。

(2)登记尺度

登记尺度是根据《船舶吨位丈量规范》的规定所定义的船舶尺度,主要用于登记船舶、丈量与计算船舶吨位,它载明于船舶的吨位证书中。

①登记长度

登记长度是指量自龙骨板上缘的最小型深 85% 处水线长度的 96% ,或沿该水线自首柱前缘量至上舵杆中心的长度,取两者中较大者。

②登记宽度

登记宽度是指船舶长度中点处的最大宽度。对于金属外板的船舶,其宽度量到两舷的肋骨型线;对于其他材料外板的船舶,其宽度量到船外板的外表面。

③登记深度

登记深度是指在船舶长度中点船舷处从平板龙骨上表面量到上甲板下表面的垂直距离。

(3)最大尺度

最大尺度也称全部尺度或周界尺度,主要用于船舶停靠码头、进坞及过船闸、桥梁、架空电缆和狭水道以及船舶避碰等。

①最大长度

船舶最前端与最后端之间包括外板和两端永久性固定突出物(如顶推装置等)在内的水平距离,最大长度就是船舶的实际长度。

②最大宽度

最大宽度包括外板和永久性固定突出物(如护舷材、水翼等)在内的垂直于中线面的船舶最大水平距离，最大宽度就是船舶的实际宽度。

③最大高度

从船舶的最低点垂直量到船舶固定建筑物（包括固定的桅、烟囱等在内的任何构件）最高点的距离。

3. 船舶吨位

（1）重量吨

重量吨用来表示船舶重量，也可表明船舶的载运能力，其计算单位有公吨（简称吨）和长吨两种。

$$1\ t = 1\ 000\ kg$$

$$1\text{ 长吨} = 1\ 016\ kg = 2\ 240\text{ 磅}$$

重量吨分为排水量和载重量两种。

①排水量

排水量是指船舶自由浮干静水中，保持静态平衡时所排开水的重量，分为空船、满载及某一装载状态下的排水量。

a. 空船排水量

空船排水量即空船时的排水量，等于空船的重量。它是指船舶装备齐全但无载重时的排水量，包括船体、船机、设备、仪器以及锅炉中的燃油和水、冷凝器中的水等总重量。

b. 满载排水量

满载排水量是指船舶满载时，吃水达到某载重线时的排水量，通常特指船舶吃水达到夏季载重线时的排水量，其值等于空船排水量、货物、燃润料、淡水、船员、行李、粮食以及供应品等重量的总和。

c. 装载排水量

装载排水量是指除空船和满载排水量以外，任何装载水线时的排水量。

②载重量

载重量表明船舶的载重能力，分为总载重量和净载重量。

a. 总载重量

总载重量是指船舶在某一吃水情况下所能装载货物、燃润料、淡水、供应品以及其他等总重量，其值等于该吃水时船舶排水量（装载排水量）与空船排水量之差，即

$$\text{总载重量} = \text{装载排水量} - \text{空船排水量}$$

总载重量用来表征船舶的载重能力和船舶的大小，也可用来统计货船的拥有量以及作为航线配船、订舱配载、船舶配积载等的重要依据。

b. 净载重量

净载重量是指船舶具体航次所能装载货物的最大重量，等于总载重量减去航次总储备量（包括航次所需的燃润料、淡水、粮食、供应品、船员、行李等重量）及船舶常数，即

$$\text{净载重量} = \text{总载重量} - \text{航次总储备量} - \text{船舶常数}$$

其中，船舶常数是指船舶经过一段时间营运后的空船重量与船舶出厂时的空船重量的差值。

（2）容积吨

容积吨是指根据《船舶吨位丈量规范》的规定，以容积为丈量单位的专门吨位。它是表示船舶内部容积大小的量度，其值载于船舶吨位证书内，作为登记船舶用，故又称为登记吨。

根据丈量范围和用途的不同，容积吨可分为总吨位、净吨位和运河吨位三种。它们均没有计算单位，而只以总吨位多少或净吨位多少来表示。

①总吨位

总吨位是指根据《船舶吨位丈量规范》中的各项规定丈量确定的船舶总容积，其主要用途如下：

a. 总吨位是国家及公司统计船队规模和比较船舶大小的依据；

b. 总吨位是规则、规范及国际公约划分船舶等级，对船舶进行技术管理和设备要求的依据；

c. 总吨位是船舶登记、检验和丈量等收费的依据；

d. 总吨位是估算造船、买卖及租赁船舶所需费用的依据；

e. 总吨位是保险公司计算船舶保险费用和计算海损事故赔偿费的依据；

f. 总吨位是国际劳工组织对船舶配员要求的依据；

g. 总吨位是计算船舶净吨位的依据。

②净吨位

净吨位是指根据《船舶吨位丈量规范》中的各项规定丈量确定的船舶有效容积。

净吨位是港口向船舶收取各种港口使费（如港务费、引航费、灯塔费、拖船费与进坞费等）和税收的主要依据。

③运河吨位

运河吨位是指根据运河当局制定的《船舶吨位丈量规范》的规定，对需要通过运河的船舶进行丈量后确定的吨位，包括总吨位和净吨位，其值载于运河吨位证书内。运河吨位目前有苏伊士运河吨位和巴拿马运河吨位两种。凡航经运河的船舶必须具备运河当局主管部门颁发的运河吨位证书，以便运河当局据以征收运河通行费用。

4. 船舶标志

(1)水尺

水尺是船舶吃水的标志，用以度量船舶的吃水。在船舶首、尾和中部的两侧船壳板上均漆有水尺，通常称为六面水尺。

水尺的标记方法有两种，如图2-1-14所示，一种是公制，以阿拉伯数字表示，其数字高度为 10 cm，两字的上下间隔也为 10 cm；另一种是英制，以阿拉伯数字或罗马数字表示，其数字高度为 6 in，两字的上下间隔也是 6 in。

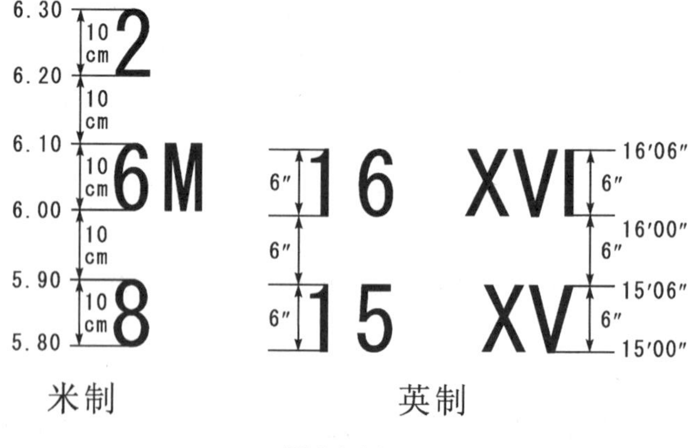

图 2-1-14

读水尺时是以水面与水尺相切处按比例读取吃水。当水面与数字的下端相切时，该数字即表示此时该船的吃水。例如：水面刚好与“6M”数字的下边缘相切，则表示吃水为 6 m；当水面淹没“6M”数字的一半时，则表示吃水为 6.05 m；当水面刚好淹没“6M”数字的上边缘时，则表示吃水为 6.10 m。

(2)载重线标志

为确定船舶干舷,保证船舶具有足够的储备浮力和航行安全,船级社根据船舶的尺度和结构强度,为每艘船勘定了船舶在不同航行区带、区域和季节期应具备的最小干舷,并用载重线标志的形式勘绘于船中两舷外侧船壳板上,以限制船舶的装载量。载重线标志由甲板线、载重线圈和各载重线组成。国际航行的散货船和一般船舶的载重线如图 2-1-15 所示。

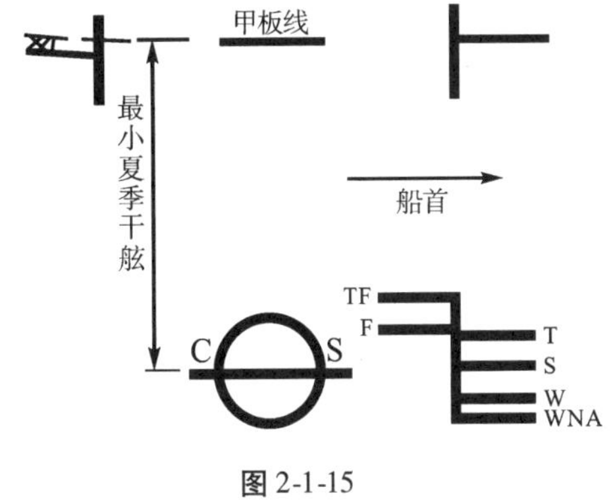

图 2-1-15

CS 表示勘定干舷的主管机关是“中华人民共和国船舶检验局”。

TF(tropical fresh water loadline)表示热带淡水载重线;

F(fresh water loadline)表示夏季淡水载重线;

T(tropical loadline)表示热带载重线;

S(summer loadline)表示夏季载重线;

W(winter loadline)表示冬季载重线;

WNA(winter north atlantic loadline)表示北大西洋冬季载重线,船长大于 100 m 的船舶可以不勘绘。

对于木材船,在载重线圈的后部还勘绘木材载重线,各载重线上除上述规定的字母外均附加上“木”字的英文词头“L”表示。

此外,还有船名和船籍港标志、烟囱标志、球鼻首和侧推器标志、暗车标志和 IMO 识别号等标志。

第二节 船舶设备

为了满足船舶营运中的各项要求,船舶必须配备各种用途的设备。船舶种类不同,所配备的设备也不尽相同,一般船舶均配备动力设备、操纵设备、装卸设备和安全设备等。

一、动力设备

现代船舶一般都配备动力设备,包括以下几种:

1. 主动力装置

船舶主动力装置又称主机。它是船舶的心脏,是为保证船舶航行速度而设置的所有设备的总称,是船舶动力设备中最主要的部分,包括主机、传动设备、轴系和推进器。主机发出动力,通过传动设备和轴系驱动推进器产生推力,从而克服船舶航行阻力,使船舶前进或后退。

2. 辅助动力装置

船舶辅助动力装置又称辅机,是指产生除推进装置所需能量以外的其他各种能量的设备,包括船舶电站、辅助锅炉装置和压缩空气系统。它们分别产生电能、蒸汽和压缩空气供全船使用。

3. 管路系统

管路系统简称为管系是指为了某一专门用途而设置的输送流体(液体或气体)的成套设

备,按其用途不同可分为:

(1)动力系统

为主、辅机安全运转服务的管系,有燃油、润滑油、海水、淡水、蒸汽、压缩空气系统等。

(2)船舶系统

为船舶航行、安全和船员生活服务的系统,如压载、舱底水、消防、通风、饮用水、空调系统等。

4. 甲板机械

为甲板设备所设置的机械设备,如锚机、舵机和起货机等。

5. 自动化设备

自动化设备是由对机舱的主、辅机及其他机械设备进行遥控、自动调节、监测、报警的设备所组成的,用于实现船舶动力装置的远距离操纵与集中控制,改善了船员的工作条件,提高了工作效率,减少了维护修理工作量。

二、操纵设备

操纵设备是船舶必须配备的操纵船舶的重要设备,包括锚设备、舵设备和系泊设备。船舶驾驶人员必须熟练掌握并正确使用各种操纵设备,以保证船舶的安全生产。

1. 锚设备

锚设备是船舶在水中停泊时的专用设备,如图 2-2-1 所示。

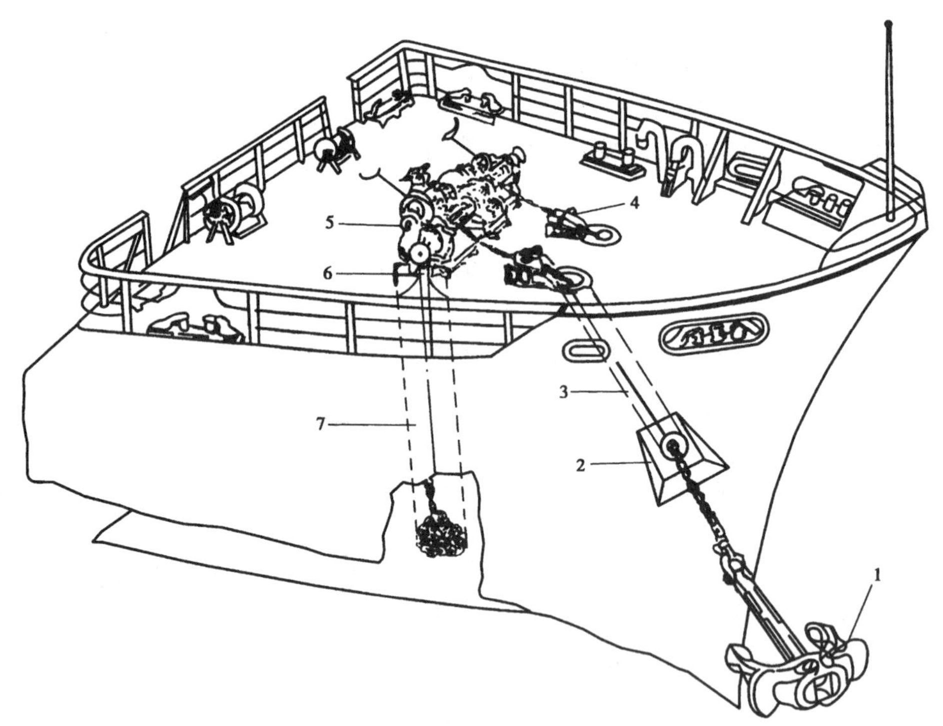

1—锚;2—锚穴;3—锚链筒;4—制链器;5—锚机;6—锚链管;7—锚链舱

图 2-2-1

船舶在营运中,为了装卸货物、避风、等候泊位、检疫以及候潮等都需要在锚地抛锚停泊;在船舶掉头、靠离码头、系离浮筒以及避让他船时,经常利用抛锚来协助车、舵控制船身;在船舶发生搁浅事故时，也可利用抛锚来稳定船位，或者可沿脱浅方向把锚抛下，绞收锚链协助脱浅。

锚设备是由锚、锚链、锚链筒、制链器、锚机、锚链管、锚链舱和弃链器等组成的。

(1)锚

锚的种类很多，商船上常用的有山字锚、海军锚和大抓力锚，其中，由于山字锚能够把锚干收进锚链筒内，并且备锚、抛锚和起锚操作都比其他类型的锚方便，因此，山字锚是目前所普遍采用的船首锚，如图 2-2-2 所示。据试验，山字锚的抓力为锚重的 2 ~4 倍。

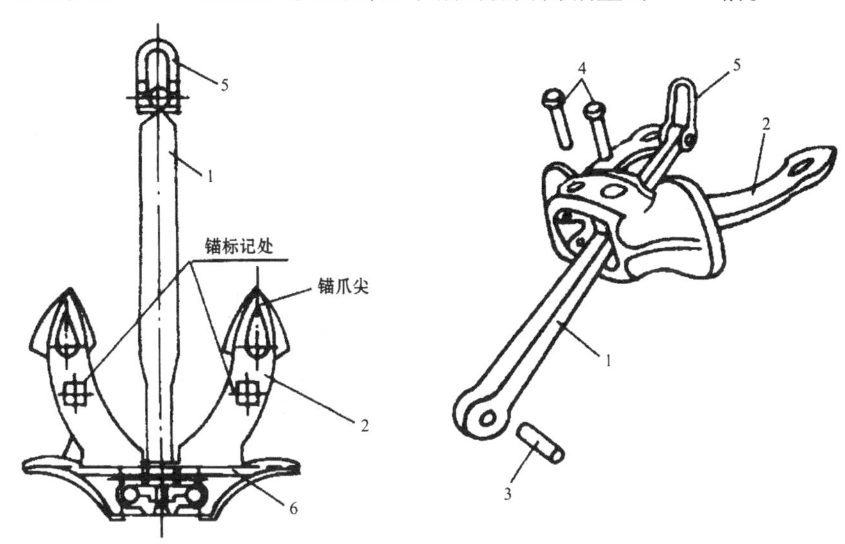

1—锚干;2—锚臂;3—销轴;4—横销;5—锚卸扣;6—助抓突角

图 2-2-2

(2)锚链

锚链是连接锚和船体的专用链条，其主要作用是传递锚的抓力，以抵消外力对船舶的作用，保证船舶能够安全地停泊于指定的水域。

锚链按结构形式可分为有档和无档两种。由于有档锚链比无档锚链强度大而被船舶普遍采用。

锚链是由普通链环和加大链环、连接链环、U 形连接卸扣、转环等特殊链环组成的，其中普通链环是锚链的主要组成部分，其直径的大小是衡量锚链强度的标准。锚链的长度以节为单位，我国规范规定每节锚链的标准长度为 27.5 m。有的国家采用 20 m、25 m、27 m 为 1 节链长的。节与节之间用加大链环、连接链环或 U 形卸扣连接。在第一节锚链的前端加上一段锚端链节，用锚卸扣与锚干相连，在最后一节锚链的末端加上一段末端链节，与弃链器相连。

在抛起锚作业时，为了能够迅速准确地掌握锚链抛出或绞入的节数，必须在各节锚链上做明显的标记，其标记的方法是在每节锚链的连接链环上涂以红漆，在连接链环前后的有档链环的横档上绕以金属丝并涂以白漆。第一节与第二节之间是在连接链环前后第一个有档链环的横档上作标记；第二节与第三节之间是在连接链环前后的第二个有档链环的横档上做标记，以此类推至第五节与第六节之间。从第六节开始又按第一节同样的方法重复标记，最后一至二节可涂红或黄漆等醒目的标志，作为危险警告；也可在锚端链节上，自持链轮至锚链筒甲板处的锚链全部涂以白漆，作为起锚时了解锚即将出水以及锚干将进入锚链筒的标记，以便放慢起锚速度,避免撞坏船壳或锚链筒。

(3)锚链筒

锚链筒是锚链进出和收藏锚干的孔道,它设于船首两侧,由甲板链孔、舷边链孔和筒体三部分组成,筒体内设有冲水装置,用以清洗锚链。

锚链筒的位置和尺寸应能满足:收锚时,锚爪能紧贴船壳,锚干能收进锚链筒内;抛锚时,锚易于脱出锚链筒。此外,锚链筒的下口离满载水线应有一定的距离,以保证航行时船首波不会冲击锚体。为了防止海水从锚链筒涌上甲板,在甲板链孔处设有防浪盖,航行时盖上。此外,有些低干舷船和快速船,为了减少由于锚而引起的水和空气的阻力及减少水花飞溅,在船侧壳板上做成能窝藏锚冠和锚爪的锚穴,其形状有方形、伞形和圆形等。

(4)制链器

制链器设置在锚机和锚链筒之间,用以夹住锚链,防止锚链滑出,以及承受外力作用,减轻锚机负荷。

常用的制链器有螺旋式、闸刀式和链式等,如图 2-2-3 所示,其中,螺旋式制链器由于结构简单,工作可靠,已被大中型船舶所普遍采用。

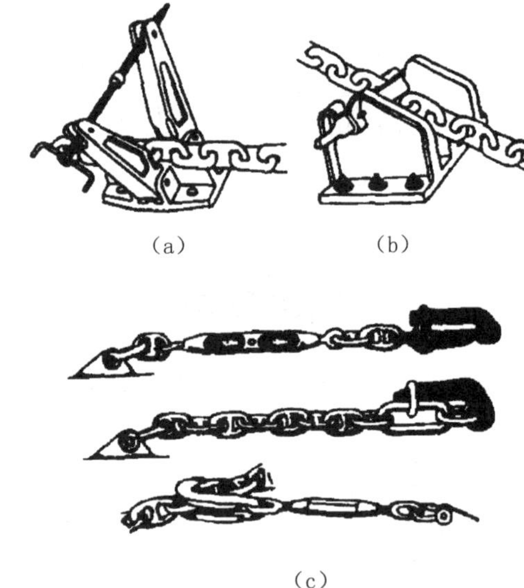
(a) 螺旋式;(b)闸刀式;(c)链式

图 2-2-3

(5)锚机

锚机是抛起锚的机械装置,也可兼作绞缆用。

锚机按链轮主轴布置方向的不同可分为立式和卧式两种。立式锚机也称起锚绞盘,多用于军舰和超大型船舶,而一般商船则普遍采用卧式锚机。锚机按其动力来源可分为蒸汽、电动和电动液压等多种。目前,使用较普遍的是电动锚机。

锚机应具有连续工作 30 min 的能力。在抛起锚试验时,锚机应有能力以不小于 9 m/min 的平均速度将单锚从水深 82.5 m 处拉起至水深 27.5 m 处,并且锚机应能在过载拉力的作用下连续工作 2 min(过载拉力不小于工作负载的 1.5 倍)。

(6)锚链管

锚链管是锚链进出锚链舱的管道,装设在链轮的下方,正对锚链舱中央,其直径为链径的 7 ~8 倍。锚链管的甲板管口装有防水盖,开航后应盖好,以防止海水进入锚链舱。

(7)锚链舱

锚链舱是存放锚链的处所,一般设在防撞舱壁之前,锚机下面,其形状为方形或圆形,直径约为链径的 30 倍,舱深而横截面小,便于锚链自动盘放而不致绞缠,无须排链。

左、右锚链舱是分开的,内设木衬板和舱底花钢板,并设有污水井和排水管系,以便排出积水,防止锚链过度锈蚀。在中间纵舱壁上设有人孔和壁梯,可供人员进出锚链舱。

(8)弃链器

弃链器是在紧急情况下使锚链末端迅速与船体脱开的装置,有横闩式和螺旋式两种。

2. 舵设备

舵设备是操纵船舶的重要设备，主要用来保持或改变航向。

舵设备是由安装在驾驶台的操舵装置控制系统将驾驶人员的转舵命令传达到舵机，由舵机发生转舵动力，通过转舵装置使安装在船尾水下的舵转到预定的角度，从而迫使船舶绕其重心轴转动，以达到保持或改变航向的目的。

舵设备是由操舵装置、舵机、转舵装置、止舵装置和舵等组成的，如图 2-2-4 所示。

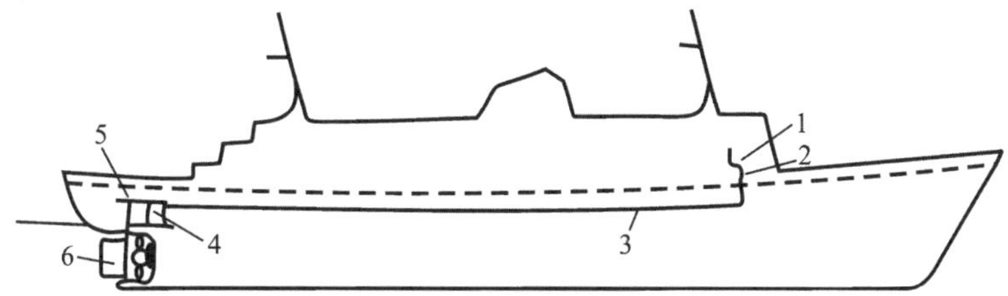

1—舵角指示器；2—操舵器；3—操舵装置控制系统；4—舵机；5—转舵装置；6—舵

图 2-2-4

(1)操舵装置

操舵装置是将操舵指令及时传递给舵机或直接转动舵的装置。

操舵装置按使用可分为主操舵装置、辅助操舵装置和应急操舵装置等。在设有两套操舵装置的船上，首先和经常使用的操舵装置称为主操舵装置，当主操舵装置发生故障时，可用辅助的第二套操舵装置来代替，当主、辅操舵装置都失灵时，则利用设于船尾舵机室内的应急操舵装置操舵。

操舵装置一般包括操舵器、舵角指示器和操舵装置控制系统等。

①操舵器

操舵器是专供舵工或驾驶人员转舵用的手柄或舵轮，多用硬木或无磁性金属制成。不论操舵手柄还是舵轮，其转动方向均应与舵的转动方向一致。

②舵角指示器

舵角指示器是反映舵叶转动多少角度的仪表，用以了解和监督舵叶的实际位置。一般有机械式和电动式两种，安置于驾驶台内操舵器的前方或驾驶台前面的墙壁上，供驾驶员和舵工随时观看。

③操舵装置控制系统

舵机一般都设在船尾舵机室内，因此从驾驶台控制舵机工作必须有一套操舵装置控制系统进行遥控。控制的类型有液压和电动两种。

a. 液压操舵装置控制系统

液压控制系统是根据液体的不可压缩性，利用水和甘油的混合液作为能量传递的介质，用来将操舵器连续或间断的动作，迅速而准确地传递给舵机，并控制舵机工作。

b. 电动操舵装置控制系统

目前，海船上普遍采用电动操舵装置，因为它轻便灵敏，工作可靠，维修方便，并有利于实现操舵自动化。

采用电操舵系统的船舶，一般都能实现自动操舵、随动操舵和应急操舵。

随动操舵控制系统是一种人工操舵方式。它装有舵角反馈装置，操舵时，转动舵轮，随之转出舵角,舵轮停止转动,舵角也随之固定。舵轮转动的角度与舵叶偏转的角度是一致的,操舵比较直观,其工作原理如图 2-2-5 所示。

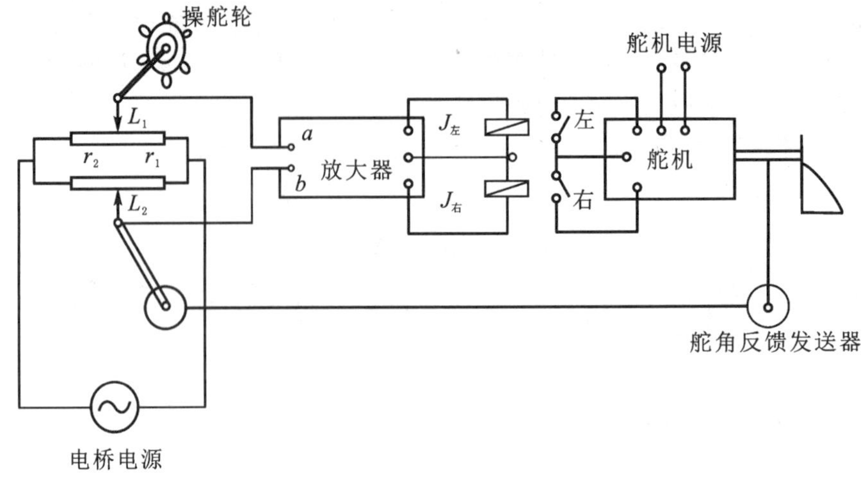

图 2-2-5

手柄操舵控制系统如图 2-2-6 所示,是利用手柄直接控制继电器使舵机转动的系统。它没有舵角反馈装置,操舵手柄相当于继电器的开关,它设有左、中、右三挡,中间位置为零位。操舵时,手柄向左,转出左舵角;手柄向右,转出右舵角;手柄位于中间,舵机不工作。当舵角指示器上到达所需的舵角时,应立即将手柄回复到中间位置,此时,舵机停止工作,舵角保持不变。该系统一般作为随动控制系统失灵时的备用控制系统,使用时,应注意掌握船舶回转惯性的作用,要及时断电,才能使舵叶准确到达所需要的角度。

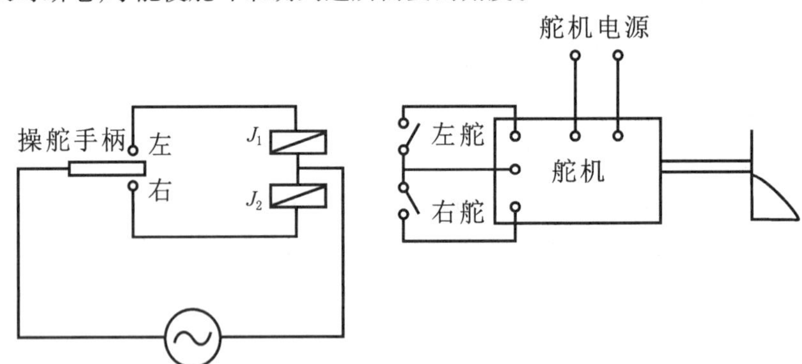

图 2-2-6

自动操舵装置控制系统,简称自动舵。它是在随动操舵的基础上发展起来的一种自动调节的操舵方式。当船舶偏离航向时,该系统能自动给出一个舵角,迫使船舶返回预定航向。它模拟并代替了人工操舵,其保持航向的精度比人工操舵高,相对缩短了航程,减轻了舵工的劳动强度,并且还可与其他导航设备结合,组成自动导航系统。因此,现代船舶,尤其是远洋船舶都普遍采用自动舵,如图 2-2-7 所示。

为了改善自动舵的工作性能,一般自动舵都设有各种调节旋钮,而这些调节旋钮需根据船舶载重量、吃水以及海况等,凭借船员的经验和判断,用手动方式进行调节和修正。显然,这种调节工作很难达到准确无误,直接影响到舵角精度,往往使操舵次数较多,增加了船舶阻力和

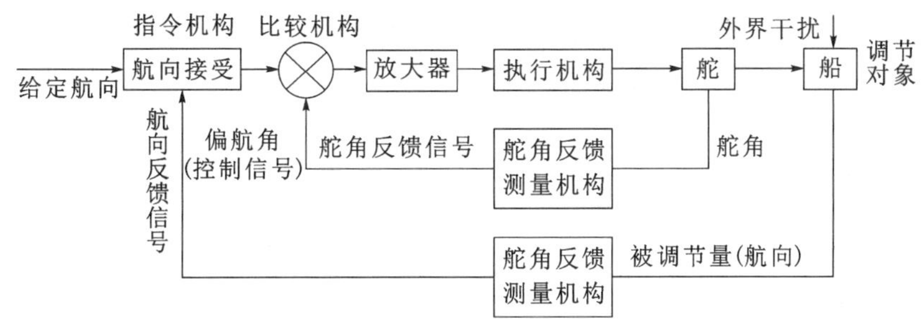

图 2-2-7

主机负荷,导致航速下降和燃油消耗增加。为了减少和克服一般自动舵的上述缺点和不足之处,出现了一种具有自适应控制功能的自适应自动舵。

自适应自动舵能够适应船舶运动特性和海况的变化,自动调整或改变系统的各项参数,从而进行最佳控制,以减少操舵次数和减小舵角等,弥补了一般自动舵存在的不足。

自动驾驶仪是以自动舵为基础,以计算机为核心,并连接综合导航仪或船位接收机的一个自动航行控制系统,也称航迹舵。其主要作用为当初始人工输入相关航路数据后,能使船舶自动沿着计划航线航行,并能在预定的转向点上自动转向,从而实现船舶驾驶的高度自动化。目前船上使用的自适应自动舵基本上都包含这些功能。

主机、舵机和侧推器联合控制装置,也称为单手柄控制(操作)系统,它利用计算机自动配置力量,只用一个手柄就将主机、舵机和侧推器的力合成,操作简便、灵活,自动化程度高,适应能力强。

(2)舵机

舵机是使舵转动的原动力机械,一般可分为蒸汽舵机、电动舵机和液压舵机等。

现在,大中型船舶普遍采用液压舵机。液压舵机是根据油液的不可压缩性,以及油量、流向和油压的可控性,使动能转化为液压能,液压能再转化为机械能,从而达到转舵的目的。

液压舵机的特点是体积小、重量轻、转矩大、噪声小以及容易管理等。

(3)转舵装置

转舵装置是将舵机的转舵动力传递给舵杆,从而使舵转动的装置。按转动机件的不同,可分为舵柄式、舵扇式、螺杆式和液压式(包括推杆式和转叶式)等。

(4)止舵装置

在通常情况下,舵效随着舵角的增大而增加。但是,当舵角超过某一数值即极限舵角时,舵效非但不能增加,反而会使阻力增大,主机负荷加剧,因此,在舵设备中必须设置止舵装置。

止舵装置也称舵角限制器,是舵设备中限制最大舵角的装置。它可以设在舵叶或舵杆上,也可以设在转舵装置附近的甲板上。它能使舵转动到极限位置时,不再继续转动,以防舵机过载受损。通常,极限舵角取为35°左右。

(5)舵

舵是舵设备中的关键部分,由舵叶、舵杆和舵承三部分组成,如图 2-2-8 所示。

①舵叶

舵叶是舵产生舵压力的主体部分。现代船舶都采用流线型舵叶,以减少阻力,提高推进效率。为了保证舵叶的强度和线型,用水平隔板和垂直隔板按线型做成骨架,将两块流线型的外壳板直接焊接在骨架外面,构成密封的空心舵叶,舵叶焊成后,应进行密性试验,试验合格后,通常在舵叶内灌沥青，以防舵叶内部锈蚀。为了灌防水和防腐沥青，在舵叶上部和下部开有小孔，并配有不锈金属（黄铜）制成的栓塞。

②舵杆

舵杆是连接舵叶和转舵装置的传动杆，是舵叶转动的轴，并用以承受和传递作用在舵叶上的力以及舵给予转舵装置的力，其上部与转舵装置相连，下部与舵叶相连。舵杆应具有足够的强度，并且在船舶最大后退速度时不致损坏。

③舵承

舵承是用来支持舵杆和舵的重量并保证船体水密的部件。按其装设的位置可分为上舵承和下舵承两种。

上舵承装在舵机间甲板上，下舵承装在舵杆筒口或舵杆筒内。目前大型船舶一般只设上舵承，全部重量和力都由它承担。

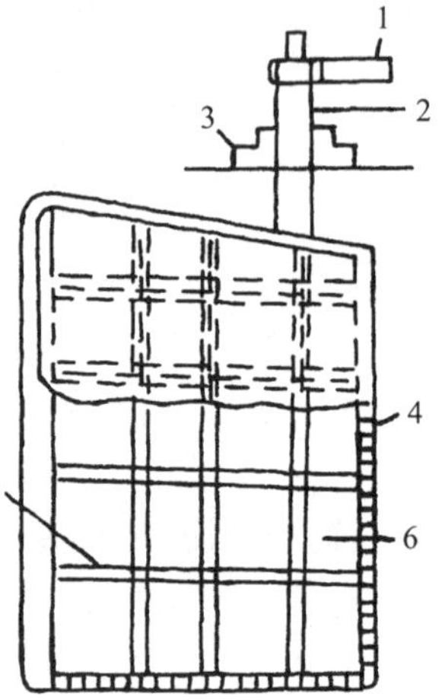

1—舵柄；2—舵杆；3—舵承；
4—舵叶；5—水平隔板；6—垂直隔板

图 2-2-8

3. 系泊设备

系泊设备是船舶系靠码头、浮筒或拖带作业等所使用的设备的总称。一般包括系缆、导缆装置、挽缆装置、系缆机械、缆车以及附属用具等。

（1）系缆

系缆是连接船舶与码头、浮筒或其他船舶的绳索。系缆应具有强度大、重量轻、弹性好、耐腐蚀、耐摩擦等特点。常用的系缆有植物纤维绳、化学纤维绳和钢丝绳等。目前，船舶普遍采用化学纤维绳中的尼龙缆作为系缆。

①系离码头

船舶的系缆根据其位置、出缆方向和作用的不同，可分为头缆、尾缆、前倒缆、后倒缆、前横缆和后横缆，如图2-2-9所示。

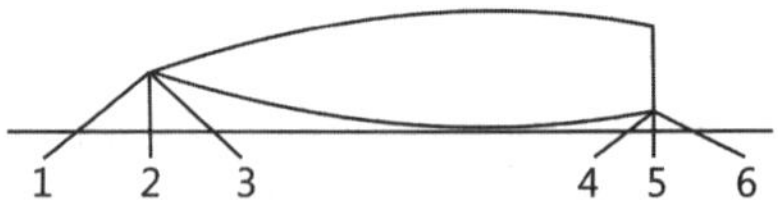

1—头缆；2—前横缆；3—前倒缆；
4—后倒缆；5—后横缆；6—尾缆

图 2-2-9

a. 头缆

头缆主要用来承受来自船首方向的风、流等外力的推压，防止船位后移和外张。

b. 尾缆

尾缆主要用来承受来自船尾方向的风、流等外力的推压，防止船位前移和外张。

c. 前倒缆

前倒缆主要用来承受来自船尾方向的风、流推力或动车的影响，防止船位前移和船首外张。在离泊作业中，常用前倒缆带住船首，利用车、舵或风流的作用将船尾甩出，再用倒车使船驶离泊位。

d. 后倒缆

后倒缆主要用来承受来自船首方向的风、流推力和倒车的拉力，防止船位后移和船尾外张。

e. 前、后横缆

横缆与船舶纵中线垂直，用以保持船舶与泊位的紧靠，防止船位外张。

船舶系靠码头时，应根据码头情况、船舶长度、系缆强度以及水文气象条件等因素，决定使用系缆的数量和布置的方式。一般情况下，至少要用六根系缆，即两根头缆、两根尾缆以及前后倒缆各一根，若有吹开风时，应加带前后横缆，大船或天气变坏时，应增加系缆，以确保船舶的安全系泊。

②系离浮筒

船舶系离浮筒所使用的系缆有单头缆和回头缆两种，如图 2-2-10 所示。

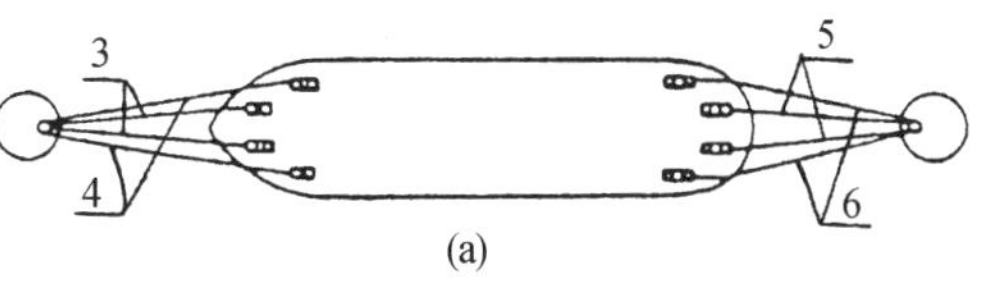

(a)

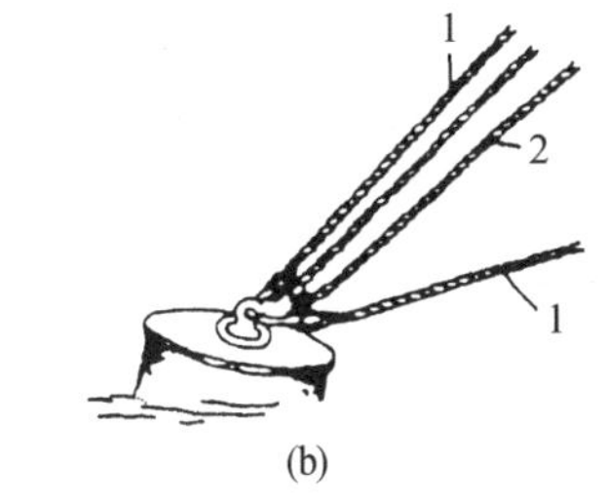

(b)

1—单头缆；2—回头缆；3、5—前、后单头缆；4、6—前、后回头缆

图 2-2-10

a. 单头缆

单头缆是从船首（尾）引向前（后）浮筒，以抵抗来自船首（尾）方向的风、流等外力作用的系缆。单头缆船首尾至少各带两根，在强风急流时，必须增加其数量。

b. 回头缆

回头缆是从船首（尾）的一舷通向浮筒穿过浮筒环回到船首（尾）的另一舷，并挽牢在缆桩上的系缆。回头缆在船首尾各带一根，主要用于离浮筒，平时则不受力。回头缆的琵琶头必须并拢且用小绳扎紧，以便解回头缆时，琵琶头能够顺利地通过浮筒环和导缆孔，防止套挂浮筒或舷外的突出物而造成离浮筒困难。

船舶离浮筒时，先解掉船首和船尾的单头缆，暂留前、后回头缆，以便最后由船上自行解脱而驶离浮筒。

(2)导缆装置

为了使系缆由舷内通向舷外时，尽量减少磨损以及不致因急剧弯折而增加系缆所受的应力，在船首尾及两舷均设有导缆装置。一般在主甲板的舷墙上设置导缆孔，如图 2-2-11 所示，在艏艉楼的舷墙上设置导缆钳，如图 2-2-12 所示，导缆钳常常装设滚轮，以减轻系缆的磨损。为了改变系缆在甲板上的方向，在系缆机械与导缆孔（钳）之间常常设有导向滚轮，如图 2-2-13所示。它有直立式和水平式两种。

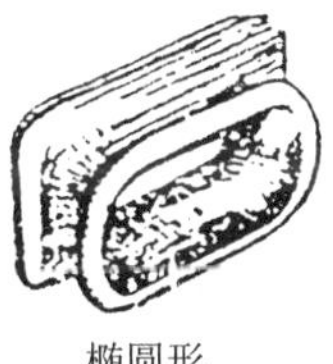

椭圆形

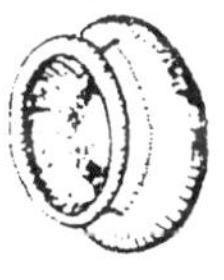

圆形

图 2-2-11

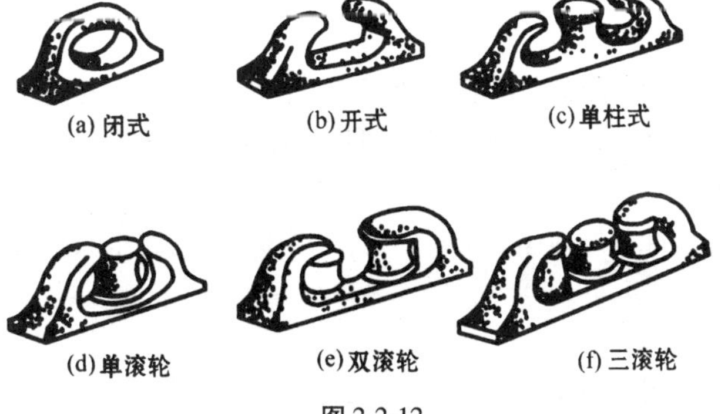

(a) 闭式　(b) 开式　(c) 单柱式

(d) 单滚轮　(e) 双滚轮　(f) 三滚轮

图 2-2-12

(3)挽缆装置

在导缆装置附近设有挽缆装置——缆桩。缆桩是设置在甲板上的用以系缚缆绳的桩子，是铸造或用钢板围焊而成的。缆桩的受力很大，要求基座必须牢固，而且缆桩附近的甲板也需加强。缆桩的类型很多，有直式(单柱和双柱)、斜式(双柱)、单十字、双十字以及羊角桩等，如图 2-2-14 所示。

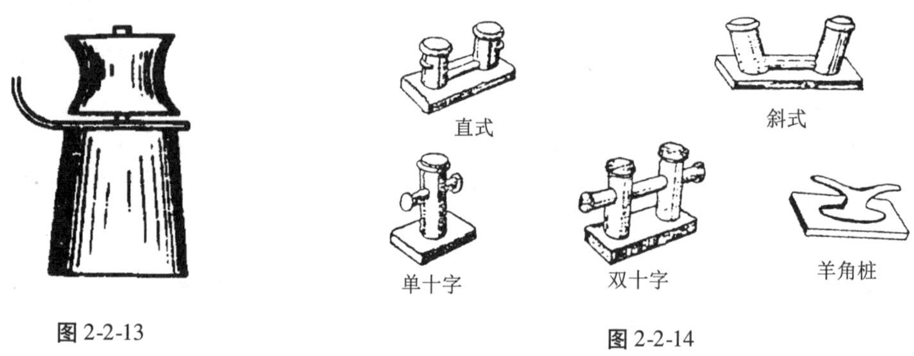

图 2-2-13

图 2-2-14

(4)系泊机械

船首系泊机械由锚机代替，用以绞收艏部的缆绳；船尾系泊机械有系缆绞车和系缆绞盘两种，用以绞收船尾部的缆绳。

此外，现代大型船舶已开始使用自动系泊机械，能够随着潮水的涨落或船舶吃水的变化而自动收放缆绳。

(5)缆车

凡是使用钢丝绳作为系缆的船舶均配有专用的缆车，用来卷存钢丝绳。钢丝绳一端的琵琶头应用细绳绑扎在缆车卷筒上，而不能用卸扣固定在缆车上。盘缆时，应使钢丝绳有次序地卷在卷筒上；松缆时，应用脚踏刹车来控制松缆的速度；系泊完毕，应整理并卷好余缆，盖上帆布罩。

(6)系泊附属用具

①撇缆绳

撇缆绳是将系缆牵引到码头上的专用绳索，多为编织化纤绳，其直径为 6 ~ 7 mm，长度为 40 m 左右。撇缆绳的后端是琵琶头，前端是撇缆头，撇缆头的重量为 0. 35 ~ 0. 40 kg，可用沙袋或硬橡胶等制成。

②制缆索(铁链)

系缆从绞缆机卷筒上解下改换到缆桩上以前，必须先用制缆索(铁链)将系缆暂时控制住，以防系缆松出及船舶移位，系缆挽牢后，才可解脱制缆索(铁链)。

③碰垫

船舶靠离码头前，应准备好碰垫，如发生碰撞和摩擦时，将碰垫放在与码头接触处，可缓冲并减少损伤。

二、装卸设备

货物装卸设备，亦称起货设备，是船舶在营运过程中装卸货物的专用设备。它对缩短船舶在港停泊时间，加速船舶营运周期，提高船舶营运经济效益有着十分重大的现实意义。

装卸设备的类型主要取决于所载运的货物种类和性质。对于液体货物采用输送泵和管路进行装卸;对于散装货物常采用传输带或抓斗进行装卸;对于件杂货则采用吊杆装置或起重机进行装卸。

总之,货物装卸设备的类型很多,下面仅就目前船舶采用最广泛的装卸设备加以介绍。

1. 货舱与封舱设备

(1)货舱

货舱的结构随着所运输货物的种类不同而有所差异。杂货船的货舱要求具有多层甲板,以免压损货物;干散货船的货舱要求具有防移装置或边水舱,以防止货物移动或保持适度的稳性;液散货船的货舱要求分隔较小,以减少自由液面对船舶稳性的影响和减轻液体散货对舱壁的动力冲击;冷藏船的货舱要求具有隔热、制冷设备,以保持一定的温度。

货舱内为了保护双层底顶板和船壳板在装卸货物时不被碰撞以及防止货物紧贴钢板造成汗湿,在装运谷物或杂货的货舱内,装有舱底板和护舷板。为了积聚货舱内污水,防止湿损货物,在货舱内设有污水沟或污水井。此外,在油船的货舱内,还设有货油管系、加温管系和洗舱管系等。

货舱舱口的大小是根据船体强度及所运输货物的种类来设计的。为了弥补上甲板开口后对原有强度的影响,在舱口四周用钢板围成舱口围板。为了保证舱中货物不为海浪或雨水所浸湿,上甲板的舱口围板一般都高出上甲板 610 mm 以上,并设有保证水密的舱盖。

(2)舱盖

舱盖是保证舱口水密,防止海浪或雨水侵入货舱的设备。中间甲板的舱盖还具有分隔货物,防止下层货物被压损以及承担货物和铲车重量的作用。

为了提高装卸效率,缩短开关舱盖时间,减轻船员劳动强度,舱盖应具有水密性好、开关迅速平稳、操作简便安全、收藏占位较小以及维修保养方便等特点。

舱盖的形式颇多,目前比较常用的有以下几种:

①滚动式舱盖

滚动式舱盖由盖板、水密装置、滚轮装置、导向曳行装置和压紧装置五部分组成。各盖板用链条连接,每块盖板的两端均设有滚轮(偏心轮)和导轮,开关时,可利用专用驱动装置或起货机来曳引。

②侧移型舱盖

侧移型舱盖通常由两块舱盖板组成,舱盖板的四角都装有行走滑轮,开启时,舱盖板分别向舱口两侧或两端平移,并存放在专用轨道上。其结构和操作都极其简单,并便于维修,但是需要较大的存放空间,对舱口尺寸有所限制。

侧移型舱盖主要用于大型干散货船和矿/油两用船上,其舱盖尺寸较大,一般均采用液压提升装置。

③背载型舱盖

背载型舱盖与侧移型舱盖相类似,其特点是两块盖板中有一块带有动力装置。开舱时,先利用安装在舱口围板上的四个液压顶杆将不带动力的盖板顶到足够的高度,以便带有动力的盖板滚到其下面,将不带动力的盖板放置在带有动力的盖板之上,两块板便可一起移向存放处。

④折叠式舱盖

折叠式舱盖又称为铰链式舱盖，其与滚动式舱盖相类似，不同的是盖板间采用铰链连接而成。开关舱盖用专用绞车或起货机操纵，使盖板成对叠折并立于舱口的一端。

⑤提升式舱盖

提升式舱盖又称为箱形舱盖。它是传统型舱盖，由若干块独立的盖板组成，并依靠舱盖布（帆布）来保证水密。关舱时，用起货机将盖板由舱口两侧依次盖至中央，然后在盖板上放置三层舱盖布，并用压条、木楔等压紧固牢，以防风浪掀起和保证水密。开舱时，先将舱盖布逐块对折收起，然后将盖板逐块吊放至舱口两舷，整齐地堆放在甲板上，中间的放在下面，外侧的放在上面。

2. 吊杆装置

吊杆装置根据起重量不同可分为轻型吊杆和重型吊杆两种。

（1）轻型吊杆

轻型吊杆是指安全工作负荷小于或等于 10 t 的吊杆装置。

轻型吊杆装置一般由起重柱、吊杆、千斤索、稳索、吊货索以及起货绞车等组成，如图 2-2-15 所示。

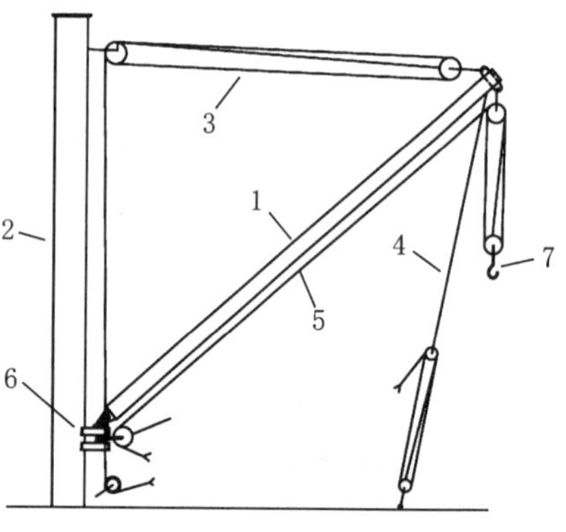

1—吊杆；2—起重柱；3—千斤索；4—稳索；5—吊货索；6—吊杆座；7—吊货钩

图 2-2-15

①起重柱

起重柱是用以固定吊杆、系挂千斤索的强力构件，它常以桅来代替。

在起重柱（桅）的下部设置吊杆承座，以支持吊杆旋转和承受吊杆作业时的受力。在起重柱（桅）的上部设有千斤索吊环座和吊环，用以悬挂千斤索滑车，并承受吊杆作业时千斤索的拉力。

②吊杆

吊杆是用来支撑吊货滑车的支撑杆件，必须能够承受装卸作业时所受的弯矩和轴向压力。

吊杆的根部由鹅颈头与吊杆座连接，其头部装有吊杆环眼箍，用以系结千斤索、稳索和吊货滑车。

③千斤索

千斤索又称顶牵索，用以调整吊杆仰角（吊杆轴线与水平面之夹角）和承受吊杆负荷。

千斤索的一端固定在吊杆头部，另一端则穿过起重柱（桅）上的千斤索滑车垂直向下通至千斤索升降机上，通过升降机可控制吊杆上下俯仰至所需的角度。

④稳索

稳索又称牵索，用以调整和固定吊杆的偏角（吊杆在水平面上的投影与船舶中纵剖面之夹角）。

稳索一般对称地设于吊杆两侧，其上端用卸扣与吊杆头部相连，下端与稳索绞车或与甲板、舷墙上的固定眼板或眼环相连。牵动稳索可使吊杆左右摆动。

⑤吊货索

吊货索用以吊放货物并传递起货绞车的拉力。吊货索的一端装有吊货钩，另一端则穿过吊货滑车，沿吊杆穿过吊杆座上的导向滑车通至起货绞车。

⑥起货绞车

起货绞车也称起货机，是船舶用于装卸货物的起重和牵引的原动力机械，主要由卷筒、减速装置（齿轮传动）、制动装置和动力装置等组成。根据操作的需要，每部起货绞车均设有一个大卷筒和一个或几个小卷筒。大卷筒供卷绕吊货索，小卷筒供绞缆或带动千斤索、稳索绞车用。起货绞车按其动力来源可分为蒸汽、电动和液压三种。

（2）重型吊杆

重型吊杆是指安全工作负荷大于 10 t 的吊杆装置。在某些杂货船的中间舱口除装有轻型吊杆外，还装有重型吊杆，以满足装运重大件货物的需要。重型吊杆与轻型吊杆装置有所不同，主要表现在吊杆的根部、头部和索具三方面，如图 2-2-16 所示。

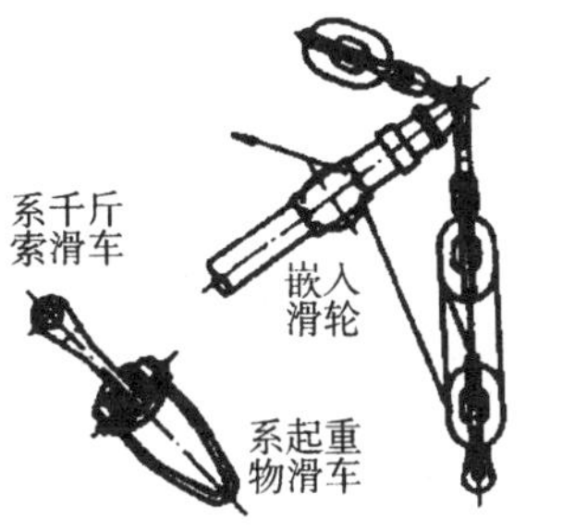

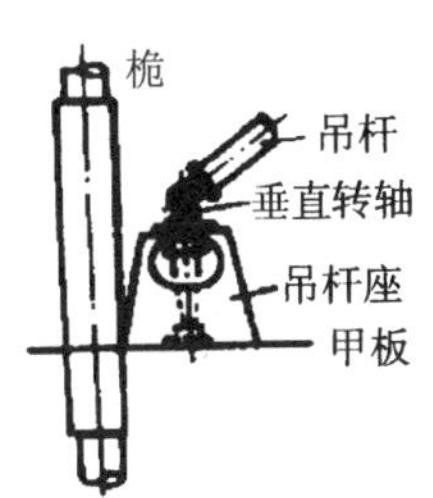

图 2-2-16

①根部

重型吊杆根部的承座直接安装在甲板或专用平台上，以承受巨大的吊杆轴向压力，减轻起重柱（桅）的受力。

②索具

重型吊杆的吊货索和千斤索均采用滑车组（绞辘），以减轻起货机的负荷。

③头部

重型吊杆的头部不用吊杆环眼箍，而采用如图所示的高强度的装置，以承受吊货绞辘和千斤索绞辘的重大负荷。

吊货索不与吊杆平行，其力端从吊货索滑车组的动滑车引出，经过吊杆头部的嵌入滑轮和桅肩上的导向滑车引至起货机，从而改变吊货索的走向，减轻吊杆的轴向压力和千斤索的张力。

千斤索的动端从吊杆头部的千斤索滑车引出，穿过桅肩上的导向滑车引至千斤索绞车，稳索则通过甲板上的导向滑车，由相邻货舱口上的起货机来操纵。

3. 起重机

（1）回转式起重机

回转式起重机也称克令吊，有起升、变幅和旋转等装置，能够在起吊货物后，随意改变吊货钩着落点的位置，准确地把货物放到舱口下方各处，具有重量轻、占地少、操作简便、机动灵活、装卸效率高且又可为两个舱口服务等优点。

回转式起重机可分为电动式和液压式两种。目前普遍采用电动液压回转式起重机，其吊货索位于千斤索上方，经塔顶导向滑轮进入机房，其吊臂利用千斤索绞车来控制仰角，吊货索利用起货绞车来控制其起升与降落，而机身则通过马达及变速机构等装置来控制其可绕定柱灵活旋转 360°。三种动作可以单独进行，也可以几个动作同时进行。

（2）悬臂式起重机

悬臂式起重机是利用可伸出或转出舷外的水平悬臂和能在悬臂上行走的滑车组小车来起吊和移动货物，主要用于装卸集装箱。

（3）组合起重机

近年来，为适应装卸重大件货物的需要，有的船舶设有组合起重机，即在一个座架上装有两台回转式起重机。这样既可为前后两个货舱吊货，也可在同一舱口组合起吊，其起重量为两台起重机的起重量之和，可以同步作业，使吊货梁保持水平。

三、安全设备

由于自然和人为潜在危险的存在，船舶难免发生碰撞、触礁、火灾、爆炸以及破损等事故，因此，《国际海上人命安全公约》规定：为保障海上人命安全，船舶必须配备消防、救生以及防水堵漏等安全设备，以便在船舶发生事故时能够依靠本船力量进行自救，从而保障船舶、船员以及旅客的生命财产安全。

1. 消防设备

船舶地方狭小，生活和工作场所集中，失火的潜在因素极多。一旦失火，如不及时发现和施救，就会酿成火灾，给国家财产和人民生命带来重大损失。

对待消防工作应贯彻“预防为主，防消结合”的消防工作方针。平时应积极加强防火教育，实行防火责任制，加强消防训练，使每个船员都熟知防火和灭火知识，并且能够熟练使用各种消防设备进行灭火。

消防设备种类繁多，下面着重介绍船舶常用的消防设备。

(1)水灭火系统

水是取之不尽的，船舶利用水扑灭一般火灾是最常见和最普遍的。该系统可分为水灭火系统、自动喷水系统和压力水雾灭火系统三种。

①水灭火系统

水灭火系统是船舶各种消防系统的主干。该系统由消防泵、消防管系、消火栓、消防水带、水枪以及国际通岸接头等组成。

a. 消防泵

独立消防泵是指具有独立动力驱动的泵，每艘船舶都必须配备。通常，客船至少应配备三台，货船至少应配备两台。

应急消防泵是指应急时作为临时消防用的泵。它应能在船舶最高位置的消火栓上维持两股射程各不小于 12 m 的水柱，且其排量至少为 25 m^3/h。根据规定，1 000 总吨及其以上的客船和 2 000 总吨及以上的货船均应设置一台独立驱动的固定式应急消防泵。此外，船上的卫生泵、压载泵、舱底泵以及通用泵等在应急时均可作为临时消防用泵。

b. 消防管系

消防总管和消防水管的直径应能有效地分配从两台同时工作的消防泵输送所需的最大出水量，但货船的消防总管直径只需满足排送 140 m^3/h 的水量即可。

c. 消火栓

消火栓是消防水带与消防水管的连接件，其位置和数目，应至少能将不是由连接于同一消火栓的消防水带和水枪喷射出来的有力水柱，射至船上旅客或船员经常到达的任何处所，以及任何装货处所在空舱时的任何部位，而其中一股水柱应仅由一节消防水带获得。

d. 消防水带

消防水带俗称皮龙，应由认可的材料制成，通常采用内衬橡胶并涂上聚氯乙烯的合成纤维织物，每根水带的长度不得超过 20 m，直径有 50 mm 和 65 mm 两种。每根水带应配有一支水枪和接头，平时存放在消火栓附近的明显部位的专用橱箱里，以备随时取用。

对于超过 1 000 总吨的货船，可依船长每 30 m 配备一根消防水带，另加一根备用，但总数不得少于 5 根，此数目不包括机炉舱所需的消防水带。对于不超过 1 000 总吨的货船，应配备不少于 3 根的消防水带。

e. 水枪

水枪有直流水枪、喷雾水枪和直流喷雾两用水枪三种。标准水枪的直径有 13 mm、16 mm 和 19 mm 三种规格。起居处所和服务处所不必使用大于 13 mm 的水枪。在机器处所和各外部处所，水枪的尺寸应能从最小的泵在规定的压力下，从 2 股水柱上获得最大限度的出水量，但不必使用大于 19 mm 的水枪。

f. 国际通岸接头

每艘船上至少应配备一只国际通岸接头，并可连接于船舶的任何一端，以便从岸上或其他船上向甲板总管供水。接头的一端为平面法兰，可与不同直径的消火栓或消防水带接头相连，另一端为适合于本船消火栓或消防水带的对口接头。国际通岸接头应保持随时可用的状态。

②自动喷水系统

现代客船上，在旅客和船员的起居处所及服务处所均设有自动喷水系统。该系统由喷水器、供水泵、压力水柜、水管网（管路）和监控装置等组成。

喷水器安装在舱室的顶部，其间隔应保证每平方米甲板获得的水量至少为 5 L/min。平时，水管网内保持着所需压力的水，当被保护舱室因失火而超过一定的温度范围（通常为 68 ~ 79℃）时，喷水器就会自动喷水；当压力水柜内的常备水减少到一定程度时，压力下降，则供水泵自动启动，向压力水柜供水；同时，触发报警装置发出声光报警信号，并在驾驶台或客船的防火控制站内指出火灾的位置，从而呼唤船员及时扑救，将火灾扑灭在初期阶段。

③压力水雾灭火系统

压力水雾灭火系统由独立水泵、管路、喷嘴和阀门等组成，通常设于机器处所、货油泵舱以及装载车辆处所等，其水泵和控制设备应安装在被保护处所之外，以免因被保护处所失火而使该系统失去作用。喷嘴系全孔型，应均匀有效地分布在被保护处所的顶部。当系统压力降低时，供水泵能自动供水。该系统不设自动报警装置，喷水时需手动控制分配阀。

(2) 固定式二氧化碳灭火系统

二氧化碳灭火系统由气瓶组、瓶头阀、分配阀、管路、释放操纵装置及附属仪表等组成，适用于机器处所、干货舱和油漆间等处所。

船上的液态二氧化碳储存在容量为 40 L 的无缝钢瓶内，集中存放在专用的二氧化碳站室，并分成若干组，每组不超过 12 瓶，各组分别设有释放装置。每个二氧化碳钢瓶上均装有一个瓶头阀，阀内有闸刀、保险膜片、出气阀、安全阀（安全膜片）、充气阀和虹吸管。用闸刀将保险膜片刺破，即可放出二氧化碳气体。瓶头阀至集合管的连接管上装有止回阀，以防止释放时二氧化碳自一个钢瓶进入另一个钢瓶。

在释放二氧化碳前，应先打开通往失火舱室的分配阀和通往分配阀箱的总控阀。若采用机械方式启动，应先拉动拉索，推动启动瓶的闸刀，刺破启动瓶的保险膜片，利用放出二氧化碳的压力使启动气缸的活塞向下，牵动拉索和拉杆，把全组二氧化碳瓶的保险膜片全部刺破，释放出的二氧化碳通过管路送到各被保护处所。若采用气动式启动方式，应先开启两瓶二氧化碳操纵瓶，再利用它去开启其他的瓶组。对于经常有人员工作或出入的处所，应有释放二氧化碳前的声光报警，以督促人员及时撤离。

(3)卤代烷灭火系统

船舶常用的卤代烷有一溴一氯二氟甲烷(1211)和一溴三氟甲烷(1301)。卤代烷灭火系统仅适用于机器处所、货油泵舱以及专门用来装载没有任何货物的车辆装载处所,其中,卤代烷1301灭火容器及其操纵装置应设置在被保护处所的外面。

卤代烷灭火系统的装置与二氧化碳灭火系统相似。但是,卤代烷在常温常压下是液态的,不能自行喷出,必须设置驱动动力,通常有以下三种形式:

①灭火剂与驱动氮气分开储存,使用时打开氮气瓶,利用高压氮气将卤代烷驱至失火处所。

②灭火剂与驱动氮气储存在同一容器中,其布置与释放基本同二氧化碳灭火系统。

③将1301灭火剂容器加压后直接安放在被保护处所内,采用电力引爆打开电爆阀,释放灭火剂。

(4)泡沫灭火系统

目前,船舶多采用空气泡沫灭火系统,将空气和水混合到泡沫液中,经过水流的机械作用而产生泡沫,因此该系统也称为空气机械泡沫灭火系统。根据泡沫膨胀率(发泡倍数)的不同,可分为以下两种:

①高膨胀泡沫灭火系统

高膨胀泡沫灭火系统主要由泡沫液柜、泡沫发生器和导管等组成。当由泵注入的压力水经过混合器时,由于管的缩口作用而从泡沫液柜中吸入泡沫液,并与水混合。混合后的泡沫溶液经喷嘴喷到泡沫形成网上。利用风机将空气吹向泡沫形成网,使网上的泡沫溶液搅动,便生成了大量泡沫。

高膨胀泡沫灭火系统适用于机器处所、货油泵舱以及滚装船的特种装货处所等。

②低膨胀泡沫灭火系统

低膨胀泡沫灭火系统主要应用于甲板区域,故也称为甲板泡沫灭火系统。它是将发泡剂储存在泡沫液柜内,当压力水注入比合器时,产生负压而将泡沫液吸入,使两者在比合器中混合成发泡剂的水溶液。当发泡剂水溶液经过泡沫炮或泡沫枪时,吸入一定量的空气,并与发泡剂水溶液混合,从而产生空气机械泡沫并喷向失火区域。

(5)干粉灭火系统

干粉灭火系统多用于液化气船,其布置方式有两种:一种是分成几个小型干粉灭火装置,另一种是集中成1~2个中心干粉站室。干粉储存于气密容器中,每只干粉容器均配有氮气瓶,使用时,利用氮气的压力将干粉压出,经减压后,用喷枪喷出。

(6)灭火器

灭火器是扑救初起小火的有效工具,船上各个处所均有配备。灭火器可分为手提式和可携式两种。

①手提式灭火器

手提式灭火器普遍配置于起居处所、服务处所和控制站内,其容量应不大于13.5 L且不小于9 L。目前船舶普遍采用的有水、二氧化碳、泡沫、1211以及干粉五种手提式灭火器。

②可携式灭火器

在燃油锅炉舱或机器处所应配备可携式灭火器可分为:

a. 手提式泡沫枪

手提式泡沫枪由泡沫液容器、混合器、泡沫管枪和浓度调节阀等组成，使用时，将泡沫混合器的一端接消火栓，另一端接泡沫管枪，当水流经过混合器时吸入泡沫液，并与水混合，在流经管枪时吸入空气而产生泡沫喷出。

b. 推车式灭火器

在大型灭火器的钢瓶下方设有轮子，上方设有推车把手，便于取用，使用时，一人握住喷枪，对准燃烧物，另一人推车并进行释放操纵，使灭火剂喷出。常用的灭火剂有泡沫、干粉、1211 及二氧化碳等。推车式灭火器通常配备在机舱内。

(7)消防用具

消防用具包括可携机动泵（应急消防泵）、成套消防工具（包括太平斧、铁撬和铁钩各一件）、消防水桶、沙箱、防火毯、水雾器和国际通岸接头。

(8)消防员装备

为了保证消防人员在进入火场后能够顺利侦察火源，抢救被困人员，进行有效灭火，并保护其人身安全，每一船舶至少应配备两套消防员装备，储存在易于到达之处，并使之处于随时可用的状态。

消防员装备包括防护服（也称防火衣，包括带连罩帽的上衣和裤子）、长筒靴和手套、防撞头盔、有绝缘手柄的太平斧、手提式电池安全灯和呼吸器等。

(9)失火报警设备

失火报警设备在火灾初起时能及时地发出警报，以便人们迅速采取应急措施，把火扑灭在早期阶段，常见的有手动和自动两种。

①手动失火报警器

手动失火报警器由手动报警按钮通过电路与驾驶台或火警控制站相连。按钮安装在带有玻璃片的铁盒里，分布于船员、旅客易于到达的起居和机器处所，当发现失火，即可将火场附近按钮盒上的玻璃片击碎，则报警电路自动接通，或者按下按钮接通报警电路，发出声光报警，同时，驾驶台或火警控制站面板上相应的指示灯也亮起，显示火灾的发生地点。

②失火自动报警装置

失火自动报警装置能够在火灾初期自动地将火灾的发生以及地点向驾驶台或火警控制站报警。它能及时呼唤人员进行扑救，因而对保障旅客、船员生命和货物的安全及减少火灾损失都起到重要作用，也有力地提高了船舶的防火能力。

失火自动报警装置主要由探测器和报警器两大部分组成。探测器是安装在被保护处所，用来探测火灾的存在，并将失火时产生的热量、烟气或光谱信号转换成电信号，通过电气线路触发报警器动作的装置，其形式很多，常用的有感温式和感烟式两种。报警器是探测器的指示与控制部分。它对探测器感受的火灾信号做出反应，以声、光形式显示报警，呼唤人员，并指示火灾发生的具体部位。

2. 救生设备

尽管在设计和建造船舶时，已从多方面考虑了船舶航行中的安全性问题，但是，直到目前为止，仍然无法完全避免海难事故的发生。船舶发生海难事故后，只有经竭力抢救无效、最终将危及人命安全时，船长才不得不发出弃船命令（弃船保人），利用救生设备自救或等待救援。因此，为保障海上人命安全，船舶必须按照《海船救生设备规范》的规定，配备各种救生设备。船员应具有使用、保管这些设备的知识和技能，取得训练的合格证书。在船舶营运中，还要经常举行救生演习,以便在遇难的紧急情况下能顺利使用,帮助脱险。

船舶的救生设备包括救生艇、救生筏、救生圈、救生衣、救生服、保温用具、救生视觉信号、抛绳设备、救生无线电设备等。

(1)救生艇

救生艇是能搭乘一定人数的小艇,它载人比较安全,是船舶必备的救生设备,但救生艇重量大,吊艇设备复杂,占用甲板面积大。其主要作用是在船舶遇难时帮助人员脱险待救;此外,还可作为临时短程水上交通工具。

①救生艇的种类

救生艇按建造材料可分为木质、钢质、铝合金、玻璃钢等多种。玻璃钢救生艇易于建造和保养,是目前所普遍采用的。

救生艇按结构形式可分为开敞式、全封闭式和部分封闭式三种。

a. 开敞式救生艇

开敞式救生艇是传统救生艇,其结构简单,登乘方便,但它没有顶盖,只能搭设临时的顶篷。因此,它在遭遇 4 ~5 级以上风浪时,乘员会受到海水侵袭;在低温或曝晒时,乘员还会受到死亡的威胁。

b. 全封闭式救生艇

全封闭式救生艇是在开敞式救生艇的基础上加设刚性的封闭顶盖,以保护乘员不受冷热侵袭。封闭盖的出入口设有通道盖,可在内外两面开启和关闭,开启时能夹住,乘员可迅速到达座位,关闭时应能水密,船员可以在封闭盖下完成收、放艇工作,并能进行划桨。全封闭式救生艇可分为普通型、自给空气型和耐火型三种。

普通型全封闭式救生艇的稳性较好,倾覆后能自行扶正,破损进水后能够处于使乘员从水面以上逃出的漂浮状态。

自给空气型全封闭式救生艇是一种防毒型救生艇。当该艇的所有出入口和开口关闭时,其供气系统能够保持艇内空气适宜于呼吸,能使发动机正常运转不少于 10 min,并且能保持艇内大气压不低于艇外大气压,也不高于艇外大气压 20 hPa。它适用于散装液化气体船和散装危险化学品船。

耐火型全封闭式救生艇具有不燃或阻燃的艇体和顶盖,设有空气维持系统,并且能经受持续时间不少于 8 min 的油水包围的燃烧。此外,它还设有喷水防火系统,可以从海里抽水喷到救生艇外面,以降低艇体温度,并且在抽水时能防止将水面上的易燃液体抽上来。它适用于油船、装载闪点不超过 60℃的液体化学品船和液化气体船。

c. 部分封闭式救生艇

部分封闭式救生艇只在艇首和艇尾设置刚性顶盖,首、尾顶盖的长度各不少于艇长的 20%,中间部分设有可折式顶盖,但不能保持水密。艇上设有舀水装置或自动舀水装置。

②救生艇的编号与标记

救生艇的编号是置于右舷者为单数,置于左舷者为双数,由艇首至艇尾顺序编号。若不只一层甲板放置救生艇,则其顺序为自高层甲板至低层甲板。

救生艇所从属的船舶名称和船籍港应以粗体罗马字母标明于艇首两侧,这个标记与救生艇的号码应能在空中可以看清。在救生艇上还应以经久的明显字迹标明其尺度和乘员定额。

③救生艇的吊放

救生艇都存放在专用的降落装置上,该装置也可将艇收回。救生艇的降落装置种类很多,其中旋转式是最老式的吊艇架,虽然结构简单,但操作不便,已被淘汰。摇倒式吊艇架是通过人力来操纵机械装置将艇推出舷外,但艇重不得超过 2 300 kg,目前只用于内河船舶和小船上。重力式吊艇架是利用救生艇的重力,使吊艇柱和艇一起自动倒出舷外,收艇是采用电力或压缩空气作为动力,因此收、放艇既安全又迅速。海船上目前使用最普遍的就是重力式吊艇架。此外,自由降落救生艇的释放装置采用设在船尾的斜面滑落架进行收、放救生艇的工作,改变了救生艇在船存放的现状,进一步加快了救生艇脱离难船的时间,使用更加方便、安全。

④救助艇

救助艇是用来救助遇险人员和集结救生筏用的机动艇,每一船舶均应配备。但是,若救生艇同时符合救助艇要求时,也可作为救助艇使用。救助艇在风浪中应具有良好的机动性和操纵性。

(2)救生筏

救生筏是维持海上遇险人员生命的一种待援救生工具,它仅次于救生艇,但在某些方面还优越于救生艇,特别是当船舶严重倾斜时,救生艇无法吊放而救生筏却仍可有效地起作用,因此,在船上救生筏与救生艇具有同等重要的地位。

救生筏根据制造材料可分为刚性救生筏和气胀式救生筏;根据投放方式可分为抛投式和吊架降落式(可吊式)救生筏。刚性救生筏属于传统式救生筏,但因体积较大,使用不甚理想,故已逐渐被气胀式救生筏代替。目前,除客船上有可吊式救生筏以外,海船上使用最多的是抛投式的气胀式救生筏。

气胀式救生筏是用橡胶尼龙布制成的,其外形呈圆形或椭圆形,其上设有顶篷。它主要由筏体、筏底、篷柱、篷帐、钢瓶及其附件组成。筏体由上、下两层浮胎组成,仅一层浮胎就能支持该筏的全部额定乘员和属具浮于水面。上、下浮胎分别设有充气筏、安全阀和排气阀。筏底是双层的,其四角装有平衡水袋,以改善筏的稳性,减少随风漂移速度。篷柱用来支撑篷帐。篷帐可使遇险人员免受风浪、寒流和日曝的侵害。充气钢瓶内装有液态二氧化碳,设于上、下浮胎之间,与充气阀相连,可向上、下浮胎分别充气。

平时,救生筏内不充气,折叠后存放在玻璃钢制的水密圆筒内。存放筒上有一小孔,引出充气拉绳,绳长应小于放筏处所至满载水线的高度。充气拉绳一端系在筏内二氧化碳钢瓶阀上,另一端从存放筒的小孔中引出系在存放筒的专用筏架上,使用时,将整个存放筒抛入水中,存放筒在落水途中拉动充气拉绳,使撞针刺破二氧化碳瓶口阀膜,即可向筏内充气,使存放筒的固定箍胀断而打开。通常在常温(20 ± 2℃)下不到 1 min 时间即可充气成型,而低温(－30℃)时的充气时间则不超过 3 min。

此外,抛投式救生筏还设有自动释放装置,包括静水压力释放器、首缆和易断绳。平时,救生筏存放筒放置在筏架上,并通过静水压力释放器、首缆和易断绳与筏架固定。当船舶沉没至距离释放器的水深为 1.5 ~4 m 处时,由于水压力作用,静水压力释放器使存放筒自动脱离筏架,并依靠自身浮力上浮,同时,不断地从存放筒内拉出首缆,直至首缆拉启二氧化碳钢瓶向筏内充气。由于筏的浮力超过易断绳所能承受的张力,易断绳断裂,救生筏脱离沉船而自由漂浮于海上,供难员登乘。

(3)救生圈

救生圈是供抛投入水让落水者攀扶的个人救生设备。它是由闭孔泡沫塑料制成的环状浮体，并缝包上帆布，涂上橙黄色油漆，附有直径 10 mm 的把手索，使落水者易于抓住。

救生圈的浮力应能在淡水中支持不少于 14.5 kg 的铁块达 24 h，其强度应保证从 30 m 高度投落下水而不致损坏。船舶救生圈至少有半数应带自亮浮灯，其中有两个还应带有自发烟雾信号，并分别设置于驾驶台两舷。另外，船舶左、右两舷至少还应各有一个带有可浮救生索（至少 30 m）的救生圈。

平时，救生圈应存放在各层甲板两舷易于取用之处，且首尾至少各存放一个。救生圈应保持应急可投掷状态，不得永久固定。

（4）救生衣

救生衣是最轻便的救生用具，可随身穿着，不影响救生行动。救生衣可把筋疲力尽或失去知觉的落水者的嘴部托出水面，以防溺水；同时也可保暖，防止体热散失。

救生衣有塑料、木棉和气胀式三种。每种救生衣的浮力均应保证在浸入淡水中 24 h 后，不得降低 5% 以上；其结构应保证穿着者从 4.5 m 高处跳入水中不致受伤，且救生衣不移位，不损伤。

救生衣为橙黄色，其上配有哨笛和救生衣灯。船上人员应每人配备一件救生衣，驾驶台和机舱值班人员应每人增设一件。客船上还应附加船上总人数的 5%。

平时，救生衣应存放在居住处所、值班处所等易于取用之处，保持清洁、干燥，并定期检查，以防腐蚀。

（5）保温用具

保温用具也称保温袋，是用防水、保温材料制成的，用来包裹人员，可以遮盖穿着救生衣人员除脸部以外的整个身体，以减少被包裹者的体温损失。保温袋做成宽大的大衣状，在气温 -30 ~ +20℃ 范围内应能正常使用。若保温袋妨碍游泳，则应使穿着者在 2 min 内在水中把它脱掉。

（6）救生服

救生服也叫防寒救生衣，是采用防水材料制成的救生连衣裤。它能罩住除脸部以外的整个身体，以减少落水者的体热损失。

国际航行货船应每人配备一件符合救生设备规则要求的救生服，对一直航行于温暖气候区域的除散货船以外的船舶不必满足此要求。此外，在远离救生服通常存放处所的值班室或工作站，还应增配与在该处所值班或工作的人员数量相当的救生服。

（7）救生视觉信号

视觉信号是当船舶遇难需要救助时所发出的信号，以使前来救援的船舶和飞机易于发现遇难船舶。

救生视觉信号包括火箭降落伞火焰信号、手持火焰信号和漂浮烟雾信号等，其种类很多，但施放方法大同小异，释放前，应仔细阅读信号外表所附的使用说明，以免出错，发生危险。

平时，视觉信号应妥善保管，保持干燥，防止高温。

（8）抛绳设备

抛绳设备是船舶遇险时用来抛射引绳到救援船上或岸上的工具，以供传递缆绳、遇难人员或布置救生工具用，其射程不小于 230 m，抛射绳的破断能力不小于 2 kN。该设备有抛绳枪和抛绳筒两种。

(9)救生无线电设备

①双向 VHF 无线电话

双向 VHF 无线电话主要用于搜救现场通信。该设备的频道除了有第 16 频道外,至少还应有另一个 VHF 频道用于双向通信。该设备现有手携式和固定式两种。手携式平时可供船上通信,固定式是固定装在救生艇内的。

按 GMDSS 的要求,每艘船舶应至少配备手携式 VHF 无线电话 3 部。

②搜救雷达应答器(SART)

搜救雷达应答器是 GMDSS 中的寻位装置,用以在船舶遇险时寻找遇难船舶、救生艇筏或幸存者,以及幸存者手持 SART 时,可以使他们得知是否有救助船舶或直升机在靠近他们。

SART 由天线、接收部分、发射部分、定时电路、浮标容器和电池组成,其工作频率为 9 GHz。平时,SART 装在外壳中,并安装在驾驶台上容易接触到的位置。在船舶遇险时,应由专人把它带到救生艇筏上或固定在遇险船舶的船舷上,以作为遇险位置的标志,使用时,SART 可由人工或自动启动,启动后 SART 处于只收不发状态。当搜救船舶或者直升机上的 9 GHz 导航雷达发射的探测脉冲作用到 SART 天线上并被接收后,SART 立即向雷达发射应答信号,并在雷达荧光屏上显示出沿半径方向长度为 8 n mile 的 12 个长划,其荧光屏中心表示搜救船舶或直升机的位置,而第一个亮点与荧光屏中心之间的距离和方位即为 SART 的位置。这样,搜救船舶或直升机就可凭借雷达上的显示,搜寻遇难船舶、救生艇筏或手持 SART 的幸存者;同时,手持 SART 的幸存者可以按 SART 的声音或灯光变化来判断是否有救助船舶或直升机正在靠近他们。

SART 是由电池供电工作的,其电池容量应能在准备状态(只收不发状态)工作 96 h,然后还能在连续应答状态(发射状态)工作 8 h。

③应急无线电示位标(EPIRB)

应急无线电示位标由无线电发射机、天线、电源及浮筒组成一体,其外壳水密,颜色在海上显而易见,能从 20 m 高处投入水中不致损坏,其工作频率为 121.5 MHz 和 243.0 MHz。遇难时,将其带到救生艇筏上,由人工启动,发出规定的求救信号,供救助的船舶和飞机接收、搜索和测定方位,以便进行救助。

3.堵漏设备

营运船舶可能会由于各种海损事故而破损进水。为了使船舶在破损进水后仍能保持一定的航行性能,在建造船舶时除应设有防水抗沉结构(如水密舱室等)和一定的排水设备之外,还应配备一定数量的各种堵漏设备,以便及时进行抢救。同时,为做到防患于未然,全体船员必须重视安全航行,严格遵守安全航行的各种规章制度,定期做好各种水密设施的维修保养工作,使各种防水堵漏设备处于随时可用的良好状态,并且应熟悉防水堵漏工作。

堵漏设备应存放在船舶水线以上便于到达的舱室内(一般多存放在首楼内),室内应保持干燥、通风,室外应有明显标记。

船舶堵漏设备种类很多,常用的有以下几种:

(1)堵漏毯

堵漏毯是由三层帆布缝制而成的,其四周缝有麻绳的方形毯,其型号有 2 $m^2 \times 2$ m^2,3 $m^2 \times 3$ m^2和 4 $m^2 \times 4$ m^2 三种。堵漏毯的一面缝有油麻绒,堵漏时,将有麻绒的一面贴在破口处,依靠水的压力将毯压紧在船壳板上,从而堵住破口。堵漏毯并不能将破口堵严,但是能够大大地减少进水量。堵漏毯的背面缝有可插置钢管的长袋,当堵较大的破口时,可插入钢管,以承受水压。

(2)堵漏板

堵漏板由方形或圆形的金属板或木板、橡皮垫及固定装置(拉索或螺杆等)构成,用来堵舷窗大小的中型破口。堵漏板由吊索及拉索控制,使堵漏板紧贴船壳。可折叠式堵漏板可从船内通过破口伸向舷外,拉紧拉索或旋紧支架,使堵漏板在舷外张开并压紧破口。

(3)堵漏箱

堵漏箱是一方形铁箱,其开口一面的四周设有橡皮垫条,用来在舷内堵住破口,然后用支柱撑住,并用木楔打紧。

(4)堵漏螺杆

堵漏螺杆有T形固定式、T形活动式和钩头螺杆等多种,使用时,配合带孔垫木、垫板或垫圈,可堵中型破洞或裂缝。

(5)堵漏柱

堵漏柱是堵漏时用作支撑的方木支柱或可伸缩的钢管柱子,其长度不一,并配有一定数量的垫木和垫板,以便支撑时可垫至所需长度,并使支撑力分散。

(6)其他堵漏设备

除上述堵漏设备外,船上还配备各种专用木塞、木楔以及用作垫料的毡、橡皮等,并配备有10包高强度水泥、黄沙、细石子及催凝剂等。

第三节　船舶的航行性能

为了保证船舶在各种情况下的安全航行,要求船舶必须具有一定的航行性能,主要包括浮性、稳性、抗沉性、快速性、摇摆性和操纵性等。

一、浮性

浮性是指船舶在各种载重情况下,保持一定的浮态的性能。

船舶在水中受到重力和浮力的共同作用,如图2-3-1所示。重力是指船舶所受的地球引力,也就是船舶的重量。它包括货物重量、空船重量、消耗品及储备品重量等。重力的作用点称为重心 G,其方向垂直向下。浮力是指水对船舶表面压力的合力。根据阿基米德定律,其值等于船舶所排开的同体积水的重量。浮力的作用点称为浮心 B,即排水体积的几何中心,其方向垂直向上。当船舶所受到的重力与浮力的大小相等、方向相反,并且作用于同一垂直线上时,船舶就处于平衡状态,能够漂浮于水面一定位置,既不下沉也不上浮;当船内载重增加,即重力大于浮力时,则船舶必然下沉,使船舶的排水体积增加,浮力也随之增大,待浮力增大到与重力重新相等时,则达到新的平衡;当船内载重减少,即重力小于浮力时,则船舶必然上浮,以减少浮力,直至达到新的平衡状态。

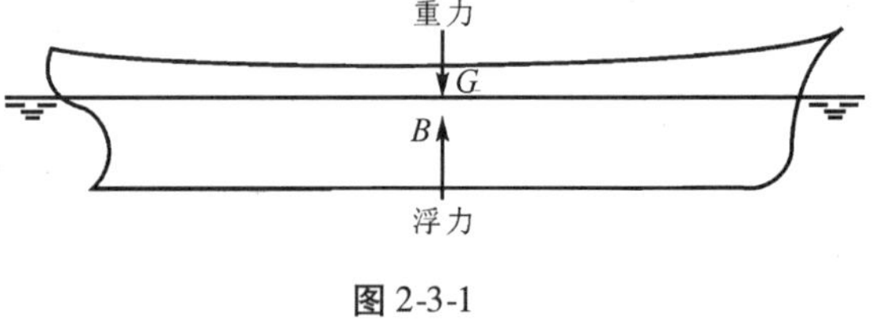

图2-3-1

二、稳性

稳性是指船舶受外力作用离开平衡位置而倾斜,当外力消除后能够自行恢复到平衡位置的性能。

稳性按倾斜方向的不同可分为横稳性和纵稳性;按倾斜角度大小的不同可分为小倾角稳性(初稳性) 和大倾角稳性;按作用力性质的不同可分为静稳性和动稳性。

下面我们以小角度横倾为例来讨论船舶的稳性。

根据对“浮性” 的讨论可知:船舶在未受外力作用时,一般是平浮于水面,其重力与浮力大小相等、方向相反,并且作用在同一垂直线上,如图 2-3-2 所示。但是,当船舶受到风浪等外力作用时就会发生横倾现象,如图 2-3-3 所示。此时,重心 G 位置不变,但浮心却因水线下排水体积的形状发生变化,而自 B 点移至 B_1 点,但其作用方向仍然是垂直向上。这样,由于重力与浮力不作用在同一垂直线上而形成了一个力偶矩。当外力消失后,若船舶在该力偶矩的作用下能够恢复到初始平衡位置,则该船具有稳性,该力偶矩称为稳性力矩(也称为扶正力矩);若该力偶矩使船舶沿着倾斜方向继续倾斜,则该船没有稳性,该力偶矩称为倾覆力矩。

从图2-3-3 中可以看出:船舶倾斜前后的浮力作用线相交于 M 点,我们把 M 点称为横稳心,$\overline{GM}$ 称为初稳性高度。它是衡量船舶初稳性大小的基本标志。当 G 点位于 M 点之下时,$\overline{GM}$ 取正值,船舶具有稳性力矩;当 G 点位于 M 点之上时,$\overline{GM}$ 取负值,船舶具有倾覆力矩;当 G 点与 M 点重合时,$\overline{GM}$ 为零,船舶处于随遇平衡状态。

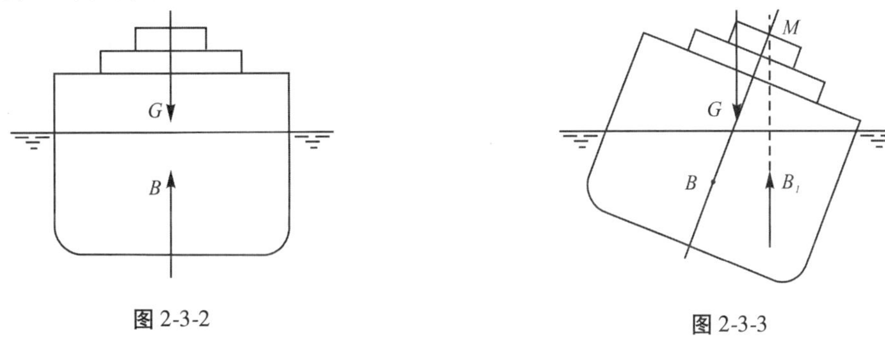

图 2-3-2

图 2-3-3

由此可见,降低船舶的重心位置,对于提高船舶的稳性是极为有利的。但是并不是 $\overline{GM}$ 值越大越好,因为 $\overline{GM}$ 值过大,船舶的稳性力矩过强,则船舶稍有倾斜就会很快复原,使船舶发生剧烈的摇摆,这对于船舶设备、船员的工作条件以及旅客的生活条件等都是不利的;同样,船舶的稳性也不能太小,否则,船舶极易失去稳性而倾覆或沉没。

船舶必须具有适度的稳性,并应符合海船稳性规范的规定。船舶在装货时,应注意控制船舶重心位置的高低和活动货物的绑扎。在风浪中航行时,应注意正确操纵,防止船舶产生过大的横倾角和货物移动,保证船舶的航行安全。

三、抗沉性

抗沉性是指船舶在一舱或数舱进水后仍然保持一定的浮态和稳性而不致沉没或倾覆的性能。

为了保证船舶的抗沉性,要求船舶具有一定的储备浮力,即设计水线以上船体水密空间的体积所提供的浮力,以补偿因破舱进水而损失的浮力。储备浮力是根据船舶的用途、结构和航行区域等因素确定的,其大小可以用干舷衡量,干舷越大,储备浮力也越大,船舶航行就较安全。为此,船舶检验部门为了保证船舶航行安全和发生海损时仍能保持一定的航行性能,并使船舶具有尽可能大的装载能力,规定在船舶舷侧勘绘载重线标志,以限定船舶的最大吃水,即规定船舶的最小干舷。船舶在任何情况下都不得使干舷小于规定的船舶最小干舷。

此外，为了保证抗沉性，还要求船舶按照海船抗沉性规范的规定，进行合理地分舱，即沿船长方向设置足够的水密横舱壁，将整个船体分隔成若干水密舱室，以阻止进水向其他舱室漫延。

对于不同用途、不同大小和不同航区的船舶，抗沉性的要求不同。它分“一舱制”船、“二舱制”船、“三舱制”船等。“一舱制”船是指该船上任何一舱破损进水而不致造成沉没的船舶。一般远洋货船属于“一舱制”船。“二舱制”船是指该船任何相邻的两个舱破损进水而不致造成沉没的船舶。“三舱制”船以此类推。一般化学品船和液体散装船属于“二舱制”船或“三舱制”船。对“一舱制”船也不是在任何装载情况下一舱进水都不会沉没，因为按抗沉性原理设计舱室时是按照舱室在平均渗透率下的进水量来计算的。所谓渗透率是指某舱的进水容积与该舱的舱容的比值。因此，满载钢材的杂货船，货舱进水时其进水量就会较大地超过储备浮力，就不一定保证船舶不沉。

四、快速性

快速性是指船舶在给定主机功率的条件下，尽量提高船速的性能。它包括推进器推力和船舶阻力两个方面。

为了提高船舶的快速性，一方面应尽可能提高推进器的推力，另一方面则应尽可能降低船舶阻力。

在船舶设计、建造时，为了降低船舶阻力，首先应选择适当的船型，尤其是水线下船型和浸水体积以及船体表面的粗糙程度。其次是考虑推进器、舵等附加设备的外形、性能及安装。为了提高推进器的推力，应选择性能良好、效率较高的推进器。现代船舶普遍采用螺旋桨（俗称车叶）推进器。螺旋桨运转时，由于形状和螺距的影响，可能掀起波浪或产生表面空泡，导致推力下降，因此，正确地选择螺旋桨的几何形状和螺距有利于推力的提高。当然，也应考虑主机功率，增加主机功率可以提高快速性。但是，当船速达到一定限度时，主机功率增加很多，而船速增加却很少。因此，应根据推进器、航速以及航行条件等因素选择适当功率的主机。

对于营运船舶，为了降低船舶阻力，应定期进坞以清除船体的锈蚀和附着物。航行时，应避开海上狂风恶浪区，以减少船舶阻力。为了提高推进器推力，应合理装载，保持良好的稳性和适宜的吃水差，避免螺旋桨的桨叶部分露出水面造成飞车或螺旋桨沉深过大，影响推力。

总之，只有确实做到降低船舶阻力和提高推进器推力，才能使船舶的快速性得到充分发挥，提高船舶营运的经济效益。

五、摇摆性

摇摆性是指船舶做周期性的摇摆和偏荡运动的性能，其形式有横摇、纵摇和垂荡运动三种。在一般情况下，船舶在海上的运动是这三种运动形式的复合运动。

在三种摇摆形式中，横摇是最主要的摇摆形式。剧烈的横摇从外部条件来讲，是与风浪的大小有关的，但从船舶本身条件来看，又与稳性的大小有关，稳性过大，会造成剧烈的横摇，如同不倒翁一样，其横摇周期较短；而稳性过小，则横摇缓和，但船舶极易失去稳性而倾覆或沉没。因此，驾驶员应根据实际情况注意积累经验，以期在配载时能保证船舶具有适当的稳性。另外，当船舶的横摇周期与波浪周期接近时，还会发生谐摇运动。此时，船舶摇摆最剧烈，横摇角越摇越大，将会导致船舶倾覆。因此，必须采取改变航向，或在改变航向的基础上同时改变航速的措施。

总之，船舶摇摆是一种有害的性能。剧烈的摇摆会降低船速、造成货损、损坏船舶结构和设备、造成旅客晕船、影响船员工作以及造成货物移动和甲板上浪等，尤其是不适当的摇摆还会在波浪中谐摇，危及船舶安全。

为了改善船舶的摇摆性，可以在船上设置各种减摇装置。例如：在舭部沿着流线安装舭龙骨或可操纵的减摇鳍，在左、右舷设置连通的减摇水舱或安装根据陀螺仪原理设计的回转仪减摇装置等。

六、操纵性

操纵性是指船舶能够保持或改变航向、航速和位置的性能。

操纵性一般包括旋回性和航向稳定性。旋回性是指船舶在各种横向力的作用下，能迅速改变航向并做旋回运动的性能，其好坏用旋圆圈诸要素衡量。航向稳定性是指船舶保持既定航向直线航行的能力，即要求船舶在直线航行中，不易出现偏离航向的现象，并且，当受到外界因素影响而偏离航向时，在不用舵纠正的情况下，能够尽快地稳定于新的航向。航向稳定性差的船舶，为了保持航向，就需频繁操舵，所用舵角也比较大。显然，旋回性和航向稳定性是相互制约的。旋回性要求船舶旋回反应敏锐，而航向稳定性却要求船舶旋回反应迟钝。换句话说，在相同条件下，提高旋回性将意味着降低航向稳定性；反之亦然。因此，船舶的操纵性应根据船舶的用途以及航行区域对操纵性的要求确定。对于远洋运输船舶，其特点是长时间进行远程航行，而进出港的时间较短，因此，应保证其具有良好的航向稳定性。对于在狭水道或港内航行的船舶，则应着重保证其具有良好的旋回性。

船舶操纵的主要工具是螺旋桨和舵，此外还有锚和缆。在掌握风和流对船舶作用规律的前提下，可以将风和流作为船舶操纵的借助因素，现代船舶的系泊作业则主要依靠拖船。

海上航行船舶，由于风、流和浪等外界因素的影响以及螺旋桨工作时产生的横向力，经常使船舶偏离航向，若要保持或改变航向则需不断地操舵。

船舶避让他船时，要了解本船和他船的旋回圈和冲程，以便据此采取恰当的避让措施。船舶旋回是通过转舵来实现的，而冲程则主要是通过停车和倒车来控制。在水深和船速允许的条件下，还可通过抛锚加以配合。

船舶靠离和系泊作业时，需要综合考虑风流、螺旋桨、舵、锚、缆和拖船等许多因素。

综上所述，船舶驾驶人员必须较好地掌握船舶操纵知识，了解本船操纵性以及各种外界因素对本船操纵性的影响，并不断地总结经验。只有这样，才能正确地操纵船舶，准确地控制船舶的运动。

第三章　航海基础知识

第一节　地理坐标

一、地球形状

为了研究船舶在海上航行的方向、距离和位置等有关航海问题，首先要了解地球的形状和大小。

地球自然表面的形状是非常复杂的。但从总体上来看，地球的形状可以认为是一个不规则的椭圆体。航海上，在不同场合，根据不同的精度要求，往往将地球视为不同的近似体。

航海上为了计算的简便，在精度要求不高的情况下，通常将地球圆球体作为地球的第一近似体，其半径约为 6 366 707 m。

在大地测量学、海图学和需要较为准确的航海计算中，通常将地球椭圆体作为地球的第二近似体。

地球椭圆体（如图 3-1-1 所示）是由椭圆 P_NQP_SQ' 绕其短轴 P_NP_S 旋转而成的几何体。表示地球椭圆体的参数有：长半轴 a、短半轴 b、扁率 c 和偏心率 e，它们之间的相互关系为

$$c = \frac{a-b}{a};e = \frac{\sqrt{a^2-b^2}}{a}$$

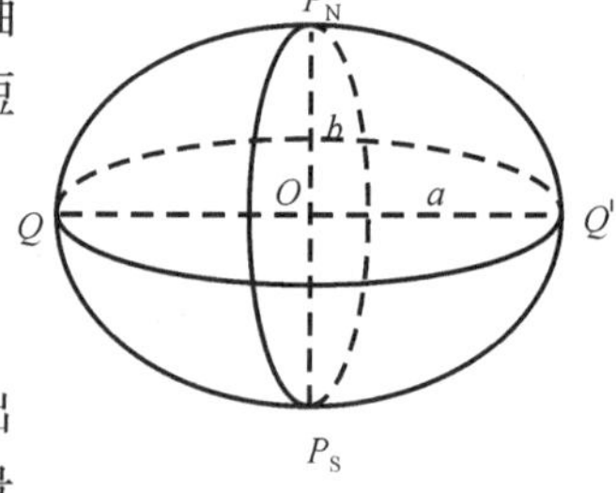

图 3-1-1

地球椭圆体参数是根据大地测量中的弧度测量的结果计算出来的。由于不同国家所处地区不同，所采用的测量数据、数据质量及计算方法的不同，所得出的椭圆体参数也略有差异。我国 1952 年采用白塞尔地球椭圆体参数，1954 年改用苏联克拉索夫斯基地球椭圆体参数，现在准备逐步采用 IUGG 1975 年推荐的地球椭圆体参数。

二、地理坐标

1. 地球上的基本点、线、圈

地理坐标是建立在地球椭圆体表面上的。要建立地理坐标，首先应在地球椭圆体表面上确定坐标的起算点和坐标线图网，如图 3-1-2 所示。

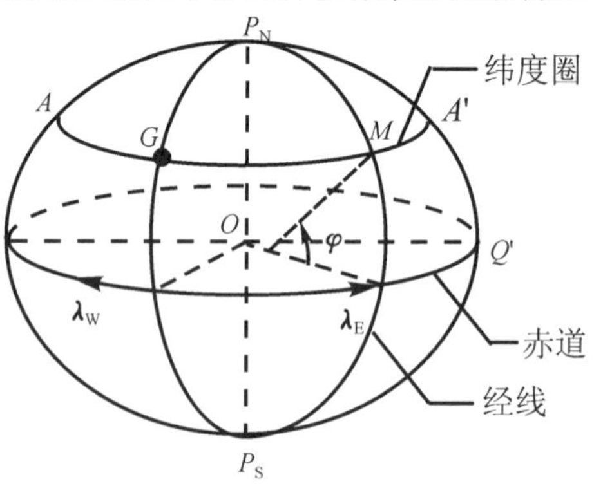

图 3-1-2

椭圆短轴即地球的自转轴 —— 地轴（P_NP_S）；地轴与地表面的两个交点是地极，在北半球的称为北极（P_N），在南半球的称为南极（P_S）；通过地球球心且与地轴垂直的平面称为赤道平面，赤道平面与地表面相交的截痕称为赤道（QQ'），它将地球分为南、北两个半球；任何一个与赤道面平行的平面称为纬度圈平面，它与地表面相交的截痕是个小圆，称为纬度圈（AA'）；通过地轴的任何一个平面是子午圈平面，它与地表面相交的截痕是个椭圆，称

为子午圈（P_NQP_SQ'）；由北半球到南半球的半个子午圈，叫做子午线，又称经线（P_NQP_S，$P_NQ'P_S$）；通过英国伦敦格林尼治天文台子午仪的子午线，叫做格林子午线或格林经线（P_NGP_S）。

2. 地理坐标

地球表面上任何一点的位置，可以用地理坐标，即地理经度和地理纬度来表示。

地理经度简称经度，地面上某点的地理经度为格林经线与该点子午线在赤道上所夹的劣弧长，用 λ 或 *Long* 表示。某点地理经度的度量方法为：自格林子午线起算，向东或向西度量到该点子午线，由0°到180°计量，向东度量的称为东经，用E标示；向西度量的称为西经，用W标示，例如：北京的经度为116°28′.2E。

地理纬度简称纬度，地球椭圆子午线上某点的法线与赤道面的夹角称为该点的地理纬度，用 φ 或 *Lat* 表示。某点地理纬度的度量方法为：自赤道起算，向北或向南度量到该点所在纬度圈，由0°到90°计量，向北度量的称为北纬，用N标示；向南度量的为南纬，用S标示，例如：北京的纬度为39°54′.4N。

纬度圈上各点的纬度相等，经线上各点的经度也都相等。格林经线与赤道的交点为地理坐标的起算点，经线与纬度圈所构成的图网为坐标线图网。

3. 纬差与经差

纬差为两地纬度之代数差，用符号 $D\varphi$ 表示；经差为两地经度之代数差，用 $D\lambda$ 表示。

纬差和经差是有方向性的，应根据起算点和到达点的相对位置关系确定：如到达点位于起算点之北，为北纬差；位于起算点之南，则为南纬差。同样，如到达点位于起算点之东，为东经差；位于起算点之西，则为西经差，其计算公式为

$$D\varphi = \varphi_2 - \varphi_1$$

$$D\lambda = \lambda_2 - \lambda_1$$

式中：φ_1，φ_2—— 起始点纬度和到达点纬度；

λ_1，λ_2—— 起始点经度和到达点经度。

计算中注意：

（1）北纬、东经取正值（+），南纬、西经取负值（-）；

（2）纬差、经差为正值，分别表示北纬差和东经差，负值表示南纬差和西经差；

（3）经差的绝对值不应大于180°，否则，应由360°减去该绝对值，并改变符号。

第二节　航向与方位

一、方向的确定与划分

1. 方向的确定

通过测者眼睛，并与该点重力方向重合的直线叫做测者铅垂线。凡与测者铅垂线相垂直的平面，称为测者地平平面，其中通过测者眼睛的地平平面，叫做测者地面真地平平面，包含测者铅垂线，并与测者子午圈平面相垂直的平面，称为测者东西圈平面（卯酉圈平面）。

航海上测者周围的方向是建立在测者地面真地平平面之上的。如图3-2-1所示，$A'O$ 为测者 A 的铅垂线，测者地面真地平平面WSEN与测者子午圈平面 P_NAQP_SQ' 相交的直线SN称为测者的方向基准线 —— 南北线。它靠近地理北极 P_N 的一方是测者的正北方向；靠近南极 P_S

的一方为测者的正南方向。测者地面真地平平面与测者卯酉圈平面的交线 WE,称为测者的东西线。当测者面北背南时,测者东西线的右方是正东方向,左方是正西方向。

位于不同地点的测者,具有不同的测者铅垂线和测者地面真地平平面,其方向基准也各不相同。位于两极的测者无法确定其方向基准:位于南极的测者,其任意方向都是正北方向;而位于北极的测者,其任意方向都是正南方向。

2. 方向的划分

仅在测者地面真地平平面上确定四个基本方向,远远不能满足航海上的需要,必须将方向作进一步的划分。航海上常用的划分方向的方法有下列三种:

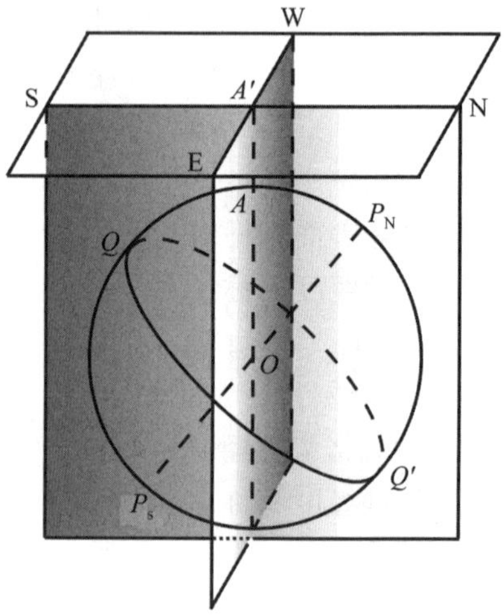

图 3-2-1

(1) 圆周法

以正北为方向基准 000°,按顺时针方向计量到正东为 090°,正南为 180°,正西为 270°,再计量到正北方向为 360° 或 000°。

圆周法始终用三位数表示,是航海上最常用的表示方向的方法。

(2) 半圆法

以正北或正南为方向基准,分别向东或向西计量到正南或正东,计量范围 0° ~ 180°。用半圆法表示某方向时,除度数外,还应标明起算点和计量方向,如 30°NE,150°SE,30°SW,150°NW。

任何一个地平平面方向,都有两种半圆法表示法。在天文航海中,常用半圆法来表示天体的方位。

(3) 罗经点法

如图 3-2-2 所示,罗经点法以北、东、南、西四个基本方向为基点;将平分相邻基点之间的地面真地平平面方向称为隅点,即东北(NE)、东南(SE)、西南(SW) 和西北(NW)4 个方向;将平分相邻基点与隅点之间的地面真地平平面方向称为三字点,其命名规则为在基点名称之后加上隅点名称,即北北东(NNE)、东北东(ENE)、东南东(ESE)、南南东(SSE) 等 8 个方向;再将平分相邻基点或隅点与三字点之间的16 个地面真地平平面方向称为偏点,其命名规则为在基点名称或隅点名称之后加上偏向的方向,例如:北偏东(N/E)、东北偏北(NE/N)、东偏北(E/N) 等。

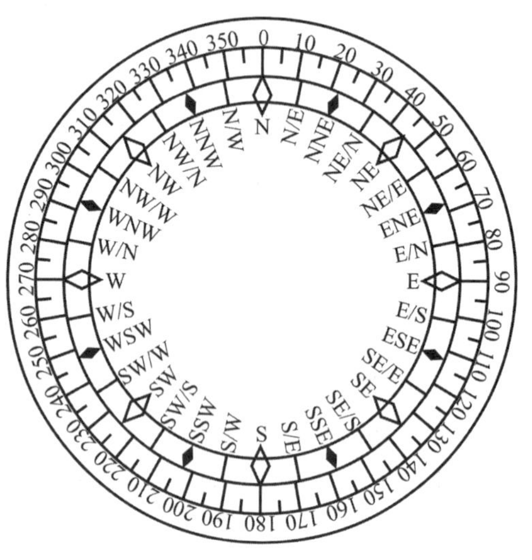

图 3-2-2

这样,4 个基点、4 个隅点、8 个三字点和 16 个偏点,共计32 个方向点,叫做32 个罗经点。罗经点也可以被认为是两个相邻的罗经点方向之间的角度。因此

$$1\text{ 点} = \frac{360°}{32} = 11°.25\text{，或 }4\text{ 点} = 45°$$

目前，罗经点法仅用来表示风、流等的大概方向。

二、航向、方位和舷角

航海上经常涉及的方向有两种：船舶航行的方向（航向）和物标的方向（方位）。现将与此有关的若干定义介绍如下（如图 3-2-3 所示）。

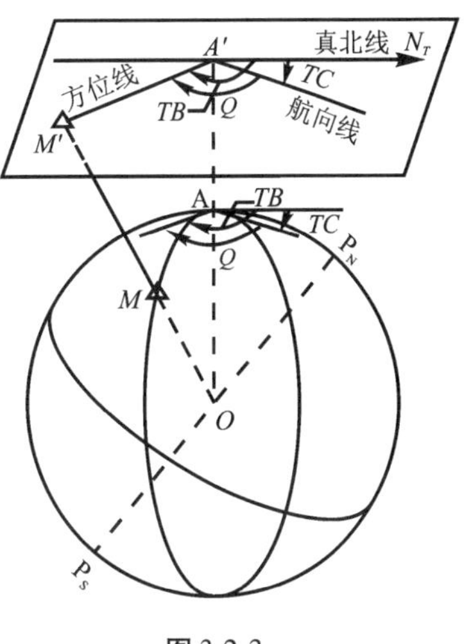

图 3-2-3

航向线：当船舶无横倾时，船舶首尾面（通过船舶铅垂线的纵剖面）与测者地面真地平平面所相交的直线，叫做船首尾线。船首尾线向船首方向的延伸线，称为航向线，代号 *CL*。

真航向：船舶航行时，在测者地面真地平平面上，自真北顺时针方向计量到航向线的角度，称为真航向，计量范围 000° ~ 360°，代号 *TC*。

方位线：在地球表面上连接测者与物标的大圆弧 *AM*，叫做物标的方位圈，而物标方位圈平面与测者地面真地平平面相交的直线 *A′M′*，称为物标的方位线，代号 *BL*。

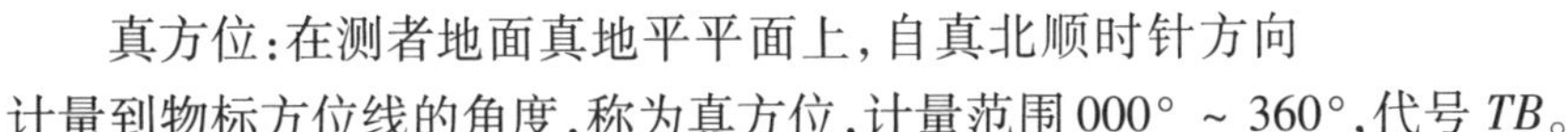

真方位：在测者地面真地平平面上，自真北顺时针方向计量到物标方位线的角度，称为真方位，计量范围 000° ~ 360°，代号 *TB*。

舷角：在测者地面真地平平面上，从航向线到物标方位线之间的夹角，称为物标的舷角或相对方位。舷角以航向线为基准，按顺时针方向计量到物标方位线，计量范围 000° ~ 360°，始终用三位数表示，代号 Q；或以船首向为基准，分别向左或向右计量到物标方位线，计量范围 000° ~ 180°，向左计量为左舷角 $Q_{左}$，向右计量为右舷角 $Q_{右}$。

当舷角 $Q = 090°$ 或 $Q_{右} = 90°$ 时，叫做物标的右正横；当 $Q = 270°$ 或 $Q_{左} = 90°$ 时，叫做物标的左正横。

物标的真方位是以测者的正北方向线为基准度量的，与航向无关。如果只改变航向，而测者的位置不发生变化，则物标真方位不变。物标的舷角是以船首尾线为基准度量的，只要航向发生变化，物标的舷角也随之改变。航向、方位和舷角之间的关系为

$$TB = TC + Q \text{ 或 } \quad TB + Q\begin{cases} Q_{右}\ 为(+) \\ Q_{左}\ 为(-) \end{cases}$$

如计算所得的真方位值大于 360° 或小于 0°，则应分别减去或加上 360°。

三、向位的测定

航海上测定向位（航向和方位）的仪器是罗经，包括陀螺罗经（俗称电罗经）和磁罗经两大类。

1. 陀螺罗经

陀螺罗经是根据高速旋转的陀螺仪，在受到适当的阻尼力作用后，能迫使其旋转轴保持在其子午圈平面内的原理而制成的。

陀螺罗经刻度盘 0° 所指示的方向称为陀螺罗经北，简称陀罗北，用 N_G 表示。陀罗北线和船舶航向线之间的夹角，称为陀罗航向，代号 *GC*。陀罗北线和物标方位线之间的夹角，叫做陀罗方位，代号 *GB*（如图 3-2-4 所示）。陀罗航向和陀罗方位均以陀罗北线为基准，按顺时针方向

计量至航向线或物标方位线，计量范围 000° ~ 360°。

陀螺罗经与任何其他测量仪器一样，也会存在一定的误差。陀罗北偏开真北的角度称为陀螺罗经差(简称陀罗差)，用 ΔG 表示；陀罗北偏在真北的东面，ΔG 为偏东或偏低，用 E 或 + 表示；陀罗北偏在真北的西面，ΔG 为偏西或偏高，用 W 或 - 表示。

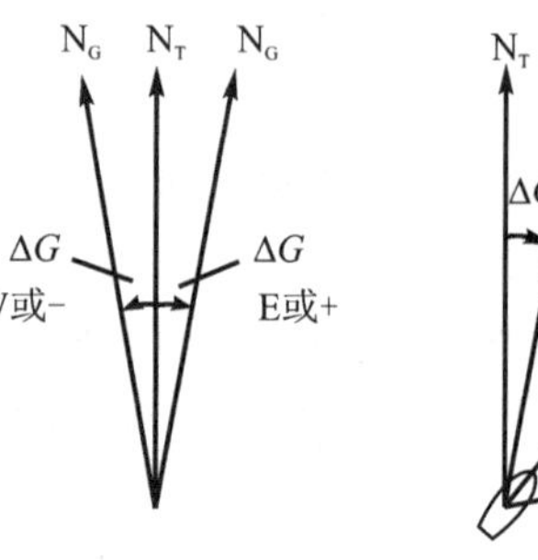

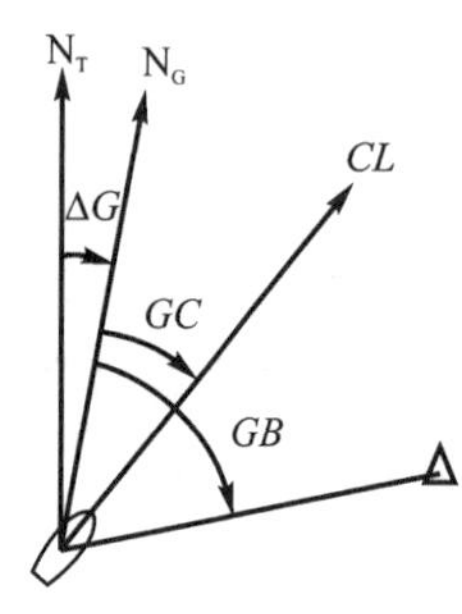

图 3-2-4

陀罗差主要随航速和船舶所处纬度的变化而变化，与航向等无关。真向位、陀罗向位和陀罗差之间的关系为

$$TC = GC + \Delta G \qquad TB = GB + \Delta G \qquad \begin{cases} \Delta G \text{ 偏东为}(+) \\ \Delta G \text{ 偏西为}(-) \end{cases}$$

2. *磁罗经*

磁罗经是由我国古代四大发明之一 —— 指南针演变发展而来的。它是根据在水平面内自由旋转的磁针，受到地磁磁力的作用后，能稳定指示地磁磁北方向的特性而制成的。

(1) 磁差与磁向位

① 地磁与磁差

如图 3-2-5(a) 所示，地球周围存在一个天然磁场 —— 地磁。地面上各点的磁力线方向是不相同的，磁力线方向垂直于地面的点，叫做地磁磁极，靠近地理北极的是磁北极；靠近地理南极的是磁南极。连接地磁北极和地磁南极的直线，称为地磁磁轴，它与地轴约相交成 11°. 5。此外，地磁磁极还沿着椭圆轨道缓慢地绕地极移动，约 365 年绕地极一周。

因为地磁北极与地理北极并不重合，再加上地磁场本身又很不规则，所以地面上某点的磁北线与真北线往往不重合。磁北(N_M) 偏离真北(N_T) 的角度称为磁差，代号 *Var*，如图 3-2-5(b) 所示；磁北偏在真北的东面，称磁差偏东，用 E 或 + 表示；磁北偏在真北的西面，则称磁差偏西，用 W 或 - 表示。

②磁差的计算

磁差的大小和方向与地磁磁场的分布情况及其变化规律有关。由于地磁磁轴并不与地轴重合，而且也不通过地球球心，再加上地面上磁力线的分布与走向相当复杂，因此，各地磁差的大小和方向各不相同。低纬地区磁差一般较小，最小可为 0°；高纬地区，尤其是靠近地磁磁极的地区，磁差值较大而且变化显著，磁差最大可达 180°。因此，船舶在磁极地区(通常指极区)航行，是无法用磁罗经导航的。

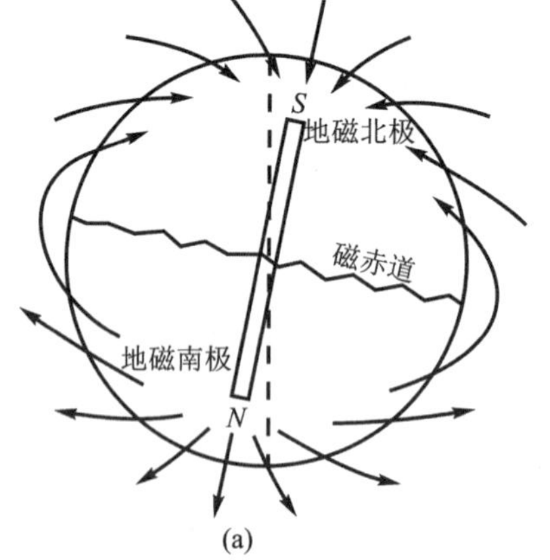

(a)

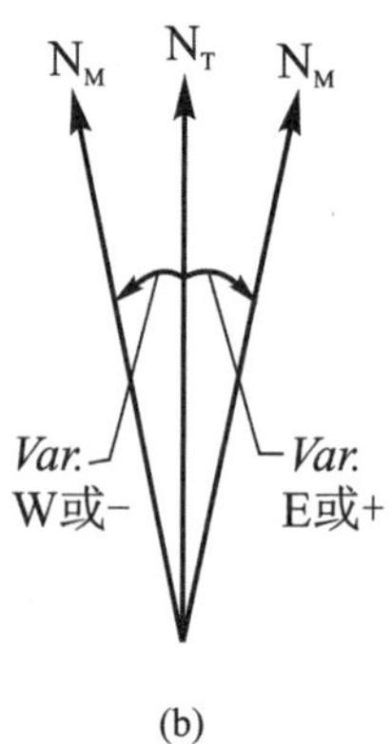

(b)

图 3-2-5

此外，由于地磁磁极沿着椭圆轨道缓慢地绕地极运动，同一地点的磁差也将因此而随时间

变化，每年变化 0°~0°.2，叫做磁差的年变化或年差。年差可用东(E)或西(W)表示，也可用磁差绝对值的增加(+，increasing)或减少(-，decreasing)表示。

年差的东(E)或西(W)表示该地磁差每年向东或向西变化，如年差 0°.1E，表示磁差每年向东变化 0°.1，即该地磁北每年向东偏移 0°.1；而年差的+或-是表示磁差绝对值的增加或减少。

完整的磁差资料应包含：测量当时的磁差值(大小和方向)、测量年份和年差，如：

4°30′E 1982 (9′E)；

磁差偏西 6°12′(1989)，年差约 +4′；

Variation 3°00′W(1965) decreasing about 2′annually。

使用磁罗经时，必须适时地查取磁差资料，并按下式求取当地、当时的磁差：

$$所求磁差 = 图示磁差 + 年差 \times (所求年份 - 测量年份)$$

③磁向位

岸上的磁罗经稳定时，其刻度盘 0° 所指示的方向，称为磁北 N_M，如图 3-2-6 所示，磁北线与航向线之间的夹角称为磁航向，代号 *MC*；磁北线与方位线之间的夹角称为磁方位，代号 *MB*。磁航向与磁方位均以磁北为基准，分别按顺时针方向计量到航向线或物标方位线，计量范围 000° ~ 360°。显然，磁向位、磁差和真向位之间的关系为

$$TC = MC + Var, TB = MB + Var$$

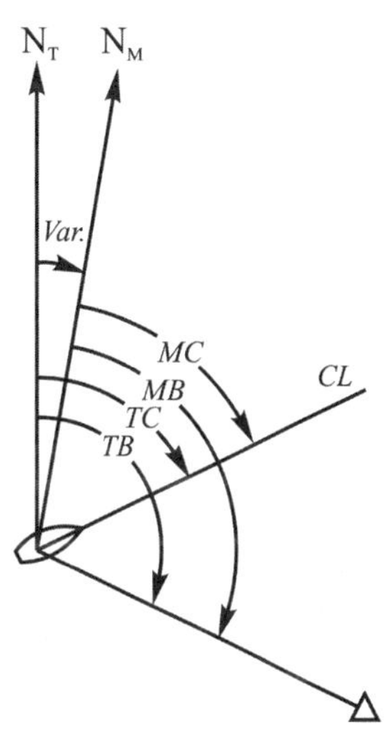

图 3-2-6

(2) 磁罗经自差

① 船磁与自差

安装在船上的磁罗经，除了受到地磁的作用外，还会受到船上钢铁在地磁磁场中磁化后形成的磁场——船磁场的影响，以及磁罗经附近电气设备形成的电磁场的影响，从而导致磁罗经的指针不再指示磁北方向，而指向上述各磁场的合力方向上。此时，磁罗经刻度盘 0° 所指示的方向，称为罗北，代号 N_C。

罗北偏离磁北，是由于船舶自身的磁场所引起的，因此将罗北与磁北之间的夹角称为自差，用缩写 *Dev* 或符号 δ 表示。如图 3-2-7 所示，如罗北偏在磁北之东，称为东自差，用 E 或 + 标示；若罗北偏在磁北之西，则为西自差，用 W 或 - 标示。

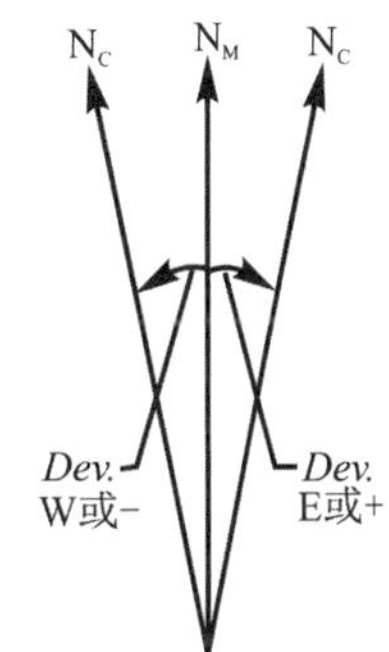

图 3-2-7

② 自差的计算

自差的大小和符号与船磁有关，而船磁又与船首向和地磁磁力线方向的相对位置有关，即船磁的大小和方向是随航向的不同而改变的。因此，磁罗经的自差也随航向的变化而变化。

此外，自差还可能由于船舶装载钢铁和磁性矿物、磁罗经附近铁器和电器的变动、船舶倾斜和船舶所处不同地区磁差的显著变化而有所变动。

当磁罗经自差较大时，必须进行自差校正工作，尽可能地消除各个方向的自差。但不可能把各个方向的自差消除干净，一般还会剩下 ±0° ~ ±3° 的自差，叫做剩余自差，应测出 8 个罗经点方向的剩余自差，然后用曲线法或公式计算法，制成磁罗经自差曲线或自差表(如表 3-2-1 所示)，供船舶航行中向位换算用。

表 3-2-1　××轮标准罗经自差表

1999 年 8 月 8 日　　　　　　观测地点:吴淞口

罗航向	自差	罗航向	自差	罗航向	自差	罗航向	自差
000°	+2°.8	090°	-2°.5	180°	-1°.0	270°	+1°.9
015°	+2°.6	105°	-3°.4	195°	+0°.2	285°	+1°.8
030°	+2°.0	120°	-3°.9	210°	+1°.2	300°	+1°.9
045°	+1°.2	135°	-3°.8	225°	+1°.8	315°	+2°.0
060°	+0°.1	150°	-3°.1	240°	+1°.9	330°	+2°.3
075°	-1°.2	165°	-2°.2	255°	+2°.0	345°	+2°.6
090°	-2°.5	180°	-1°.0	270°	+1°.9	360°	+2°.8

(3) 罗经差

船上磁罗经的刻度盘0°所指示的罗北 N_C 偏离真北 N_T 的角度称为磁罗经差,简称罗经差,用 ΔC 表示,如图 3-2-8 所示,当罗北偏在真北东面时,罗经差偏东,用 E 或 + 标示;罗北偏在真北西面时,罗经差偏西,用 W 或 - 标示。显然,罗经差是磁差 *Var* 和自差 *Dev* 的代数和,即

$$\Delta C = Var + Dev$$

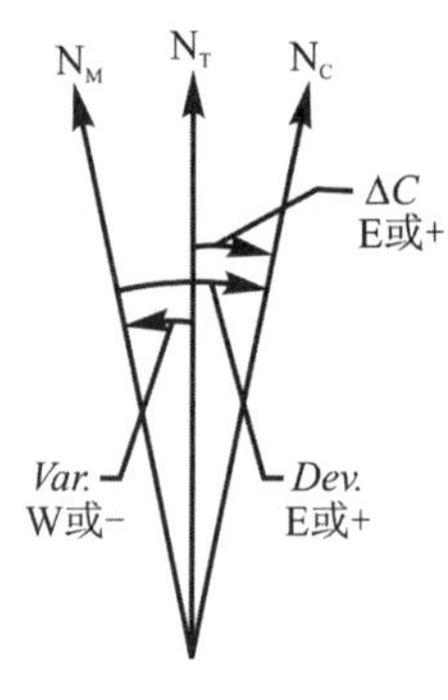

图 3-2-8

(4) 罗向位

以罗北为基准的航向和方位统称为罗向位,如图 3-2-9 所示,罗北线和航向线之间的夹角叫做罗航向,代号 *CC*;罗北线和物标方位线之间的夹角叫做罗方位,代号 *CB*,罗航向和罗方位均以罗北 N_C 为基准,各自按顺时针方向计量到航向线或物标的方位线,计量范围 000° ~ 360°。

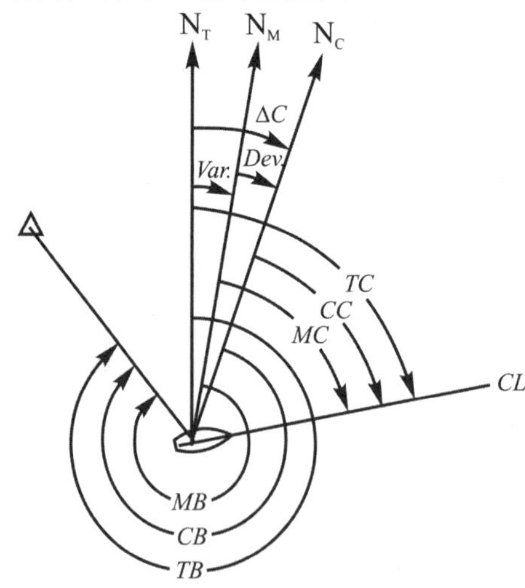

图 3-2-9

真向位、罗向位、磁向位以及罗经差、磁差和自差之间满足下列关系

$$TC = CC + \Delta C = CC + Dev + Var = MC + Var$$

$$TB = CB + \Delta C = CB + Dev + Var = MB + Var$$

$$MC = CC + Dev = TC - Var$$

$$MB = CB + Dev = TB - Var$$

$$\Delta C = Var + Dev = TC - CC = TB - CB$$

第三节　能见距离

一、航海上距离的单位

航海上最常用的距离单位是海里(n mile),它等于地球椭圆子午线上纬度1′所对应的弧长。可以推导出1 n mile的公式为

$$1\ \text{n mile} = 1\ 852.25 - 9.31\cos 2\varphi\ (\text{m})$$

显然,地球椭圆子午线上一分纬度弧长,即1 n mile的长度不是固定不变的。它随纬度的不同而略有差异:在赤道上最短,为1 842.94 m;在两极最长,为1 861.56 m;在纬度44°14′处,1 n mile的长度约为1 852 m。

为了航海上实际应用的需要,必须用一个固定值作为1 n mile的标准长度。目前,我国和世界上许多国家均采用1929年国际水文地理学会议推荐的1 852 m作为1 n mile的标准长度值。

将1 852 m作为1 n mile的固定值后,在航海实践中产生的误差并不大,可以忽略不计。航海上,海里习惯用"′"表示,例如1 n mile可记为1′。

在航海工作中,还可能会用到以下一些长度单位:

链(cab)——1cab $= \frac{1}{10}$ n mile = 185 m。

米(m)——国际通用长度单位,航海上常用作高程和水深的单位。

英尺(ft)——1 ft = 0.304 8 m。

码(yd)——1 yd = 3 ft = 0.914 4 m。

拓(fm)——1 fm = 6 ft = 1.828 8 m。

二、测者能见地平距离

如图3-3-1所示,在海上,眼高为e的测者,向周围大海眺望,所能看到的最远处,水天似相交成一个圆圈BB',这个圆圈所在的地平平面,或者自测者至BB'这一小块球面,叫做测者能见地平平面或视地平平面。圆圈BB'就是测者能见地平或视地平,俗称水天线,自测者至水天线的距离,称为测者能见地平距离(D_e)。

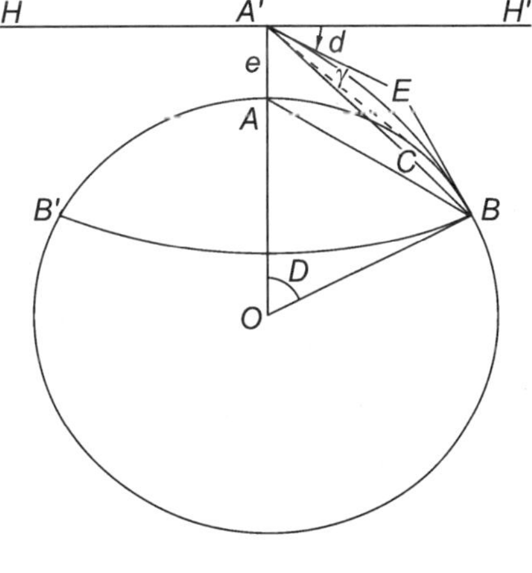

图3-3-1

显然,测者能见地平距离与测者眼高和地面蒙气差有关,测者眼高越大,测者能见地平距离越大;蒙气差越大,视距越大。

考虑测者眼高和地面蒙气差,并将地球看成圆球体时,可按下式计算测者能见地平距离D_e

$$D_e(\text{n mile}) = 2.09\sqrt{e(\text{m})}$$

式中:e——测者眼高,m。

三、物标能见距离

1. 物标能见地平距离

假如测者眼睛位于物标顶端,此时测者的能见地平距离,叫做物标能见地平距离,用D_h表

示，它等于能见度良好情况下，测者眼高为零时，理论上所能看见物标的最大距离。因此，物标能见地平距离 D_h 与测者能见地平距离 D_h 一样，可由下式求得

$$D_h(\text{n mile}) = 2.09\sqrt{H(\text{m})}$$

式中：H—— 物标顶点距海平面的高度，m。

2. 物标地理能见距离

实际上，观测者总是有一定眼高的，因此，观测者理论上能够看到物标的最大距离要比物标能见地平距离大。当能见度良好时，仅由于地面曲率和地面蒙气差的影响，测者理论上能够看到物标的最大距离，叫做物标的地理能见距离（D_o）。由图 3-3-2 可见，物标地理能见距离可由下面的公式求得：

$$D_o(\text{n mile}) = D_e + D_h = 2.09\sqrt{e(\text{m})} + 2.09\sqrt{H(\text{m})}$$

式中：e—— 测者眼高，m；

H—— 物标高度，m。

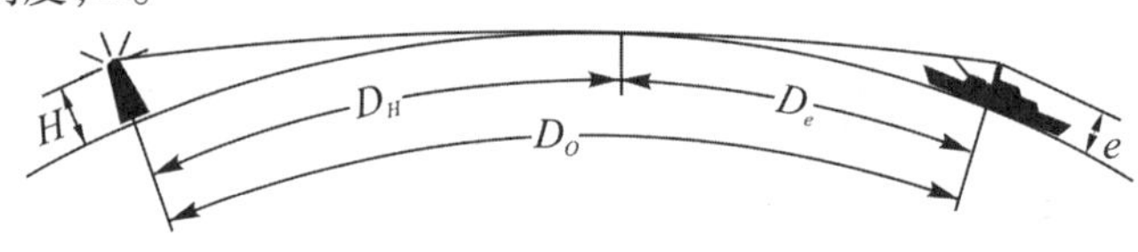

图 3-3-2

实际上，测者所能看见物标的最远距离，还与当时的能见度，即大气透明度和人们眼睛能发现物标的分辨力等有关。因此，白天发现物标的最远距离往往要小于物标地理能见距离。

四、灯标射程

为了引导船舶安全航行，通常在航道附近的岛屿、礁石和海岸上设置有灯标，每个灯标都标有灯标的灯光射程，简称灯标射程，不同的国家和地区，灯标射程的定义略有不同。

中版海图和《航标表》中有关灯标射程的定义为：

晴天黑夜，当测者眼高为 5 m 时，能够看到灯标灯光的最大距离。

晴天黑夜，灯光所能照射的最大距离，叫做光力能见距离，当光力能见距离大于或等于测者眼高 5 m 时的灯标地理能见距离，则该灯标为强光灯标，其射程等于测者眼高 5 m 时的灯标地理能见距离；当光力能见距离小于测者眼高 5 m 时的灯标地理能见距离时，则该灯标为弱光灯标，其射程等于该灯标的光力能见距离。

英版海图和灯标表中，灯标射程分为光力射程和额定光力射程两种。光力射程是指在某一气象能见度条件下，灯光光力的最大能见距离。额定光力射程是指在气象能见度为 10 n mile 条件下，灯光光力的最大能见距离。这两种射程都仅与气象能见度有关，而与测者眼高、灯高、地面曲率和地面蒙气差等无关。世界上大多数国家采用额定光力射程作为灯标射程。

第四节　航速与航程

一、航速与航程

航程是船舶航行经过的距离，用 s 表示，航海上一般采用海里作为航程的单位，单位时间内的航程称为船舶的航行速度，用 v 表示，航速的单位为节（kn），1 kn 等于每小时航行

1 n mile，即 1 kn = 1 n mile/h，航海上习惯将船舶在无风流影响下的航行速度称为船速，而将船舶的对水航行速度称为航速。

在有流影响的海区航行时，船舶相对于水的航程，称为对水航程；相对于海底的航程，称为实际航程或对地航程。船舶相对于海底的实际航程，应该是船舶对水航程和水流流程的矢量和，即

$$\overrightarrow{\text{实际航程}} = \overrightarrow{\text{对水航程}} + \overrightarrow{\text{流程}}$$

航速也有对水航速和实际航速或对地航速之分，它们之间的相互关系为

$$\overrightarrow{\text{实际航速}} = \overrightarrow{\text{航速}} + \overrightarrow{\text{流速}}$$

顺流航行，船舶实际航程（实际航速）等于对水航程（航速）与流程（流速）之和；顶流航行，船舶实际航程（实际航速）等于对水航程（航速）与流程（流速）之差。

航海上常用推进器转速测定船速，用计程仪来测定航程。

二、用推进器转速测定船速

船舶是由主机带动螺旋桨转动，利用螺旋桨推水的反作用力使船前进的。螺旋桨的转数和船速之间的关系，可以在船速校验线上通过实测求得，并制成“推进器转数和船速对照表”（如表 3-3-1 所示），便于参考使用。但是，由于船舶的吃水、吃水差、风浪和船壳孳生附着物等条件的变化而变化。

表 3-3-1　××轮推进器转速与船速表

推进器转速	船速（kn）		推进器转速	船速（kn）	
（r/min）	满 载	空 载	r/min	满 载	空 载
120	14.0	14.7	80	10.3	11.3
110	13.2	14.0	70	9.2	10.2
100	12.3	13.0	60	8.2	9.2
90	11.4	12.4	50	7.2	8.2

三、用计程仪测定航程

船用计程仪是船舶测定航程和航速的主要仪器。计程仪可分为相对计程仪和绝对计程仪两大类。相对计程仪所显示的是船舶相对于水的航程和航速，它只能记录船舶受风影响后的对水航程和航速，但不能显示水流影响后的航程和航速，因此，人们称它为“计风不计流”的计程仪。绝对计程仪可以测量船舶相对于海底的，即船舶受风流影响后的实际航程和实际航速。

计程仪的主要类型有：回转式计程仪、水压式计程仪、电磁式计程仪、多普勒计程仪和声相关计程仪。前面三种计程仪均为相对计程仪，目前，商船上用得较多的是后面三种计程仪。由于商船用多普勒计程仪和声相关计程仪的有效作用距离为几米至几十米，只有当水深不太深，计程仪所发射的超声波能作用到海底时，它们才可作为绝对计程仪使用，因此，通常情况下，多普勒计程仪和声相关计程仪也是相对计程仪。

相对计程仪应该准确地显示船舶相对于水的航程和航速，但它与任何其他仪器一样，也存在着一定的误差。从计程仪上读到的仅仅是计程仪航程读数，还必须对它进行误差改正后，才能得到准确的对水航程。航海上，习惯用计程仪航程误差与计程仪读数差比的百分率来表示计程仪误差 ΔL，即

$$\Delta L = \frac{s_L - (L_2 - L_1)}{L_2 - L_1} \times 100\%$$

式中：ΔL—— 计程仪改正率，用百分率表示；

s_L—— 准确的船舶对水航程，又称为计程仪航程；

L_1, L_2—— 对应计程仪航程 s_L 的前后两次计程仪读数。

计程仪改正率为 + 时，计程仪航程大于计程仪读数差，表示计程仪慢了或航程计少了；为 – 时，计程仪航程小于计程仪读数差，表示计程仪快了或航程计多了。因此，准确的计程仪航程，即准确的船舶对水航程，必须对计程仪读数差进行下列计程仪误差改正后才能得

$$s_L = (L_2 - L_1)(1 + \Delta L)$$

第五节　时间系统

一、天体视运动

1. 天体周日视运动

天体总是从东方地平升起，而没于西方地平，天体这种以一昼夜为周期运动的现象称为天体周日视运动。

实际上，天体的周日视运动是地球每天绕地轴以均匀的角速度自西向东旋转一周在天球上的反映。生活在地球上的人们感觉不到地球的自转，却相反看到了所有天体绕天轴自东向西以一昼夜为周期不停地运动。

天体作周日视运动，到达测者的东方真地平时称为出，到达测者的西方真地平时称为没；到达测者子午圈的瞬间称为中天，其中，通过测者午圈的瞬间称为上中天，此时，天体的高度最大，方向为正南或正北；通过测者子圈的瞬间称为下中天，此时，天体的高度最低。

2. 太阳周年视运动

在地球的北半球某地观察太阳会发现：夏季太阳从地平的东北方升起，在地平的西北方降没；冬季，太阳从地平的东南方升起，在地平的西南方降没。夏季太阳上中天的高度比冬季高，且昼长夜短，冬季昼短夜长。这些现象说明太阳除参与周日视运动外，还有以一年为周期的视运动，称为太阳周年视运动，其实质是地球绕太阳公转在天球上的反映。地球绕太阳公转的轨道是一个椭圆，公转周期为 1 年（365.2422 天）。生活在地球上的人们感觉不到地球的公转，相反感觉到太阳在天球上作周年视运动。

二、时间

时间是物质存在和运动的客观形式，建立时间单位必须以物质的运动为依据。选取的物质运动形式不同，就会有不同的时间系统。

1. 恒星时

人们把春分点连续两次通过同一地方测者午圈的时间间隔作为一个恒星日。1 恒星日分为 24 恒星小时，简称为恒星时。1 恒星时分为 60 恒星分，1 恒星分又分为 60 恒星秒。

恒星时是天文台专用的时间计量系统，它比我们日常生活中采用的太阳时准确度高。但是，恒星日的开始时刻比太阳日每天提前约 4 min。例如，3 月 21 日春分点在午圈上，恒星日开始；到了 9 月 23 日，春分点在子圈上，恒星日从半夜开始。因此，恒星时的时刻不能直观地表示昼夜关系，日常生活中采用它是极不方便的。

2. 视太阳时

人们把视太阳（真太阳）连续两次经过同一地方测者子圈的时间间隔称为一个视太阳日。一个视太阳日分为 24 个视太阳时，简称视时。1 视时分为 60 视太阳分，1 视太阳分又分为

60 视太阳秒。

实际上，太阳的周日视运动和周年视运动是同时存在的，并且，周日视运动的速度快，而周年视运动的速度慢且不均匀，再加上黄道与天赤道有交角，反映到天球上，太阳时圈在天赤道上的旋转速度也不均匀，在一年中时快时慢，使太阳日长短不均。这样，视太阳时的长短也不均匀，所以日常生活中使用视时极不方便。

3. 平太阳时

为了克服视时长短不均的缺点，人们假想一个以视太阳的年平均速度在天赤道上自西向东作周年视运动的太阳，称为平太阳。平太阳连续两次经过同一地方测者子圈的时间间隔作为一个平太阳日。1 平太阳日分为 24 平太阳时，1 个平太阳时分为 60 平太阳分，1 平太阳分分为 60 平太阳秒。这种以平太阳为依据所计量的时间称为平太阳时，简称平时，它是从子圈起，按顺时针方向计量到平太阳时圈的($0^h \sim 24^h$)。平时是日常生活中使用的时间。

平太阳在天赤道上作周年视运动的速度是均匀的，而太阳在黄道上作周年视运动的速度是不均匀的，所以在一年之中，平太阳时圈和太阳时圈往往不重合，平太阳时圈有时超前于太阳时圈，有时落后于太阳时圈，反映到时间上，视时和平时就不相同。视时和平时之差称为时差 η，时差有正有负，其值在《航海天文历》中每日均有记载。一般来说，时差最大不超过17 min。

4. 地方时，世界时和区时

由某地测者子圈起算的平太阳时，称为地方平时，简称为地方时。由格林子圈起算的平时，称为世界时，又称为格林平时。

地方时与世界时之差等于该地的经度。在同一时刻，位于东经的测者的地方时比世界时大，位于西经的测者的地方时比世界时小，即东大西小，东早西晚。

在同一时刻，不同经线上的测者的地方时是不同的。如果各地都采用自己所在经度的地方时，将会给社会生活带来极大的不便。为了解决这个问题，国际上采用区时制，把全球按经度每隔 15°范围划分为 25 个时区，每个时区均以该时区中央经线的地方时作为标准时间，称为区时，用 *ZT* 表示。如图 3-5-1 所示，以格林经线(0°)为起点，向东、西各取 7°30′，共 15°划分为一个时区，称为 0 时区。0°经线是 0 时区的中央经线，简称为时区中线，以它的地方时作为该时区统一使用的时间，称为该时区的区时。从 0 时区向东，每隔经度 15°划分为一个时区，共划分为 12 个东时区，依次为东一时区(-1)、东二时区(-2)……东十二时区(-12)，括号中的数字和正负号称为区号；从 0 时区向西，每隔经度 15°划分为一个时区，共划分为 12 个西时区，依次为西一时区(+1)、西二时区(+2)……西十二时区(+12)，其中，东、西 12 区各跨经度 7°30′，各占半个时区的宽度，180°经线是这两个时区共用的时区中线。

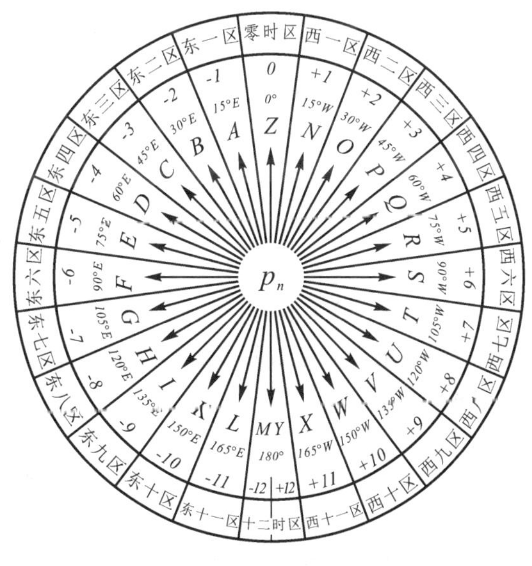

图 3-5-1

0 时区的区时就是世界时，区时也符合东大西小的关系，如相邻的两个时区，东面时区的区时比西面时区的区时大 1 h,即早 1 h。

由于船钟指示的是区时,当船舶向东航行由一个时区进入另一个时区时,应把船钟拨快 1 h;反之,则应拨慢 1 h。

因为 180°经线是东十二时区和西十二时区共用的时区中线,所以东、西十二时区的区时完全相同,但是日期相差 1 天,即东十二时区比西十二时区的日期多 1 天。当船舶向东航行穿过 180°经线,由东十二时区进入西十二时区时,日期应该减去 1 天;反之,则应增加 1 天,因此,将东、西十二时区之间的边界线称为国际日期变更线,简称日界线。

5. 各国标准时

由于提出了区时制,则建议生活在相应时区的人们使用该时区的区时作为日常工作、生活的标准时。但各国在实践中,通常是根据本国的实际情况来决定本国的标准时。如我国横跨五个时区(东五到东九时区),采用东八时区的区时作为标准时,称为“北京时间”,而新加坡位于东七时区,却采用东八时区的区时作为标准时。

有些国家不采用区时制规定的区时作为标准时,而是以本国首都或适中地点的经度的地方平时作为该国的标准时。这些国家的标准时与世界时的差值就不是整小时数了。

另外,有些国家规定本国的标准时在夏季提前 30 min 或 1 h,称为夏令时,夏季过后又恢复原来的标准时。因为世界各国具体执行什么时间基本上是以法律的形式确定下来的,所以又称为法定时。

三、天文钟

天文钟是船舶计时的重要仪器,它能指示准确的世界时,是天文定位的重要仪器之一。

天文钟分为机械天文钟和石英天文钟。石英天文钟具有走时准确、使用方便、成本低、体积小、不用上发条等优点,已逐步取代机械天文钟,在船上得到广泛的应用。

天文钟虽然比较准确,但仍有误差。天文钟时间与世界时之差,称为天文钟误差,简称钟差,即

$$钟差 = 世界时 - 天文钟时间$$

或

$$世界时 = 天文钟时间 + 钟差$$

要求得准确的世界时,首先要求得钟差。钟差可根据授时台发出的无线电时号来测定,这就是对时,具体做法是查阅资料,选择合适的授时台。提前几分钟打开收报机,驾驶员注意收听时间信号,同时注视天文钟秒针。一听到对时信号,立即记下天文钟的秒数,再记下分钟数和小时数。根据时号表示的世界时和记下的天文钟时间,利用公式计算出天文钟钟差,并记入天文钟日差记录簿。

第六节　航　标

航标是助航标志的简称,它是以特定的标志、灯光、音响或无线电信号等,供船舶确定船位、航向,避离危险,使船舶沿着航道或预定航线安全航行的助航设施。

一、航标的分类

航标按设置位置和用途可分为:

1. 固定航标

固定航标是指设置在岛屿、礁石、海岸等上面的航标,包括:

(1)灯塔

灯塔一般设置在显著的海岸、岬角、重要航道附近的陆地或岛屿上和港湾入口处。它是一种比较高大、坚固,并能发出特定灯光的塔形建筑物,由塔身、塔基和发光器三部分组成。塔身具有显著的形状和颜色特征,顶部装有光力较强、射程较远的发光器。

灯塔一般有专人看守,工作可靠,海图上位置准确,是一种重要的航标。有些灯塔还附设有音响信号、雾号和无线电信号等。

(2)灯桩

灯桩一般设置在航道附近的岛岸边,以及港口防波堤上。它是一种柱状或铁架结构的建筑物,其顶部也装有发光器,但灯光强度不及灯塔,通常无人看守。

(3)立标

立标是一种设置在浅水区、水中礁石上的普通的杆状标,其顶部有球形或三角形等标志,用以标示沙嘴尽头、浅滩及险礁的两端、水中礁石及航道中较小的障碍物;也有的设在岸上作为叠标或导标,用以引导船舶进出港口或测定船舶运动性能和罗经差。

2. 水上浮动航标

水上浮动航标是浮在上面上,用锚或沉锤、锚链牢固地系留在预定点海床上的航标,包括:

(1)灯船

灯船一般设立在周围无显著陆标,又不便建造灯塔的重要航道附近,以引导船舶进出港口和避险等。灯船是一种在甲板高处设有发光器的特殊船舶,具有能经受风浪袭击和顶住强流的坚实结构和牢固的锚泊设备,灯光射程较远,可靠性好,有的还有人看守。

(2)浮标

浮标是一种锚泊在海港和沿海航道以及水下危险物附近,具有规定的形状、尺寸、颜色等的浮动标志。浮标通常装有发光器、音响设备、雷达信标和规定的顶标等,用以标示航道和指示沉船、暗礁、浅滩等危险物的位置。

浮标受海流和潮汐的影响,其实际位置以锚碇为中心在一定范围内移动,遇大风浪时可能移位或漂失,一般不能用来定位。

3. 无线电航标

无线电航标是无线电助航标志的总称,包括专门为导航而设置的无线电导航台、无线电信标及为雷达定位和导航服务的雷达航标等。它们有的设置在陆地上,如罗兰 C;有的附设于陆上或水上航标,如无线电指向标、雷达航标等。

二、国际海区水上助航标志制度

海区水上助航标志制度具有国际性质,直接影响着海上船舶的航行安全。为了避免由于世界各海区水上助航标志的不同而给航海人员带来不便或造成航行事故,国际航标协会和各国航标管理部门进行了长期研究、协调,并于 1980 年 11 月商讨并通过了国际航标协会浮标制度。

1. 国际航标协会浮标制度概述

(1)适用范围

国际航标协会浮标制度适用于所有固定和漂浮的标志(不包括灯塔、光弧灯标、导灯和导标、大型助航浮标、某些大型灯浮和灯船),用以指明可航水道的中央线和边侧界限、天然危险物和其他障碍物以及与航海员有重要关系的其他特征等。

(2)标志类型

国际航标协会浮标制度有五种类型的标志:侧面标志、方位标志、孤立危险物标志、安全水域标志和专用标志。

(3)表示特征的方法

白天通过标身、顶标的形状和颜色来识别。国际航标协会浮标制度标身基本形状有罐形、锥形、柱形、杆形和球形五种。标身基本颜色有红色、绿色、黄色、黄黑横纹、红黑横纹和红白竖纹等。其顶标的基本形状有罐形、锥形、球形和×形四种;顶标的颜色有红色、绿色、黄色和黑色四种。

夜间通过光色和光质来识别。红色和绿色是侧面标的专用光色,黄色是专用标所专用的光色,其他标志显示白色灯光。此外,不同标志间还通过光质,即灯光周期和发光节奏加以区别。对于不发光的航标,可通过反光器的识别码进行识别。

(4)浮标制度区域

国际航标协会浮标制度区域分为A区域和B区域,A区域包括欧洲、非洲、大洋洲和亚洲的一些国家,采用A系统,B区域包括日本、韩国、菲律宾和南北美洲,采用B系统。

A、B区域浮标制度仅在于侧面标的标身、顶标的颜色和光色不同:A区域为"左红右绿",B区域为"左绿右红",其他方面均相同。

(5)浮标习惯走向

浮标习惯走向是海员从海上驶近港口、河流、河口或其他水道时所采取的走向,或者是由浮标管理当局所确定的,原则上应是环绕大片陆地的顺时针方向。在英版海图上,浮标习惯走向通常用箭矢符号标明。

2. 标志说明

(1)侧面标志

侧面标志结合"浮标习惯走向"使用,通常用于界限明确的航道,用以指明应遵循航路的左侧或右侧。当船舶按浮标习惯走向航行时,应把左侧标置于本船的左侧,右侧标置于本船的右侧,即航道位于侧面标志的异名侧。

此外,在水道的分岔处,推荐航道用经过修正的左侧标或右侧标指明,即推荐航道左侧标和推荐航道右侧标。

(2)方位标志

方位标志结合罗经使用,它们分别设立在以被标志点为基准点的4个隅点方位所分割成的4个象限(北、东、南和西)中,以其所在象限的名称命名,即北方位标、东方位标、南方位标和西方位标,其同名侧为可航水域,危险物位于异名侧。

(3)孤立危险标志

孤立危险标志是指竖立或系泊在周围有可航水域、范围有限的孤立危险物之上的标志。

(4)安全水域标志

安全水域标志用于指明在该标周围均有可航水域,这种标志可用作中线标志、航道中央标志或航道入口标志,或指明固定桥下最好的通过点。

(5)专用标志

专用标志主要不是为助航目的而设置的,它用来指明航海文件中所提到的分道通航制、军事演习区域和娱乐区域等特殊区域。

(6)新危险物

新危险物是新发现的,既没有在海图上和航路指南中表明,也没有利用航海通告充分发布的障碍物,如浅滩、礁石和沉船等。

新危险物可用一个或几个方位标志或侧面标志来标示,如危险物特别严重,则其标志中至少有一个必须尽快设置重复标志,其全部特征要和与它配对的标志相同,直至该危险物的消息已经被充分播报为止。新危险物可装雷达应答器,在雷达荧光屏上显示 1 n mile 长的莫尔斯信号"D"。

三、中国海区水上助航标志

《中国海区水上助航标志》国家标准(GB4696 - 99)是在国际航标协会浮标制度(A 区域)的基础上,结合我国具体情况制定的。该标准适用于中国海区及其海港、通海河口的所有浮标和水中固定标志(不包括灯塔、扇形光灯标、导标、灯船和大型助航浮标)。

中国海区水上助航标志也包括方位标志、侧面标志、孤立危险标志、安全水域标志和专用标志五大类,其形状、颜色、顶标、光色和光质等与国际航标协会浮标制度中所规定的基本相同。

第七节　航海图书资料

为了保证船舶安全、经济地完成运输任务,驾驶人员必须阅读和分析各种航海图书资料,并结合本船的实际情况,拟定出安全、经济的航线。

航海图书资料有很多种,本节只介绍海图和常用的英版航海图书资料。

一、海图

海图是地图的一种,是为航海的需要而专门绘制的一种地图。海图上详细地绘画有航海所需的各种资料,如岸形、岛屿、浅滩、沉船、水深、底质、碍航物和助航设施等。

海图是航海的重要工具之一,航行前制订航行计划、拟定计划航线,航行中进行航迹推算和定位等,航行结束后总结航行经验以及发生海事后分析事故原因、判断事故责任等,都离不开海图。正确地了解海图的投影、海图图式、海图分类和使用保管等,是船舶驾驶员的重要任务之一。

1. 地图投影和比例尺

(1)地图投影

无论将地球视为圆球体还是椭圆体,其表面都是不可展的曲面,不可能无裂隙、无皱褶地将它平展开来,即无法得到没有变形的平面图像。因此,为了得到一个完整的地球表面的平面图像,就必须借助于一种将曲面转化到平面上去的数学方法(投影)。这种按照一定的数学法则,把地球表面上的经、纬线投影到一个可展的曲面(如圆柱面或圆锥面)或平面上去的方法就称为地图投影。

用投影的方法,虽然解决了地球曲面与地图平面之间的转化问题,但投影图像并不能与地球表面完全相符,这种现象称为投影变形。因为要把不可展曲面投影到平面而避免裂隙和皱褶,就必须拉伸或压缩经纬线,所以不可避免地要产生投影变形(长度变形、角度变形和面积变形)。因此,航海上通常根据不同的需要,选用不同的投影方法来控制变形。

船舶始终按恒定航向航行时,其航行的理想轨迹在地球表面上表现为一条与所有子午线都相交成相同角度的曲线,即恒向线。为了便于在航用海图上绘画恒向线航线和方位线,航用海图应满足以下两个条件:①图上的恒向线是直线;②投影性质是等角的。这样,驾驶员就可以根据测得的航向和方位,用直尺在海图上画出恒向线航线和方位线来。墨卡托投影正好能同时满足这样的两个条件。

墨卡托投影属于等角正圆柱投影。等角投影又称为正形投影。在这种投影图上,无限小的局部图像与地面上相对应的地形保持相似,即投影面上任意两方向的夹角与地面上对应的角度相等,但具有一定面积的图形则不能保持相似。用一个圆柱套在地球上,采用一定的数学法则将地面上的经线和纬线均投影到圆柱的侧面上,然后沿圆柱母线切开展平,就得到了圆柱投影图网,如果圆柱轴与地轴重合,则称正圆柱投影。这种正圆柱投影图网的特点是经线成为与赤道及其他纬线垂直、间距相等的平行线;纬线成为与赤道平行、与经线垂直的直线,如图 3-7-1 所示。

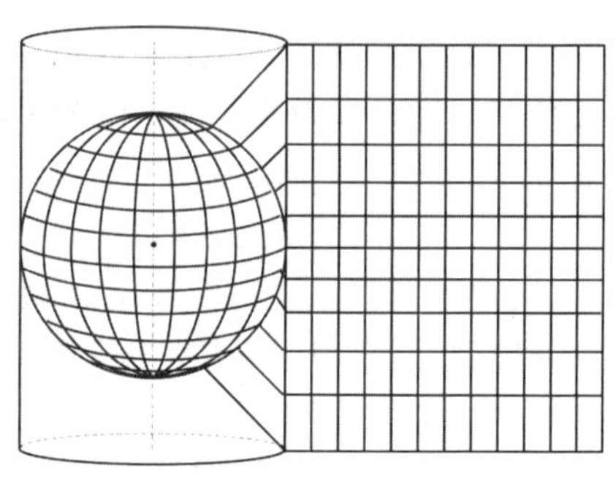

图 3-7-1

除了墨卡托投影外,航海上还采用高斯投影、平面图和心射投影来绘制大比例尺的港泊图;采用平面心射投影来绘制大圆海图,以方便地进行大圆航线设计。

(2)海图比例尺

①比例尺及表示方法

海图是将实际的地球表面缩小后绘制而成的,缩小的程度用比例尺来表示。一般来说,比例尺是图上任意线段长度和地面上相应的实际长度的比值,即

$$比例尺 = \frac{图上任意线段长度}{地面对应的实际长度}$$

比例尺的表示方法通常有两种:数字比例尺和直线比例尺。数字比例尺用分数或比例式表示。例如 1:300 000 或 1/300 000,它表示在图上基准点处,一个单位长度等于地面上 30 万个相同单位的长度。比例尺比值较大的海图叫大比例尺海图;比值较小的叫小比例尺海图。例如,1:50 000 和 1:200 000 比较,前者大,后者小。直线比例尺一般用比例图尺绘画在海图标题栏内,或图边适当的地方,如图 3-7-2 所示。

海图比例尺不仅决定着海图的精度,还决定着图上所绘制的资料的详细程度和海图作业的精度。比例尺越大,图上所绘制的资料就越详细、准确,海图的可靠性程度就越高,同时,作图误差小,海图作业的精度也越高。因此,船舶航行时,应根据航区的特点,尽可能选择较大比例尺的海图,以便能够获得更详细的航海资料和提高海图作业的精度。

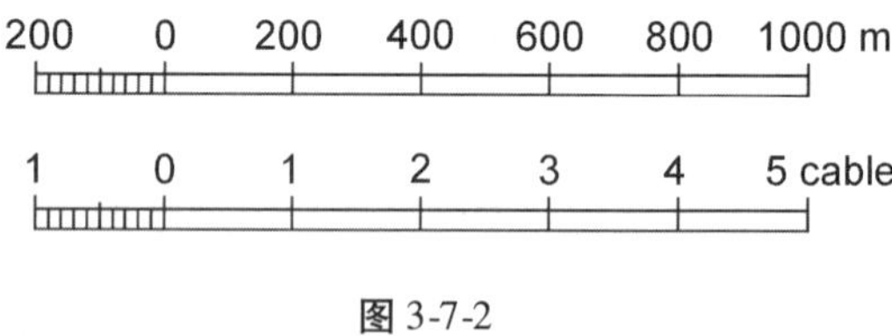

图 3-7-2

②基准比例尺与局部比例尺

在制图时,必须将地球按照一定的比例缩小后投影到平面上,这个比例称为海图的基准比例尺或主比例尺,海图上除保持主比例尺的点或线以外其他部分上的比例尺称为局部比例尺。

实际上,由于投影中必定存在着某种变形,海图仅能在某些点或线上保持着这个比例尺,而图幅上其余位置的比例尺都与基准比例尺不同,因而一幅海图上注明的比例尺实际上仅是

该图的基准比例尺。

海图的基准比例尺通常是某纬线的局部比例尺，该纬线所在的纬度称为基准纬度。海图上只有基准纬度处的比例尺才等于基准比例尺，而图幅内其余位置的比例尺都大于或小于基准比例尺。

2. 海图图式和识图

在航用海图上，除绘有经、纬线图网外，还必须将重要的航行物标和主要地物、地貌以及海区内的航行障碍物、助航设备、港湾设施和潮流、海流要素等航海资料按其各自的地理坐标，用一定的符号和缩写绘画到图网上，再经过制版和印刷而成为海图。这种绘制海图的符号和缩写，叫做海图图式。我国出版的海图是根据国家技术监督局 1999 年 5 月发布的 GB 12319－1998《中国海图图式》绘制的。英版海图是根据英版海图 5011《英版海图符号与缩写》绘制的。航海人员必须了解这些图式，特别是要熟悉其中与航海关系密切的主要图式，以便正确、熟练地使用海图。

(1)海图标题栏与图廓注记

①海图标题栏

海图标题栏是该图的说明栏，一般制图和用图的重要说明均印在此栏内，如图 3-7-3 所示。

图 3-7-3

标题的内容包括出版机关的徽志、图幅的地理位置、图名、比例尺与基准纬度、投影、深度和高程的基准面及计量单位、图式版别、基本等高距和坐标系等编图资料的说明等。

海图标题栏通常还印有图区内禁航区、雷区、禁止抛锚区、航标、分道通航制和地磁资料等与航行安全有关的说明和重要注意事项或警告。有些海图标题栏还附有图区内重要物标的对景图、潮信表、潮流表和换算表等资料。

②图廓注记

在海图图廓四周注记有许多与出版和使用海图有关的资料，如：

a. 海图图号——印在海图图廓的四个角上，不论该图怎样放置，图号均可保持从该图的右下角读出。

b. 发行和出版情况——印在图廓外下边中间，给出新图的出版和发行单位、日期，其右边还印有该图新版或改版日期。

c. 小改正——印在图廓外左下角，用以登记自该图出版（新版或改版）以来改正过的所有小改正通告年份和通告号码，以备查考该图是否已及时改正至最新。

d. 图幅——印在图廓外右下角，在括号内给出海图内廓界限图幅尺寸，用以检查海图图纸是否有伸缩变形。

e. 对数图尺——在某些大比例尺的港湾图和航行图的外廓图框上，通常印有对数图尺，位于该图的右下方或左上方，以便用来速算航程(s)、航速(v)和航行时间(t)之间的关系。

f. 阅图号——印在图廓外或图廓内适当的地方，表示相同或相近比例尺的邻接图图号。

(2)海图基准面

①高程基准面

海图上所标山头、岛屿和明礁等高程的起算面称为高程基准面。

我国沿海海图高程基准面一般采用“1985 国家高程基准”或当地平均海面。英版海图采用平均大潮高潮面（以半日潮为主的海区）、平均高高潮面（以日潮为主的海区）或当地平均海面（在无潮海区）为高程基准面。

②深度基准面

海图上标注的水深的起算面称为海图深度基准面，也是干出高度的起算面。

海图基准面定得过高，可能产生负潮高现象，实际水深小于海图水深，对航海安全十分不利。海图基准面定得过低，自然可提高航海安全性，但也会给人以水深过浅的印象。我国沿海系统测量区域采用理论最低潮面（旧称理论深度基准面）作为起算面。英版海图水深通常采用天文最低低潮面作为起算面。

(3)重要海图图式

常见的重要的海图图式包括高程、水深、底质和礁石等航行障碍物以及灯塔、灯标、浮标、立标、雷达站、无线电导航设备及雾号等航标，它们的海图图式和含义如表 3-7-1 所示。

表 3-7-1　常见的海图图式表

类别	中版图式	说　　明	英版图式
等高线及高程点	 345.3　250	实线表示精测等高线，虚线或无高程的等高线为山形线（草绘曲线）	 259　200　100　360　300　200　100
建筑物比　高	(20)	建筑物基部地面至顶端的高度	(30)
实际位置的水深	15_8　6_4	实测水深，注记（整数）中心即为水深实测点	12　9_2
直体注记水深	15_8　6_4	表示深度不准或采自小比例尺图的水深	12　9_1
泥底	泥	表示泥底	M
沙/泥底	沙/泥	表示上层为沙，下层为泥	S/M
干出高度	$\underline{1}_4$　$\underline{2}$	表示深度基准面以上的高度	$\underline{4}_9$　$\underline{2}$
明礁（屿）	(2.6)　(1.3)　(1.2)	平均大潮高潮面时露出的孤立岩石	4.1　0　(3.1)　0　(1.7)　0
暗礁	+ (4_1)　+ (4_9)	在深度基准面下，已知深度的危险暗礁	+ (4_6)　+ (11_2)　4_5
灯塔、灯桩	★　★	左图为灯塔，右图为灯桩	★　★　Lt　LtHo
灯船		中版海图上，区分有人（左）和无人（右）看守	LtV
雷达指向标	雷信	表示能连续发射信号的雷达信标	Ramark
雷达应答标	雷康(K)(3&10cm)	具有莫尔斯信号（K），在 3cm 和 10cm 频带内应答	Racon (K)(3&10cm)
无线电信标	环向	全向无线电信标	Name RC
引航站		表示引航巡逻船或引航船会船（登船）位置	Name　Note　H
等明暗光	等明暗	颜色不变，明暗交替且时间相等的灯光	Iso
互光	互白红	有节奏地交替显示不同颜色的灯光	Al.WR

3. 海图分类

根据作用不同，海图可以分为航海图和参考图两大类。

航海图用于拟定航线、进行航迹推算和定位等海图作业，按用途可以分为总图、航行图和港湾图三种。

(1)总图

这种图比例尺较小，一般小于 1∶3 000 000。总图图区包括范围甚广，图上只印有在远离海岸航行时，能够看到的重要物标和灯塔以及与海岸有一定距离的航海危险物。沿岸航海危险物，仅作概略的描述。总图只能作为船舶在大洋航行时，研究总的航行条件、拟定大洋航线和制订总的航行计划用。

(2)航行图

航行图比例尺一般为 1∶1 000 000 ~ 1∶2 990 000，包括远洋航行图、近海航行图和沿岸航行图。航行图主要供航行使用，其中：

①远洋航行图

其比例尺一般为 1∶1 000 000 ~ 1∶2 900 000。图上详细标有海上平台、井架等近海设施，一般还标有图区内主要的山头及岛顶高程、主要雷达及无线电导航设备和特别重要的灯塔、灯桩、灯船及浮标等。该图一般可用于远洋航行或作为航行参考图用。

②近海航行图

其比例尺一般为 1∶200 000 ~ 1∶990 000。图上详细标有雷达站及无线电导航设备、灯塔和射程较远的灯桩、主要灯船、雾号、有雷达反射器和雷达应答标的航标、进港的 1 号浮及指示航行障碍物的浮标等。图上一般还标有沿海较主要的航道、码头、防波堤、港外较大的锚地和港口沿岸较显著的建筑物。近海航行图主要用作船舶在近海航行时海图作业用。

③沿岸航行图

其比例尺一般为 1∶100 000 ~ 1∶190 000。图上一般都详细标有除供港湾内用的助航标志以外的其他各种助航标志，还详细标有港口附近的主要航道及其疏浚深度或扫海深度、港外锚地和较大港湾内的码头、防波堤、海上平台等近海设施和沿海陆地地貌、烟囱、灯塔、教堂、无线电杆等具有航行方位意义的各种建筑物等。沿岸航行图可供船舶沿岸和狭水道航行用。

(3)港湾图

其比例尺一般大于 1∶100 000，图上详细标有灯塔、灯标、浮标、立标、雷达站、无线电导航设备、雾号等各种助航标志。当图幅范围内有更大比例尺的港湾图时，港内助航标志会作较多的取舍，图上还详细标有各种航道及其疏浚深度或扫海深度、锚地和锚位、码头、防波堤、船坞、系船浮筒和系船灯桩等港口资料。港湾图一般可供船舶进出港湾、锚地、通过狭窄水道及港口管理等使用。

参考图一般不可以用作航迹推算和定位。它是为了某种航海的特殊需要而专门绘制的海图，如供无线电定位系统用的“位置线图网”，为设计大洋航线用的“航路设计图”、“大圆海图”、“气候图”、“世界载重线区域图”、“等磁差曲线图”等。

按绘制图网的方法，即地图投影方法的不同，海图又可分为墨卡托海图、高斯投影海图、大圆海图和平面图等。

4. 电子海图

国际海事组织(IMO)、国际水道组织(IHO)和国际电工委员会(IEC)是与电子海图密切相关的三个国际组织。IMO 制定了电子海图显示与信息系统(ECDIS)的性能标准,IHO 制定了关于 ECDIS 的海图内容与显示方面的规定(S-52)、数字化水道测量数据的传送标准(S-57)和数据保护方案(S-63),IEC 制定了 ECDIS 硬件设备的性能和测试标准 IEC 61174。

我们通常所指的"电子海图"是一个很模糊的概念,一般把各种数字式海图称为电子海图,把电子海图及其应用环境统称为电子海图系统。用于航海的电子海图系统必须满足有关的国际标准才具有法律效力,否则就属于非标准的,不具有法律效力。

(1)电子海图数据库

电子海图所显示的海图信息来源于海图的测量数据,或是原纸质海图经数字化处理后的数据以及由其他航海出版物所提供的某些信息。

电子海图数据库按制作方法可分为矢量化海图数据库和光栅扫描海图数据库。

矢量化海图(vector charts)数据库是将数字化的海图信息分类存储的数据库,使用者可以选择性地查询、显示和使用数据,并可以和其他船舶系统相结合,提供诸如警戒区、危险区的自动报警等功能。

光栅扫描海图(raster charts)数据库是通过对纸质海图的光学扫描形成的数据信息文件,可以看作是纸质海图的复制品,因此不能提供选择性查询和显示功能。

按数据库结构可分为有边界电子海图数据库和无边界海图数据库。

有边界电子海图的数据库是一张纸质海图通过数字化处理后建立的数据库。这种海图数据库的建立方法比较简单,但其显示的海图是与纸质海图一样有边界的。

在目前还没有统一的全球性或大范围的数据库的情况下,无边界海图数据库是通过多张相连海图的数字化处理等到的。电子海图的比例尺反映了电子海图的精度,由纸质海图经过数字化处理形成的电子海图的比例尺不能大于原纸质海图的比例尺。

电子海图的显示范围是不能任意缩小的。电子海图的最大比例尺反映了它的精度,只能在此基础上无级地缩小其比例尺。

(2)电子航海图

电子航海图(ENC)是由官方授权的权威水道测量部门发行的、专供 ECDIS 使用的、符合国际标准的数据库。ENC 除包含为了安全航行所必需的海图信息外,还可能包含航路指南、港口概况等其他有用的信息,其数据格式主要有矢量方式和栅格方式两种。

IHO 努力敦促世界各海洋国家制作自己海域的 ENC,并成立了一些区域性的 ENC 中心,通过国际合作共同完成全球 ENC 数据库的建立,并逐步建立全球的电子海图改正信息的发行体系。由于各国的技术水平相差较大,全球 ENC 数据库的建立进展缓慢;相反,一些大公司却利用技术和资金的优势,制作了符合 S-57 要求的全球 ENC 数据库。这些 ENC 补充了官方 ENC 数量的不足。但是,也存在着缺乏法律保障、改正不及时等问题。

(3)系统电子航海图

系统电子航海图(SENC)是一个数据库,是由 ENC 及其更新无损地转换而成的。SENC 也包含航海人员添加的信息和其他数据源的信息。电子海图显示与信息系统实际上使用的是 SENC,以显示电子海图和实现其他航海功能,该数据库等效于最新的纸质海图。

(4)电子海图显示与信息系统

电子海图显示与信息系统(ECDIS)是指符合有关国际标准的船用电子海图系统,即满足 IMO 关于电子海图显示与信息系统(ECDIS)的性能标准、IHO 关于 ECDIS 的海图内容与显示方面的规定(S－52)、数字化水道测量数据的传送标准(S－57)和数据保护方案(S－63),以及IEC有关ECDIS硬件设备的性能和测试标准IEC 61174的要求的一种集成式的导航信息系统。它以计算机为核心,以电子航海图为基础,将推算船位信息、卫星和无线电导航系统数据、海图信息和雷达信息等集成在一起进行处理和显示,帮助驾驶员完成综合的船舶驾驶任务。

电子海图显示与信息系统的功能包括海图显示、海图作业、海图改正、定位及导航、航海信息咨询、雷达信息处理、航路监视和航行记录。

尽管电子海图的发展历史不长,但各种电子海图产品却不断涌现。因为ECDIS的设计与生产纯粹是企业行为,所以ECDIS的发展速度远快于ENC的发展。目前,有很多厂家能够提供符合国际标准的ECDIS,而能够提供不符合国际标准的电子海图系统的产品的公司更多。

二、常用的英版航海图书资料

1.《世界大洋航路》

《世界大洋航路》(Ocean Passage for the World)由英国海军水道测量局出版,是介绍世界主要大洋航线的书籍,可供拟定深海航线时参考。书中介绍了气象和其他影响航线拟定的因素和经常被选用的大量航线的航行要点及这些航线的航程。

2. 航路设计图

英版航路设计图(routeing charts)共分北大西洋、南大西洋、印度洋、北太平洋、南太平洋五个海区,每月各一张,计60张图,是拟定大洋航线的主要参考图,可与《世界大洋航路》配合使用,以便拟定安全经济的大洋航线。

该图是以墨卡托投影原理制成的,恒向线航线在图中为直线,大圆航线为凸向近极的曲线。它提供了推荐航线、航程、风力、风向、洋流、冰区界限、国际载重线区域界限、气象附图等资料,以此作为拟定该图所表示月份的航线的参考。

3. 英版《航路指南》

英版《航路指南》(Admiralty Sailing Directions)由英国海军水道测量局出版,包括世界各海区,共70余卷。《航路指南》所提供的资料扩充了海图上的航海资料,它载有在海图上和其他航海资料中没有的,但是安全航行所必需的参考资料。因此,在拟定航线时,除参阅《世界大洋航路》、《航路设计图》等资料外,还应同时参阅《航路指南》的有关内容,了解沿岸及各港的有关航海说明。

书中介绍了一般航海知识和规则、国家与港口、自然条件和航线等有关的说明。一般是分区顺岸分别叙述航海有关说明,个别卷的第二章为该卷所包括海区的总的航线介绍。

4.《进港指南》

《进港指南》(Guide to Port Entry)由英国航运指南公司发行,是介绍港口的详细资料,是进入港口的重要指导书。对于首航或不熟悉的港口,通过阅读本书可以获得该港的详细资料。书中介绍了世界各主要港口的资料和港图。

5. 英版《无线电信号表》

英版《无线电信号表》(Admiralty List of Radio Signals, ALRS)介绍了海岸无线电台(国际通信)、无线电助航标志、卫星导航系统、标准时、法定时、无线电时号和电子定位系统、无线电天气服务、海上安全信息(MSI)播发、全球范围的航海电传(NAVTEX)和安全网(SafetyNET)信息、气象观测站一览表、全球海上遇险与安全系统(GMGSS)、引航服务、船舶交通管理(VTS)和港口业务等资料。

6. 英版《里程表》概况

英版《里程表》(Admiralty Distance Table),提供了世界各主要港口间的里程。

7. 英版《海图及其他水道图书总目录》

英版《海图及其他水道图书总目录》包括由英国海军水道测量局(UKHO)出版的全部海图及其他航海图书。主要用于抽选航用海图、抽选本航次所需航海图书、查验船上所存海图和图书是否适用以及查阅海图、图书代销店和获取航海通告的地点,从而据以配、添置航海图书资料和获取航海通告。

8.《航海员手册》

英版《航海员手册》(The Mariner's Handbook)是一本航海资料的综合性出版物,不仅说明了英国出版的航海图书资料的内容和用法,而且给出了有关航海业务、国际规则与公约和气象等的综合性资料。有些资料是将原分散在各资料中的有关内容加以集中编印的,内容包括海图、图书、名称系统、国际水道测量组织和国际海事组织,海图和助航标志的使用、业务资料和规则、海洋、气象、冰、极区与冰区操纵、观测与报告、国际航标协会浮标系统。

9. 英版《航海通告》

英版《航海通告》(Admiralty Notices to Mariners,ANM)是用以通报涉及航行安全和改正航海图书的定期出版物,每周末出版一期。它汇集英国海军水道测量局发布的全部航海通告,提供对所有英版海图及其他航海图书的改正资料,并重印无线电航海警告及其他变化资料,还复印澳大利亚和新西兰的航海通告(不包括临时通告和预告),以供改正英国复制的澳大利亚和新西兰海图用。

10. 英版《航海通告年度摘要》

《航海通告年度摘要》(Annual Summary of Admiralty Notices to Mariners)是《航海通告》(周版)内容的重要补充,每年再版一次,收集至本年度 1 月 1 日仍有效的某些特殊通告的内容,包括每年最初的几个航海通告(年度通告)、临时通告和预告汇编以及仅与《航路指南》有关的通告汇编。

11. 英版《航海通告累计表》

《英版航海通告累计表》(Cumulative List of Admiralty Notices to Mariners)是英国海军水道测量局每半年(年初和年中)出版一期的表册,包括海图改正情况和航海图书的现行版的情况。

该表不仅可在一定程度上替代海图卡片和"本船航用海图图号表(英版部分)"和"本船航海图书登记表(英版部分)",而且可供船舶驾驶员和主管部门查验海图是否为最新版并是否及时进行了改正。

12.《船舶定线》

《船舶定线》(Ships' Routeing)是国际海事组织(IMO)文件,包括有关船舶定线和避航区的资料,其主要作用是对国际船舶使用的定线制的工作进行管理。

第八节　气象与海况

海上航行的船舶,不可避免地要受到气象和海况的影响。海上天气和海况变化无常,十分复杂,天气和海况的好坏,不仅会影响船舶的航行速度,而且还会影响船舶的航行安全。因此,驾驶人员必须掌握气象和海况的基本知识。

一、气象要素

气象要素是表示天气现象或性质的单独项目，如气温、气压、湿度等。每个气象要素都只能体现着天气的一个侧面，多个气象要素的综合才能反映出一个特定的天气状况。

1. 大气的组成与垂直分布

(1)大气的组成

环绕地球表面的整个空气层称为大气层，简称大气。大气是由氮气(78%)、氧气(21%)等多种气体以及悬浮在其中的固态、液态等物质组成的混合物，即由干洁空气、水汽和悬浮在大气中的各种颗粒物质所组成。

(2)大气的垂直分布

大气的范围分布十分广阔，其底界为地面，顶界模糊不清，在 2 000 ~ 3 000 km 的高度上。

在整个大气层中，气象要素的分布是不均匀的。根据气温垂直分布和空气运动的特点，可将大气从下至上分为对流层、平流层、中间层、暖层和散逸层，其中，对流层是大气的最低层，其下界为地球表面，上界随纬度和季节而异。一般情况下，中纬度地区平均为 10 ~ 12 km，低纬度地区平均为 17 ~ 18 km，高纬度地区平均为 6 ~ 8 km。对流层集中了全部大气质量的 80% 和几乎全部的水汽，天气现象最复杂，常见的大气现象如云、雾、雨、雪等都发生在对流层。

2. 气温

气温是表征空气冷热程度的物理量。温度的数值表示方法称为温标。

温标分为摄氏温标(℃)、华氏温标(℉)和绝对温标(K)三种，其冰点分别为 0℃、32℉、273 K，沸点分别为 100℃、212℉、373 K，冰点和沸点之间的间隔分别为 100℃、180℉和 100 K，其换算关系为：

摄氏温标与华氏温标的换算关系

$$C = \frac{5}{9}(F - 32) \text{ 或 } F = \frac{9}{5}C + 32$$

摄氏温标与绝对温标的换算关系

$$K = C + 273 \text{ 或 } C = K - 273$$

世界上非英语国家一般采用摄氏温标，英语国家习惯采用华氏温标，而绝对温标多用于气象的运算上。

3. 气压

大气是有重量的，单位面积上大气柱的重量称为大气压强，简称大气压或气压。大气中任意高度上的气压，就是从该点起直至大气上界为止的单位面积的铅直气柱的总重量。显然，气压随高度的升高而降低。

在标准情况下，即气温为 0℃，在纬度 45°的海平面上，支持 760 mm 水银柱高时的大气压称为一个标准大气压，即一个标准大气压 = 101 325 Pa (N/m^2)

在国际单位制中，气压的单位是百帕(hPa)。

$$1 \text{ hPa} = 100 \text{ Pa}$$

则标准大气压可表示为 P = 1 013.25 hPa

气压的习惯单位是毫巴(mb)，即 1 mb = 1 hPa

此外，气象上规定：一个大气压为 1 000 hPa 对应的水银柱高为 750 mm，即

$$1\ 000\ \text{hPa} = 750\ \text{mmHg}$$

显然：

$$1\ \text{hPa} = \frac{3}{4}\ \text{mmHg} \quad 或 \quad 1\ \text{mmHg} = \frac{4}{3}\ \text{hPa}$$

4. 湿度

表示空气的干湿程度或空气中水汽含量的物理量称为大气湿度，简称湿度，其常用的表示方法有：

(1)绝对湿度(a)

单位容积空气中所含的水汽质量称为绝对湿度，它表示空气中水汽的绝对含量。

(2)水汽压(e)

大气中由水汽所产生的那一部分压力，称为水汽压。

在一定的温度条件下，一定体积的空气中所能容纳的水汽分子的数量有一个限度，超过这个限度时，水汽就会发生凝结。因此，空气有未饱和、饱和、过饱和之分，其中，饱和空气的水汽压称为饱和水汽压，用“E”表示。

(3)相对湿度(f)

空气中实际水汽压与同温度下的饱和水汽压之比称为相对湿度。

显然：$f < 100\%$，表示空气未饱和；$f = 100\%$，表示空气饱和。

(4)露点(t_d)

当空气中水汽含量不变且压力一定时，降低气温，使空气刚好达到饱和时的温度称为露点温度，简称露点。

显然：$t > t_d$，表示空气未饱和；$t = t_d$，表示空气饱和；$t \leqslant t_d$，表示有可能形成雾。

5. 风

空气相对于地面或海底的水平运动称为风。风是矢量，既有大小，又有方向。风速是空气在单位时间内所流过的距离，常用单位有 m/s，km/h，n mile/h。习惯上，用风力表示风的大小。风力等级是根据风对地面或海面的影响程度来确定的，通常采用“蒲福风级”来表示。

“蒲福风级”是由英国人弗朗西斯·蒲福在 1805 年根据风对地面物体或海面的影响程度而定出的风力等级，从 0 ~ 12 共 13 个等级，即目前世界气象组织所建议的风级。1946 年以后修订为 0 ~ 17 共 18 个等级。

风级 B 与风速 v(m/s)的关系是

$$B = 0.836B^{3/2}$$

风向是指风的来向，一般用罗经点法或圆周法表示。

船舶航行时，即使无风，船上人员也会感觉到风的存在，这是相对运动的结果。这种由船舶自身运动而产生的风称为船风，其方向与航迹向相反，大小与航速相等。显然，船舶航行时，在船上测到的风不是真风，而应该是真风与船风的合成风，称为视风。视风是真风和船风的矢量和，它们之间的关系可以用风速矢量三角形来表示，如图 3-8-1 所示。驾驶员可以在海图上通过作图求出真风的风速和风向，即在海图的向位圈中心，按比例先作出船风，再作出视风，则连接船风与视风的矢量端点即为真风，风向由船风的端点指向视风的端点。

风舷角是风向与船舶首尾线之间的夹角，如图 3-8-2 所示。航海上，风舷角小于 10°的风称为顶风，风舷角小于 170°的风称为顺风，风舷角在 80° ~ 100°之间的风称为横风，风舷角在

10° ~80°之间的风称为偏逆风，风舷角在 100° ~170°之间的风称为偏顺风。

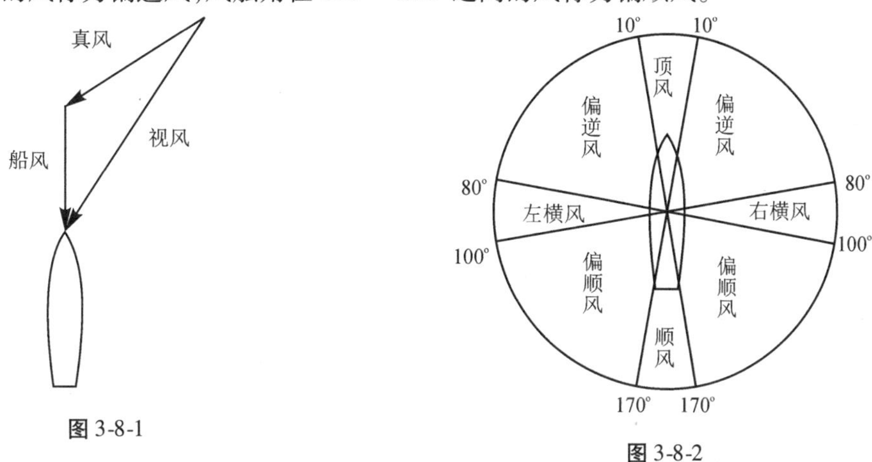

图 3-8-1

图 3-8-2

常见的一些风的现象：

(1)地球上的风带

由于地球的自转，在不同纬度的近地面层中由赤道向极地依次出现了赤道低压带、副热带高压带、副极地低压带和极地高压四个气压带，如图 3-8-3 所示，从而相应地形成了赤道无风带、信风带、副热带无风带、盛行西风带和极地东风带五个行星风带。

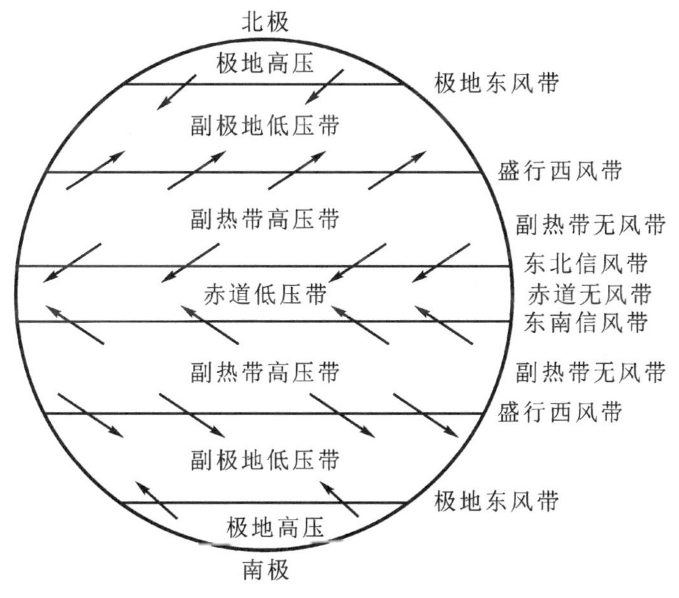

图 3-8-3

①信风带

由副热带高压带向赤道流动的气流，在地转自转的影响下，在北半球形成东北信风，在南半球形成东南信风。因这个地区的风向常年稳定少变，风力一般为 3 ~4 级，天气晴朗干燥，能见度良好，故称为信风或贸易风。

②盛行西风带

由副热带高压带向副极地低压带辐散的气流，在地转自转的影响下，变成偏西风，即所谓盛行西风带。在北半球低层吹西到西南风，在南半球低层吹西到西北风。

在北半球，由于海陆分布和地形差异等因素影响，西风带内多锋面和气旋活动，风向、风力多变，经常有大风、云雨天气，冬季大洋西北部这种现象更为突出。

在南半球，因海洋广大，西风带内常年盛行强劲的西风，风向稳定，风力很大，故又称咆哮西风带。

③极地东风带

由极地高压向副极地低压带辐散的气流，在地转自转的影响下，变成偏东风，称为极地东风带。在北半球吹东到东北风，在南半球吹东到东南风。在极地东风带内，空气干冷，天气晴朗少云。

④赤道无风带

北半球的东北信风和南半球的东南信风在赤道地区辐合，产生上升气流，对流旺盛，云量多，常有雷雨，但是风力微弱，故称为赤道无风带。

⑤副热带无风带

在纬度30°～35°副热带高压东西向脊线两侧，地面时常微风或无风，气流下沉运动强，闷热少雨，称为副热带无风带，在国外又称为"马纬度"。

(2)季风

以一年为周期，大范围地区的盛行风随季节而有规律地转变的现象，称为季风，它主要是由海洋与大陆之间的热力差异引起的。另外，地球上风带随季节而南北移动的规律也是形成季风的一个原因。

季风大多分布在30°W～170°E，20°S～35°N的范围内，其中以东亚和南亚的季风最显著，东亚季风范围广、强度大，冬季风强于夏季风，南亚季风(印度季风)，夏季风强于冬季风。

①东亚季风

东亚季风是由海陆热力差异而形成的。

冬季，多为偏北风，风力较强，风向稳定，寒潮南下时，最大风力可达8～9级以上。渤海、黄海、东海北部和日本海附近海面多西北风和北风；东海南部和南海多为东北风，东北信风也因而加强。冬季风盛行时，我国东部、朝鲜和日本等地具有低温、干燥和少雨的气候特征。

夏季，多为偏南风，强度比冬季风弱，海上风力在3～4级。我国东部和日本及附近洋面(约50°N以南)吹东南或南风，华南沿海、南海和菲律宾附近洋面上多为西南风。夏季风盛行时，具有高温、潮湿、多雨和多雾的气候特征。

冬季风爆发快，夏季风来得慢。

②南亚季风

南亚季风以印度半岛和北印度洋表现最突出，又称印度季风，它主要是行星风带的季节性位移引起的，海陆热力差异和青藏高原大地形也有相当大的影响。

冬季风，多为东北风，风力为3～4级(11月～4月)。冬季风盛行时，天空晴朗，能见度好，是北印度洋航海的"黄金季节"。

夏季风，多为西南风，风力常达8～9级以上(5月～10月)。夏季风盛行时，有暴雨，能见度低，北印度洋成为世界海洋上著名的狂风恶浪海域之一。

冬季风爆发慢，夏季风爆发快。

(3)海陆风

在沿海地区近地面层，白天风由海洋吹向陆地，夜间风由陆地吹向海洋，这种随着昼夜交替而有规律变化的风，称为海陆风。由海洋吹向陆地的风，称为海风；由陆地吹向海洋的风，称为陆风。一般情况下，海风比陆风强，海风的水平范围和垂直厚度也比陆风大。

海陆风是由海陆热力性质差异形成的。在低纬地区，一年四季均可出现海陆风；在中纬地区，主要出现在夏季，冬季很弱；在高纬地区，只有夏季晴朗的日子里才能见到微弱的海陆风。

海风从海上带来大量水汽，使陆地上空气湿度增大，有时会形成雾和低云，甚至产生降水。海风还可以使沿岸陆地气温降低，所以沿海地区夏季不十分炎热。

(4)山谷风

在山区，白天自谷底沿山坡向上吹向山顶的风称为谷风；夜间自山顶沿山坡吹向谷底的风称为山风，它是由山坡上的气温与同高度谷地上空气温之间的差异产生的。

6. 云

云是由大量的小水滴或小冰晶或两者的混合物组成的悬浮在空中的可见聚合体，通常，按云底高度 h 分为高云、中云、低云三种，再结合云的外形特征、结构和成因可分为十类。

高云——$h>5\ 000$ m，卷云、卷层云、卷积云。

中云——$2\ 500\ \text{m}\leqslant h\leqslant 5\ 000$ m，高层云、高积云。

低云——$h<2\ 500$ m，层积云、层云、雨层云、积云、积雨云。

云的形状千变万化，一定的云状常预示着一定的天气，因而云对天气变化具有一定的指示意义。

有些云与降水有关。水汽在空中凝结成云，体积扩大，重量增加，以致上升气流不能托浮其重量而以液态下落着地，称为雨；当水汽在凝结时的温度低于0℃时，水汽直接凝结为固态而下降着地，称为雪。当地表温度降至露点以下时，空气中的水汽在地面形成的一种水态凝结物，称为露；当形成露时的露点温度在0℃以下时，水汽直接在地面由气态变成固态的水凝物，称为霜。

云量是指云遮蔽天空视野的成数，即观测者的眼睛所能看到的视云量。将整个视野范围内的天空分成10个等级，当云占天空的1/10时，则云量记为1；当云布满全天时，则云量记为10；当天空无云或有云但云量不到1/20时，则云量记为0。

7. 雾

雾是近地层大气中悬浮的大量小水滴或小冰晶的集合体，这种集合体使水平能见距离降到1 km以下时称为雾，能见距离在1～10 km之间时称为轻雾。雾和云在本质上是一样的，都是发生在大气中的水汽凝结现象，只不过存在的高度不同罢了。

雾是影响海面能见度的首要因素，无论是在海上还是在港口，雾对船舶活动都有重大的影响。

(1)雾的种类

根据成因和特点可将雾分为以下几种：

①平流雾

暖湿空气流经较冷的下垫面(水面或地面)时，受到冷面的影响，气温下降，当空气达到过饱和状态时，其中过剩的那部分水汽就会凝结出来，悬浮在近水面或地面的低层大气中而形成的雾，称为平流雾。

平流雾是对航海威胁最大的一种雾，故又称为海雾，其特点是浓度和厚度大，水平范围广，持续时间长，一日之中任何时刻都可能发生，在大洋中无日变化，在沿海有日变化，午后稀薄，随风飘移,常伴有较多的层云。

②锋面雾

暖锋前暖气团产生的水汽凝结物,在往地面降落时穿过较冷的气团而蒸发。当蒸发出来的水汽冷空气不能容纳时,就又凝结成小水滴或小冰晶飘浮在近地面的低层空气中形成的雾,称为锋面雾,因其随降水同来,故又称为降水雾或雨雾。

锋面雾对航海的威胁仅次于平流雾。锋面雾最常出现于锢囚气旋和气旋中暖锋接近中心的部分,其特点是随锋面和降水区的移动而移动,且不受气温日变化的影响。

③蒸汽雾

寒冷而稳定的空气覆盖在暖海水面上,海面蒸发使近海面的空气达到饱和状态而形成的雾,称为蒸汽雾。

当水面温度远高于气温时,因水面不断蒸发,而蒸发出来的水汽又不断凝结,有如水面冒泡。蒸汽雾的特点是浓度和厚度不大,范围不广,多产生于清晨,日出后随气温的上升而慢慢消散。

④辐射雾

在晴朗微风而又比较潮湿的夜间,地面以长波辐射的形式损失热量,地表温度不断下降,贴近地面的空气也几乎同步降温,当气温降低到露点或露点以下时而形成的雾,称为辐射雾。

平流雾形成的条件是晴夜、微风和近地面气层中有比较充沛的水汽,其特点是范围不广,雾层不厚,夜间形成,日间消失。

⑤地形雾

由于海洋与岸滨或岛屿之间存在热力作用及动力作用差异而形成的雾,称为地形雾。地形雾可分为岛屿雾和海陆轻风雾。

从海面吹向岛屿的暖湿空气,在迎风面上被迫抬升,因而产生绝热冷却作用,使空气达到饱和而产生雾,这种雾称为岛屿雾或上坡雾。

海陆轻风雾是伴随海陆风而出现的一种雾。在海岸附近,夏秋季节陆上暖湿空气流到海上,受海面降温增湿作用凝结成雾,白天借助于凉爽的海风吹向滨海地带,夜间易随陆风回到海上,因其往返于海岸附近,故又称岸滨雾。

(2)世界海洋的雾

世界海洋的雾主要产生在冷、暖海流汇合处的冷水面和信风带海洋东岸附近的翻腾冷水上,多出现于春夏季节。雾的高发区集中在高纬靠近大陆岸的海洋上,大洋中央和赤道附近的热带海面上几乎没有雾。

①日本北海道东部至阿留申群岛常年多雾

这里是黑潮暖流与亲潮冷流的汇合处,夏季北太平洋高压强盛,日本以东盛行暖湿的偏南风,从而在冷水面上频频出现广大而浓厚的雾区。多出现于夏季 6 ~ 8 月,7 月最盛。冬季这一区域锋面气旋活动十分频繁,冬季多锋面雾。该海区位于远东至北美的大圆航线上,夏季多雾,冬季多大风浪,因此对船舶航行影响很大。

②北美圣劳伦斯至纽芬兰附近海面终年多雾

这里是墨西哥湾暖流与拉布拉多冷流的交汇处,春夏季雾最盛,雾区范围很大,向东延伸,可达冰岛海面,南北跨越 20 多个纬度,覆盖整个北大西洋北部的欧美航线,是世界上著名的雾区之一。冬季多锋面雾,同时,冬季有来自高纬的强冷空气吹向海面,常有蒸汽雾。

③挪威、西欧沿岸与冰岛之间海面常年多雾

这里是北大西洋暖流与冰岛冷流的交汇处,夏季,雾很频繁。冬季,挪威和西欧沿海的锋面雾也特别多。挪威沿岸多峡谷和港湾,秋冬季节多辐射雾和蒸汽雾。这一雾区位于北美与西欧和北欧的主要航道上。英吉利海峡和北海等航道狭窄,来往船舶众多,水流急且流向多变,再加上雾很频繁,就更增加了船舶航行的困难。据统计,这里发生的雾中碰撞事故在世界上是首屈一指的。

④阿根廷东部海面、塔斯马尼亚与新西兰之间的海面和马达加斯加南部海面为南半球的三个平流雾区

它们分别位于巴西暖流、东澳暖流和厄加勒斯暖流与冷性的西风漂流的汇合处,雾区不广,多发生于夏季。在40°S以南的整个中高纬度的西风漂流上终年有雾,特别是夏季(12月至次年2月),视程良好的天数很少。

⑤加利福尼亚沿海、秘鲁和智利沿海、北非加那利海面和南非西岸海面等信风带海洋的东岸,流经沿岸的冷流受常年盛行的离岸风的吹刮作用,使下层海水上翻,偶尔有暖湿气流经过冷海面时也会形成雾。每年春夏季较多,范围和浓度都不大。

⑥北冰洋和南极洲沿岸冰缘、冰间水域以及中高纬大陆东海岸附近海面,冬季多蒸汽雾。

(3)我国近海的雾

①地理分布

我国海域是太平洋的多雾区之一,主要集中在沿海水域,北起渤海湾,南至北部湾,大致呈带状分布。雾区范围具有南窄北宽的特点,南部宽100~200 km,舟山群岛一带约300~400 km,北部更宽些,如黄海6月几乎全部都是雾区。

我国近海雾分布的另一个特点是南少北多,海南岛以南和台湾以东海面,终年受暖流控制,水温较高,雾极少出现;琼州海峡和北部湾西北部,冬春季节多雾,年雾日可达20~30天;台湾海峡西部和福建沿海,年雾日可达20~35天;闽浙沿岸到长江口一带,年雾日增加到50~60天;山东半岛南部成山角和石岛一带海面雾最频,年雾日超过80天,最长连续雾日超过25天,有“雾窟”之称。渤海是我国的内海,暖流不易到达,也不存在水温的不连续带,因而雾很少,仅在渤海海峡附近多些,年雾日可达20~40天。

②时间分布

我国近海的雾在时间分布上具有南早北晚的特点,南海北部沿岸雾出现的最早,始于1月,1~4月为雾季,2~3月雾最多,东海的雾始于3月,3~7月为雾季,其中浙江沿海至长江口4~6月最盛,黄海的雾始于3月,3~7月为雾季,6~7月最盛。8月,我国整个沿海的雾骤然减少。

我国近海的雾在时间分布和地理分布上从春至夏、由南向北推延的特点,主要与我国近海海流系统的分布和暖湿空气的活动情况有关。

我国近海有两支海流,一支是著名的黑潮暖流,另一支是沿岸流,其中,沿岸流由春至夏,受大陆增温影响,逐渐变性北退。进入盛夏后,沿岸流的低温性质便隐而不见了。与此同时,黑潮暖流在由春至夏逐渐增强北上,从而,我国沿海这两支冷暖海流交汇海域也逐渐由南向北推移。以上这种海流分布状况,在适宜的风场配合下,为平流雾的产生提供了必要的下垫面。

另外,冬季北方沿海有时会出现蒸汽雾。在秋冬季节河口、港湾或低湿平原的沿海夜间常产生辐射雾,可能移向海面。锋面雾四季都能产生,但春夏季居多。

8. 能见度

在海面上，正常视力所能见到的最大水平距离，称为海面能见度，其单位：n mile，km，其影响因素主要是雾，其次如沙尘暴、烟、雨、雪和低云等。

根据能见距离的大小，将能见度分成 0 ~ 9 共 10 个等级，能见度好，等级大；能见度差，等级小。但是，在气候资料和气象报告中，常用能见度低劣、能见度不良、能见度中等、能见度良好、能见度很好和能见度极好来表示。能见度等级如表 3-8-1 所示。

表 3-8-1　能见度等级表

等级	能见距离		能见度鉴定	天气现象
	n mile	km		
0	<0.03	<0.05	能见度低劣	浓雾
1	0.03 ~ 0.10	0.05 ~ 0.2		浓雾或雪暴
2	0.10 ~ 0.25	0.2 ~ 0.5		大雾或大雪
3	0.25 ~ 0.50	0.5 ~ 1	能见度不良	雾或中雪
4	0.50 ~ 1.00	1 ~ 2		轻雾或暴雨
5	1 ~ 2	2 ~ 4	能见度中等	小雪、大雨、轻雾
6	2 ~ 5	4 ~ 10		中雨、小雪
7	5 ~ 11	10 ~ 20	能见度良好	小雨、毛毛雨
8	11 ~ 27	20 ~ 50	能见度很好	无降水
9	≥27	≥50	能见度极好	空气澄明

二、天气系统

天气系统是指大气中引起天气变化的水平或垂直分布的各种尺度的运动系统，主要包括：

1. 气团

气团是指气象要素（主要是指温度和湿度）的水平分布比较均匀的大范围的空气团。在同一气团中，各地气象要素的垂直分布（或其稳定度）几乎相同，天气特点也大致相同。气团占据的空间很大，水平范围可达几百至几千公里，垂直范围可达几公里至十几公里。

根据气团温度与气团所经过的下垫面的温度对比可分为冷气团和暖气团。

冷气团是指温度低于下垫面的气团。冷气团使其所经之地变冷，而本身逐渐变暖，具有不稳定的天气特点。夏季，易出现阵雨或雷暴天气；冬季，晴朗无云，但是夜间在陆地上可形成辐射雾。

暖气团是指温度高于下垫面的气团。暖气团使其所经之地变暖，而本身逐渐变冷，具有稳定的天气特点。如果暖气团中水汽量较多，易出现毛毛雨、小雨或小雪，有时会形成平流雾；如果暖气团中水汽含量较少，则天气较好。

影响我国的气团多为变性气团。冬季，主要受变性的极地大陆气团（冷气团）的影响，其源地在西伯利亚和蒙古，又称之为西伯利亚气团，在地面天气图上表现为冷高压南下。夏季，沿海地区以变性的热带海洋气团（暖气团）为主，在地面天气图上表现为受太平洋副热带高压控制。春、秋季是过渡季节，冷、暖气团互有进退。

2. 锋

冷气团与暖气团相遇时，在二者之间所形成的狭窄而倾斜的过渡带称为锋面（其在水平方向上的宽度比气团小得多），如图 3-8-4 所示。锋面总是向冷气团一侧倾斜（冷气团是在自转的地球上做大规模的相对运动，达到相对平衡的结果）。锋面与下垫面的交线称为锋线，锋面与锋线统称为锋。

根据锋在移动过程中，冷、暖气团所占的主次地位将锋分为：

(1)冷锋

锋面在移动过程中，冷气团起主导作用，推动锋面向暖气团一侧移动，这种锋称为冷锋。冷锋过境后，冷气团占据了原来暖气团所在的位置。根据冷锋移动快慢可分为：

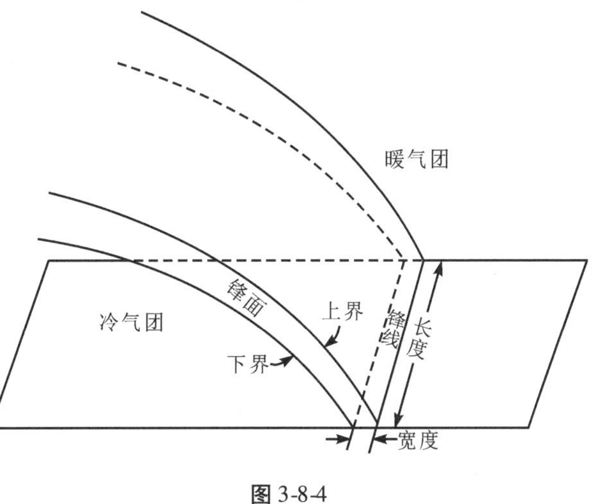

图 3-8-4

第一型冷锋——缓行冷锋，天气稳定，在锋线附近和锋后出现稳定性降水，冷锋前气压略降，冷锋过境后，气压迅速升高，锋后比锋前风速大，锋后风雨交加，天气恶劣。

第二型冷锋——急行冷锋，天气不稳定。夏季，锋线附近出现雷暴和阵性降水天气，但云雨区很窄。冷锋过境时，狂风暴雨、雷电交加，但时间短，锋线过境后不久，天气转晴。冬季，锋前出现卷云、雨层云，有不宽的连续性降水。地面锋线过境后，云消失，但风速增大，出现大风天气，俗称“干冷锋”。

(2)暖锋

锋面在移动过程中，若暖气团起主导作用，推动锋面向冷气团一侧移动，这种锋称为暖锋。暖锋上有广阔的云系和大片降水，锋前可形成锋面雾，且与降水同时发生，能见度恶劣。锋线附近气压低。暖锋前，风力较大(6～7 级)；锋后风力较小，气压回升，天气较好。

(3)准静止锋

当冷、暖气团势力相当时，锋面移动缓慢或呈准静止状态，这种锋称为准静止锋。准静止锋往往是由冷锋演变而来，其天气分布与第一型冷锋相似，但云、雨区比暖锋宽广，一般为连续性降水，降水强度较弱。准静止锋移动缓慢，有时在某一地区来回摆动，产生长时间阴雨天气。

(4)锢囚锋

由于冷锋移动速度快于暖锋，冷锋赶上暖锋后，迫使冷锋前的暖空气抬离地面，锢囚到高空，近地面层由冷锋后部的冷气团与暖锋前面的冷气团构成的交界面，称为锢囚锋。若锋后的冷气团比锋前的冷气团更冷时，称为冷式锢囚锋；若锋后的冷气团比锋前的冷气团暖时，称为暖式锢囚锋。锢囚锋的两侧均为降水区，且云层厚，降水较强，但随着锢囚锋的发展，暖空气被抬得越来越高，天气逐渐好转。

3. 气旋和反气旋

气旋是中心气压比周围低的水平空气涡旋，反气旋是中心气压比周围高的水平空气涡旋，从气压场的角度来说，分别称为低气压和高气压。气旋区域内不仅风力强大，而且温度下降，多云多雨天气；反气旋区域内往往是好天气。

根据气旋形成和活动的主要地理区域，气旋可分为温带气旋和热带气旋。根据其成因和热力结构，则可分为锋面气旋和无锋面气旋。无锋面气旋包括热带气旋和热低压等。

(1)锋面气旋

生成和活动在温带地区的气旋，称为温带气旋，其中，最常见的是带有锋面的温带气旋，所以又称锋面气旋。锋面气旋是温带地区产生大范围云雨天气的主要系统。温带气旋主要出现在东亚、北美、地中海等地区。发展成熟的锋面气旋天气模式为：气旋前方是宽阔的暖锋云系和相伴的连续性降水天气；气旋后方是比较狭窄的冷锋云系和降水天气；气旋中部是暖气团天气。

(2)热带气旋

热带气旋是发生在热带洋面上的强大而深厚的气旋性涡旋。发展强烈的热带气旋伴有狂风、暴雨、巨浪和暴潮，而且活动范围很大。

①热带气旋的强度和分类

国际上以热带气旋近中心的最大风力作为其强度分类的标准。我国从 1989 年 1 月 1 日起开始执行国际标准。

国际热带气旋的名称和等级标准如表 3-8-2 所示。

表 3-8-2

名 称		近中心最大风速(n mile/h)	风力(级)
热 带 低 压	TD(Tropical Depression)	≤33	≤7
热 带 风 暴	TS(Tropical Storm)	34 ~ 47	8 ~ 9
强热带风暴	STS(Severe Tropical Storm)	48 ~ 63	10 ~ 11
台 风	T(Typhoon)	≥64	≥12

②台风的命名

根据世界台风委员会第 31 届会议的决议，从 2000 年 1 月 1 日起，采用具有亚洲风格的名字对西北大西洋和南海生成的热带气旋进行命名，旨在帮助人们对热带气旋提高警觉，增强警报效果。

由中国、中国香港、中国澳门、日本、柬埔寨、老挝、马来西亚、密克罗尼西亚、菲律宾、朝鲜、韩国、泰国、美国和越南 14 个成员一共提供 140 个名字(每个成员提供 10 个名字)。

这 140 个名字分成 10 组，每组中的 14 个名字(每个成员提供 1 个名字)，按每个成员的字母顺序依次排列，命名表按顺序、循环使用。

由我国提供的 10 个名字是：龙王、玉兔、风神、杜鹃、海马、悟空、海燕、海神、电母、海棠。

③热带气旋发生的源地和季节

从纬度范围来看，热带气旋主要发生在南、北纬各 5° ~ 20°之间，尤其是 10° ~ 20°之间的占 65%，在高于 20°的较高纬度海区发生的只占 13%。

从海区来看，在大洋西部发生的热带气旋比东部多，北半球比南半球多。热带气旋在西北太平洋发生的次数最多，约占全球总数的 66%，其发源地主要有：南海中部偏东洋面、菲律宾群岛以东洋面、关岛附近洋面以及马绍尔群岛附近洋面。影响我国沿海的热带气旋其发源地均在菲律宾以东的西北太平洋海域。南大西洋和东南太平洋至今尚未发生过热带气旋。

从季节来看，在北半球(除孟加拉湾和阿拉伯海因地理条件特殊以外)，热带气旋发生最多的月份是 7 ~ 10 月，在南半球发生最多的是 1 ~ 3 月。

④台风形成的原因

热带海洋上的空气因受热而对流上升，四周较冷的空气流入补充，然后再受热上升，如此循环往复，形成了热带低压。在夏秋季节，西南季风与东北信风相遇时造成扰动产生旋涡。这种扰动与对流作用相辅相成，使已形成的热带低压的旋涡继续加深，也就是使四周空气流动得更快，风速加大，于是就演变成热带风暴，继而发展成强热带风暴，直至形成台风。台风常常带来狂风暴雨，降雨量巨大。

⑤台风的结构

热带气旋从形成、发展、成熟，直至衰亡，其生命期一般为 3 ~ 8 天，最长的可达 20 天以上，最短的仅为 1 ~ 2 天，夏、秋两季生命期较长，春、冬两季较短。

发展成熟的热带气旋（台风）的范围，通常是以系统最外围近似圆形的等压线为准，其直径一般为 500 ~ 1 000 km，最大可达 2 000 km，最小仅为 100 km 左右，且中心气压低，周围气压高。

台风按结构和天气现象可分为：

a. 外圈，又称为台风大风区，是指从台风边缘向内到最大风速区外缘之间的部分，范围为 200 ~ 300 km。外部风力达 15 m/s，向内风速急增；气压的变化随着向中心的接近而剧烈下降；进入外圈后，气温升高，湿度增大，使人产生闷热的感觉；外圈内存在着一条或几条螺旋云雨带，有分散性的阵雨，在台风的前进方向上，塔状云很多，且云体往往被风吹散，成为“飞云”，渔民称之为“猪头云”。

b. 中圈，又称为台风涡旋区，是围绕着台风眼分布的环状的最大风速区，范围为 100 km，也有达到 200 km 以上的。从外圈进入中圈，风速突然增大，最大风速常达 60 ~ 70 m/s，甚至超过 100 m/s。气压呈剧烈的下降状态；同时，中圈内常产生很强的阵性降水，有时是倾盆大雨，台风的狂风暴雨都集中在中圈。能产生巨浪，风力 12 级时，最大浪高达到 15 m 以上。

c. 内圈，也称为台风眼，其大小视台风发展阶段确定。最初很小，以后逐渐增大，其直径一般为 10 ~ 70 km，大多呈圆形，也有呈椭圆形的。进入台风眼后，气压达到最低且停止下降；风速迅速减小到 4 级以下或静风；天空少云或晴空。由于气压极低，引起海面上升，再加上风向急转，新产生的风浪与原风浪甚至完全反向，结果产生波幅很大的陡峭波，即“三角波”或“金字塔浪”，海况十分恶劣。

⑥船舶避台

a. 台风来临前的征兆

(a) 海象

涌浪的传播速度约为台风移动速度的 3 倍以上，若发现无风来涌浪，说明远处可能有台风存在；台风会使海水翻动，从而使海底腐烂物质上浮而发出腥臭气味；台风带来的高温海水给能在海上发光的浮游生物创造了有利的繁殖条件，因而群集海面而发出一点点或一片片的亮光；台风来临前 1 ~ 2 天，有时在寂静时能听到海响，像远处吹号角的声音一样。

(b) 天象

当台风中心距当地约 1 000 km 时，天空的颜色有时变得好像早、晚霞一样的颜色（不发生在早、晚）；一般距台风 500 n mile 的地方，天空出现丝状或条状卷云，以辐射状向四周散开，其辐射中心就是台风中心的方向。随着台风的接近，卷云增多，逐渐出现卷层云（Cs）、高层云（As）和层积云（Sc），低空出现了灰黑色的破碎的碎层云和碎积云随风急驶，人们称为“飞云”；台风接近时，当地的盛行风会发生改变。

(c) 物象

海鸟成群飞来，很不安宁，乱飞乱叫，表示海面有台风存在，说明它们已经饱受暴风雨的驱逐和折磨；海猪向港湾回游，也是台风的预兆；突然出现一些少见或根本未曾见过的生物，也是说明台风存在的一种现象，这些生物是海上大风形成的风海流或海水翻腾作用带来的；其他生物的反常活动，如鱼、虾比平时密集、海蛇浮出水面等。

上述这些海象、天象和物象只是说明台风存在的一种预兆，在应用时要结合当地气象要素的变化，综合研究分析，才能得出正确的结论。

b. 台风中心判定法

(a)台风中心方位的判定

船舶未受到台风气流的影响时，马尾状卷云的辐射中心就是台风中心方位所在。当船舶受到台风气流影响时，根据船上测算所得的真风来判断台风中心的方位。背风而立，在北半球，风力6级以下时，台风中心在左前方45°左右；风力8级左右时，台风中心在左前方67°.5左右；风力10级以上时，台风中心在左正横的方向上。

(b)台风中心距离的判定

由台风范围内风力的分布情况估计台风中心距本船的距离，根据越接近台风中心风力越大的规律，经过大量的实测资料统计，得出风力的分布与台风中心距离的关系如表3-8-3所示。

表3-8-3

风力(级)	与台风中心的距离(n mile)	风力(级)	与台风中心的距离(n mile)
5	250	9	110
6	220	10	75
7	180	11	50
8	145	12	35

c. 判断船舶在台风中的部位

(a)台风部位的划分

台风绕中心的旋转速度称为台风的风速，台风中心向前推进的速度称为台风的移动速度，台风中心移动方向的路线称为进路，台风中心已过的路线称为路径。

台风中心移动路线的左边称为左半圆，右边称为右半圆。

在北半球，左半圆为可航半圆，右半圆为危险半圆。由于台风右半圆的风力和海浪均比左半圆大，风向与台风的移动方向接近一致，有利于风、浪的加大，当船舶处于右半圆时，容易被吹进台风中心的移动路线上，一旦被吹进中心，就不容易驶离，因此，在北半球台风的右半圆为危险半圆。特别是在北半球，如果台风转向，大多是向右转向，处于右半圆前部的船舶被卷入台风中心的危险性极大。因此，危险半圆的前部象限称为危险象限。然而，一旦船舶遇到了台风，即使在可航半圆航行，也并非没有危险。因此，海员们必须及时准确地判断船舶处在台风中的哪一个部位，以便采取有效措施，尽快驶离台风区。

在南半球，左半圆为危险半圆，右半圆为可航半圆。

(b)判断船舶在台风中的部位

船舶在航行中，可以根据风向、风力或气压的变化来判断船舶位于台风的部位。

根据风向随时间的变化情况来判断船舶位于台风的左右半圆，即若风向随时间呈顺时针方向变化，则表明船舶位于台风的右半圆；若风向随时间呈逆时针方向变化，则表明船舶位于台风的左半圆；若风向不变或忽顺忽逆，则表明船舶位于台风的进路上。

根据风力或气压变化情况来判断船舶位于台风的前后半圆,即若风力增大或气压下降,则表明船舶位于台风的前半圆;若风力减小或气压上升,则表明船舶位于台风的后半圆。

这样就可以判断出船舶在台风中的象限,在北半球,当风向顺转、风力增大或气压下降时,则可判断出船舶位于危险半圆(右半圆)的前半部(危险象限);当风向顺转、风力减小或气压上升时,则可判断出船舶位于危险半圆的后半部;当风向逆转、风力增大或气压下降时,则可判断出船舶位于可航半圆(左半圆)的前半部;当风向逆转、风力减小或气压上升时,则可判断出船舶位于可航半圆的后半部。同理,可以判断出船舶在南半球的情况,当风向不变而风力增大或气压下降时,则表明船舶位于台风进路的正前方;当风向不变而风力减小或气压上升时,则表明船舶位于台风中心进路的正后方。

(c)船舶避台方法

避台的核心问题是尽可能远离台风中心,一般应保持距离 300 n mile 以上,风力 6 ~ 7 级,气压不低于 1 000 hPa;迫不得已时,至少要保持 100 n mile 以外,风力不超过 8 级。

沿岸航行遭遇台风,船舶应及早驶入避风锚地;大洋中航行遭遇台风,船舶必须改变航向和航速,避开台风中心。

如果船舶位于台风中,则应根据船舶处于台风的部位,采用不同的避台方法(以北半球为例)。

若船舶位于台风的危险半圆,则应保持船舶的右舷船首受风,并保持风舷角 15° ~ 30°顶风全速驶离,直至气压升至 1 000 hPa 为止,或者保持船舶右首顶风滞航。

若船舶位于台风的可航半圆,则应保持船舶的右舷船尾受风驶离台风中心,直至气压升至 1 000 hPa 为止,或保持船舶的右舷船首顶风滞航。

若船舶位于台风的进路上,则应保持船舶的右舷船尾受风,迅速驶向可航半圆,再按可航半圆的航法驶离台风中心。

若船舶位于台风中心,则全体船员应团结一致,采取措施,积极地投入到避台工作中。

(3)反气旋

①冷性反气旋

a. 冷高压

冷高压形成于中、高纬度地区,如北半球格陵兰、加拿大、西伯利亚和蒙古等地,冬半年活动频繁,势力强大,影响范围广泛,常常造成降温、大风天气。

我国一年四季都有冷空气活动,全国各地几乎都会受到冷空气活动的影响,其中冬半年最为频繁,势力最强,影响范围最广。全年平均约 4 天有一次冷高压活动,这是东亚天气过程的一个特点。东亚自然天气周期平均为 3 ~ 5 天,正好与此相当。

b. 寒潮

当冷高压南下侵入我国时,常有急剧的降温大风和雨雪等灾害性天气;当达到一定的强度时,则称为寒潮。

我国国家气象局规定:由于冷空气的侵袭,使气温在 24 h 内下降 10℃以上,最低气温降至 5℃以下为寒潮。各地气象站根据本地区的具体情况规定了发布寒潮警报的标准。寒潮天气最突出的表现为偏北大风和强烈降温,出现霜冻。

②暖性反气旋

暖性反气旋(暖高压)形成于副热带地区,常年存在,冬季位置偏南,夏季偏北。暖性反气旋控制的地区,气流下沉,天气炎热干燥。

三、海况

1. 潮汐与潮流

潮汐与航海的关系非常重要,将直接影响船舶航行计划的实施和航海安全。船舶通过浅水区,必须预先依据潮汐资料计算出当地潮高,并正确调整货载和吃水差。航行中,为了保证船舶安全地行驶在计划航线上,需随时掌握当地潮汐与潮流资料,观测船位,调整航向。在港内,需要视潮汐情况及时调整缆绳。

(1)潮汐

潮汐是海水在周期性外力作用下产生的周期性的升降运动。海面上升的过程称为涨潮;当海面上升到最高时称为高潮;海面下降的过程称为落潮;当海面下降到最低时称为低潮;相邻的高、低潮潮高之差称为潮差;从低潮时到高潮时的时间间隔称为涨潮时间;从高潮时到低潮时的时间间隔称为落潮时间。

①潮汐的基本成因

产生潮汐的原动力是天体的引潮力,即天体的引力和地球—天体相对运动所产生的惯性离心力的向量和,其中,主要是月球的引潮力,其次是太阳的引潮力,约为月球的引潮力的46%,其他天体的引潮力很小,一般忽略不计。

a. 月引潮力

在月球和地球构成的平衡引力系统中,月球和地球绕着它们的公共质心运动,地球表面上任一水质点均受到月引潮力的作用。

如图 3-8-5 所示,地球表面上各点所受月球引力的大小和方向均不相同,其大小取决于该点至月球中心的距离,方向均指向月球中心。

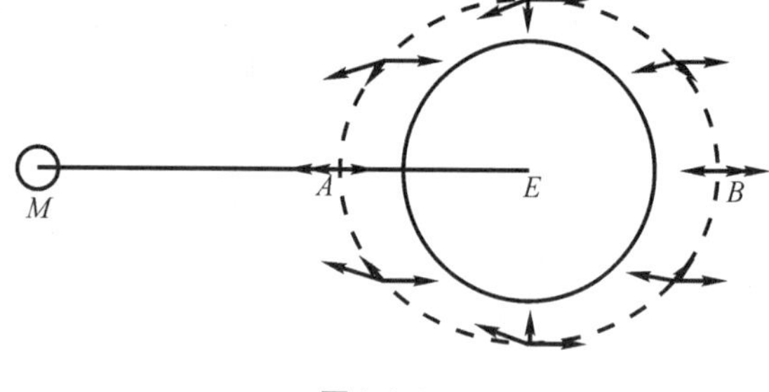

图 3-8-5

地球表面上各点受到的惯性离心力,大小相等,背离月球,互相平行。

月球引力和地球绕公共质心进行平动运动所产生的惯性离心力的矢量和,称为月引潮力。假设地球表面被等深的大洋所覆盖,则在月引潮力的作用下,形成的长轴与月地连线重合的椭圆体,称为月潮椭圆体。潮汐椭圆体的长轴在月地中心的连线上,其上所受引潮力指向球心的各点所组成的水圈称为照耀圈。

b. 潮汐的形成

地球表面上的海水在月引潮力的作用下,形成了月潮椭圆体,又由于地球的自转,地球表面上某个固定地点的海面就会发生周期性的涨落运动,从而形成了潮汐。

图 3-8-6 是假定月球赤纬为零时的月潮椭圆体,P 为地极,A_1,A_2,A_3,A_4 分别表示地球表面上任意一点 A 在地球自转中的 4 个位置。

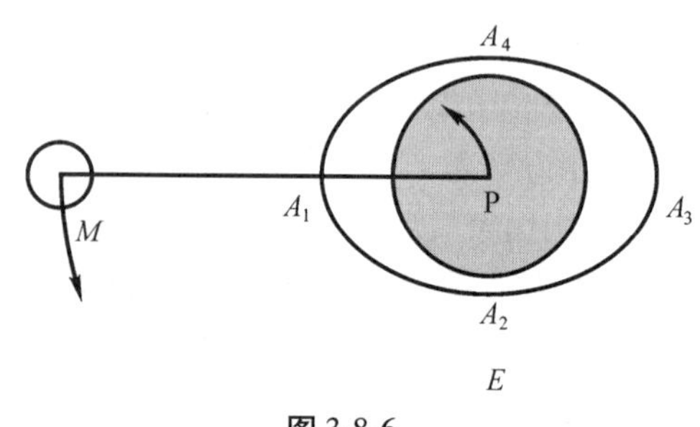

图 3-8-6

A_1 点，月球在该点上中天，该地海面水位升到最高，产生该地当日第一次高潮；当地球自转至 A_2（第一次过照耀圈）点时，海面水位下降到最低，产生该地当日第一次低潮；当地球自转到 A_3 点时，即月下中天，海面水位再次升到最高，即发生该地当日第二次高潮；当地球自转到 A_4 点（第二次过照耀圈）时，海面水位再次下降到最低，则发生该地当日第二次低潮。月球连续两次上（下）中天的时间间隔称为一个太阴日，约为 24^h50^m。相邻两个高潮（低潮）的时间间隔（约为 12^h25^m）称为潮汐周期，以半个太阴日为周期的潮汐，称为半日潮。

②潮汐不等

a. 潮汐的周日不等

在同一个太阴日中所发生的两次高潮或两次低潮的潮高以及相邻的高低潮的时间间隔不相等的现象，称为潮汐周日不等。

如图 3-8-7 所示，月球赤纬不等于零，且纬度不为零的地方存在潮汐的周日不等现象。月球的赤纬越高，这种现象越显著，某点的纬度越高，这种现象也越严重。

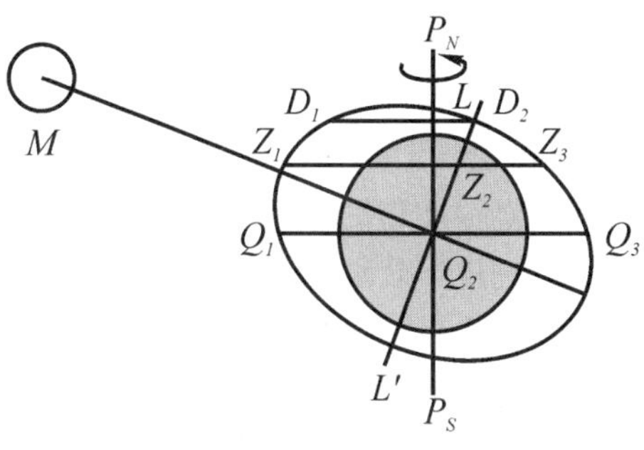

图 3-8-7

b. 潮汐的半月不等

虽然太阳的引潮力是月球的引潮力的 46%，但是同样会产生太阳潮汐椭圆体。由于太阳两次上（下）中天的时间间隔为一个视太阳日，约为 24 h，太阳潮的半日潮周期约为 12 h。同样，当太阳的赤纬不等于零时，也会发生潮汐周日不等现象。

太阳潮的存在增加了潮汐现象的复杂性，由于月球、太阳和地球在空间周期性地改变着它们的相对位置，从而产生了潮汐半月不等现象。

当月球处在新月（朔）或满月（望）时，如图 3-8-8 所示，太阳、月球潮汐椭圆体的长轴在同一个子午圈平面内，即太阳潮汐椭圆体与月球潮汐椭圆体的长轴方向一致，互相叠加，出现高潮最高、低潮最低的现象，称为大潮（spring tide）。

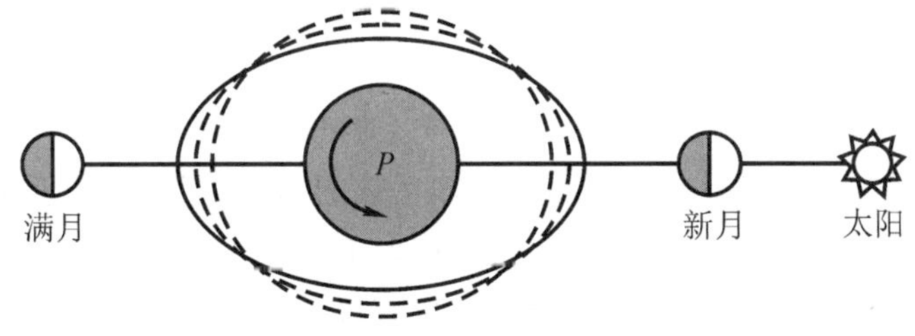

图 3-8-8

当月球在上弦或下弦时，如图 3-8-9 所示，太阳与月球潮汐椭圆体的长、短轴在同一个子午圈平面内，即太阳潮汐椭圆体与月球潮汐椭圆体的长轴方向相互垂直，因此引潮力互相抵消，出现了高潮最低，低潮最高的现象，称为小潮位（neap tide）。

可见，从朔（新月）、望（满月）到两弦，从两弦到朔、望，潮差在不断地变化着。

显然，潮差是以半个朔望月（约 14.5 日）为周期而变化的，称为潮汐的半月不等。

c. 潮汐的视差不等

由于地球和月球、太阳的距离变化而产生的潮汐不等，称为潮汐视差不等，分别为月潮视差不等和日潮视差不等。

影响潮汐的因素是很多的。地球表面上的海水在进行涨落运动时，会受到地形的限制，海水本身又具有黏滞性和惯性，还受其他天体的影响等，因此，在潮汐的每天变化中，高潮不一定正好发生在月中天时刻，往往会延迟一段时间，这段时间称为高潮间隙。从月中天时刻至低潮的时间间隔称为低潮间隙。在潮汐的每月变化中，大潮也不发生在初一、十五，我国沿海大多发生在初三、十八左右，延迟的这段时间称为潮龄。

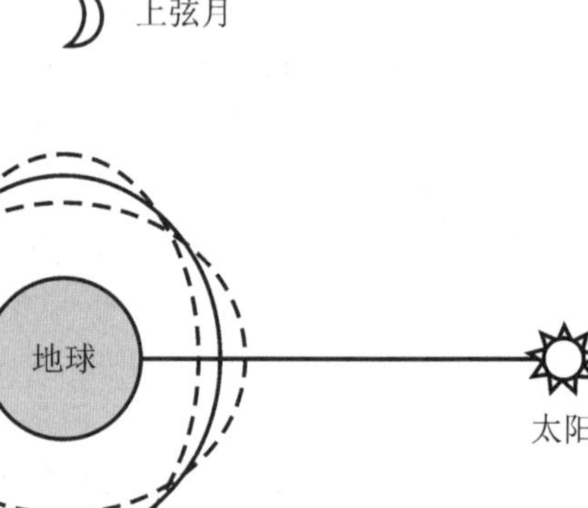

图 3-8-9

③潮汐类型

a. 正规半日潮

在一个太阴日内发生两次高潮和低潮，两次高潮和两次低潮的高度都相差不大，涨落潮时也很接近，如青岛、巴拿马等。

b. 不正规半日潮混合潮

它基本上具有半日潮的特性，但在一个太阴日内相邻的高潮或低潮的潮位相差很大，涨潮时和落潮时也不等，如浙江镇海港和亚丁港等。

c. 不正规日潮混合潮

其在半个月中，日潮的天数不超过 7 天，其余天数为不正规半日潮，如鄂霍次克海的马都加和南海暹罗湾等。

d. 正规日潮

在半个月中有连续 1/2 以上天数是日潮，而在其余天数则为半日潮，如我国南海的北部湾、红岛、德顺港等。

④潮汐预报

潮汐现象非常复杂，但它与天体引潮力有着十分密切的关系。

科学家们将各地复杂的潮位曲线分解为许多正规的曲线，即将十分复杂的不规则的潮汐振荡分解为许多正规的潮汐振荡，并把每一项都视为由一个假想的天体引起的，形成正规的潮汐，即分潮，从而把任一地点的潮汐归结为很多分潮叠加的总和。这样，根据一定时期的潮汐实测资料，计算出主要分潮的振幅和迟角，便可编制年度《潮汐表》预报潮汐。

⑤潮汐在航海上的应用

a. 最小安全潮高问题

在进出港航道、狭水道、岛礁区和某些沿岸水域，存在着一些浅水区。船舶航行到这些区域之前，首先要确定本船是否能够安全驶过。这由两个问题所决定(如图 3-8-10 所示)：一是船舶通过浅水区所要求的最小安全水深，即船舶的最大吃水和安全通过浅水留有的富余水深之和；二是当时浅滩上的实际水深。为了船舶安全驶过浅水区，当时的实际水深必须大于或等于最小安全水深，即

$$实际水深 = 海图水深 + 潮高 + (TD - CD) \geqslant 吃水 + 富余水深$$

这就要求潮高必须大于或等于最小安全值,该值便是最小安全潮高

$$最小安全潮高 = 吃水 + 富余水深 - 海图水深 - (TD - CD)$$

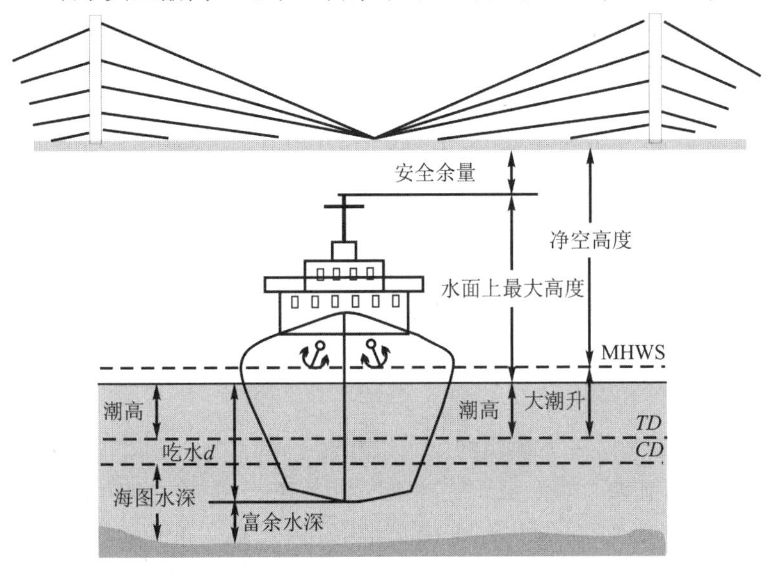

图 3-8-10 最小安全潮高与最大安全潮高

b. 最大安全潮高问题

如图 3-8-10 所示,高架桥底部至平均大潮高潮面的距离为净空高度,它和大潮升之和为潮高基准面以上的可利用高度,而潮高基准面以上相对于船舶航行所要求的安全高度为当时潮高、水面以上船舶的最大高度以及为了保证船舶安全通过所要求的安全余量三者之和。由于可利用空间对于某个上空障碍物是固定的量,为了船舶的安全通过,潮高就不能大于某值,这就是所谓的最大安全潮高

$$最大安全潮高 = 大潮升 + 净空高度 - 水面至船舶大桅顶端的高度 - 安全余量$$

根据船舶本身情况和航道条件求得安全潮高后,便可根据《潮汐表》求得合适的通过浅滩或水面上空障碍物的时间,以便引导船舶安全通过。

(2)潮流

海水周期性垂直运动的同时产生的海水周期性的水平方向的流动称潮流。

①往复流

往复流是受地形的影响而产生的张、落潮流向相反或基本相反的潮流。大多发生在海峡、江河、港湾和沿岸一带。

在海图上,涨潮流用 $\overset{2\text{ kn}}{\longrightarrow}$,落潮流用 $\overset{1\sim2\text{ kn}}{\longrightarrow}$ 表示。箭头的方向为流向,箭矢上的数字是指流速。如果只给出一个数字,则为大潮日的最大流速;如果给出两个数字,则分别为小潮日和大潮日的最大流速。

②回转流

回转流是在一个潮汐周期内,潮流流向随时间顺时针(或逆时针)变化 360°,流速也随时间变化的潮流。

在航用海图上,回转流的资料用以下两种方式给出:

a. 回转流图

如图 3-8-11 所示，其中心地名为主港港名；0 表示主港高潮时的潮流；1，2，3…，表示主港高潮前第 1 h，2 h，3 h…的潮流情况；Ⅰ，Ⅱ，Ⅲ…，则表示主港高潮后第 1 h，2 h，3 h…的潮流情况。

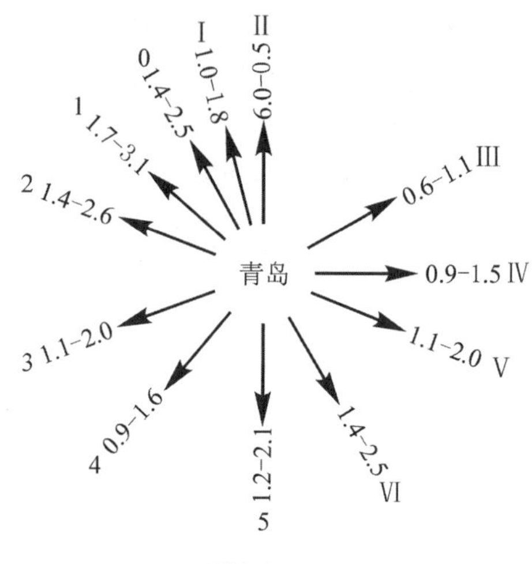

图 3-8-11

数字所对应的箭矢为该时的潮流情况，箭矢的方向为流向，箭矢顶部的数字表示流速，较大的数字是大潮流速，较小的数字是小潮流速。

b. 潮流表

为保持航用海图清晰，一些海图常在标题栏或不影响船舶航行的位置以潮流表形式代替回转流图，而在海图回转流处仅印符号Ⓐ、Ⓑ表示地点。

2. 海流

海流又称为洋流，是海洋中大规模的海水以相对稳定的速度所作的定向流动。海流是矢量，流向是指流的去向，流速的单位是节（kn）。

海流按成因可分为风海流、地转流、补偿流、潮流等；按温度属性可分为暖流、寒流或冷流、中性流；根据流向与海岸的相对关系，可分为沿岸流、向岸流和离岸流。

一般来说，在大洋中，主要考虑风海流和地转流；在近海，尤其是岛屿、海湾和海峡地区，则潮流比较显著。

（1）风海流

风海流，又称风生流，是在海面风的作用下形成的海水流动，是海洋中最常见、也是最主要的海流，其强度通常比其他海流强得多。

通常情况下提到的风海流指漂流，它是由大范围的盛行风长期吹刮所引起的，流向、流速长年比较稳定，因此又称为定海流或定常流。

在大洋中，由于地球自转的影响，表层流向在北半球偏于风的去向之右 45°，在南半球偏于风的去向之左 45°，并且表层流速最大，与海面风速成正比。随着海水深度的增加，北半球风海流的流向逐渐向右偏转，南半球逐渐向左偏转，流速逐渐减小；到摩擦深度时，流向与表层流向相反，流速仅为表层流速的 4.3% 左右。观测和理论计算表明，大洋中的摩擦深度为 200 ~300 m，因此风海流属于表层流。

（2）世界大洋主要表层海流系统

①太平洋的海流系统

北太平洋的暖水环流圈：北赤道流（中性）、黑潮（强暖流）、北太平洋海流（中性流）、加利福尼亚海流（寒流）。

北太平洋的冷水环流圈：北太平洋海流（中性）、阿拉斯加海流（暖流）、阿留申海流（暖流）、亲潮（寒流）。

南太平洋的暖水环流圈：南赤道流（中性）、东澳海流（暖流）、西风漂流（寒流）、秘鲁海流（世界大洋中行程最长的一股寒流）。

②大西洋的海流系统

北大西洋的暖水环流圈：北赤道流（安的列斯海流、圭亚那海流，中性）、墨西哥湾流（最强暖流)、北大西洋海流(暖流)、加那利海流(寒流)。

北大西洋的冷水环流圈:北大西洋海流(暖流)、挪威海流(暖流)、爱尔明格海流(暖流)、东格陵兰海流(寒流)、西格陵兰海流(暖流)、拉布拉多海流(寒流,将大量的冰山和浮冰沿北美东岸向南带往纽芬兰岛附近)。

南大西洋的暖水环流圈:南赤道流(中性)、巴西海流(暖流)、福克兰海流(寒流,夹带冰山)、西风漂流(寒流)、本格拉海流(寒流)。

③印度洋的海流系统

北印度洋的海流主要受季风影响,称为季风流。冬季,吹东北季风,表层流向向西或西南方向,称为东北季风流,与向东流去的赤道逆流构成了逆时针方向的环流系统(左旋流)。夏季,盛行西南季风,流向向东或东北方向,称为西南季风流,与南赤道流构成顺时针方向的环流系统(右旋流)。

值得注意的是,夏季在索马里沿岸有一支流向东北的索马里海流,流速较大,一般都在 4 kn 以上,最大可达 7 kn;赤道逆流消失,整个北印度洋直到 5°S,表层海流均为东流。

南印度洋的暖水环流圈:南赤道流(中性)、马达加斯加海流(暖流)、莫桑比克海流(暖流)、厄加勒斯海流(暖流)、西风漂流(寒流)、西澳海流(寒流)。

④红海和亚丁湾的海流系统

红海和亚丁湾的海流属季风流。东北季风期间,亚丁湾是西向海流,通过曼得海峡进入红海。西南季风期间,红海海流经曼得海峡流入亚丁湾,亚丁湾为东向海流。

⑤地中海和黑海的海流系统

地中海的海流总体上为逆时针方向环流,非洲沿海是东流,欧亚沿海为西流。黑海的海流总体上也是逆时针方向流动。

(3)我国近海的海流系统

①渤海、黄海和东海的海流系统

渤海、黄海和东海统称东中国海。东中国海的海流系统由外海流和沿岸流两支流系组成。

外海流系由黑潮主干及其分支(台湾暖流、对马暖流和黄海暖流)组成,黑潮高温、高盐,冬弱夏强。

我国沿岸的江河入海,把沿岸海水冲淡,这些被冲淡的海水沿岸边流动构成沿岸流系。沿岸流由北向南流动,冬季具有明显的寒流性质,冬强夏弱。我国沿海自北向南主要有辽南沿岸流、辽东沿岸流、渤海沿岸流、苏北沿岸流和闽浙沿岸流等。

②南海的海流系统

南海表层海流具有季风漂流的特性,冬季东北季风期间,盛行西南向的漂流,具有明显的左旋环流特点,夏季西南季风期间,主要为东北流,为右旋环流,冬季和夏季,南海西部的海流均比东部的强,强流区在越南近海。

3. 海浪

海浪是风作用于海面产生的一种海水运动,对航海有影响的海浪通常有以下几种:

(1)风浪

风浪是风的直接作用所引起的水面波动,其特征是周期短、波峰尖、波长短、波峰线短,波面不规则,易破碎。

风浪的成长与风力、风区和风时有关系,风级越大,对应的波高就越高,风区越大,浪在风区内移行得越远，风浪就越发展。近似一致的风速和风向连续作用于风区的时间，称为风时。一般而言，风对水面持续作用的时间越长，海水所获得的动能越大，风浪也就越大。

（2）涌浪

涌浪是风浪离开风区传至远处，或者风区里风停息后所遗留下来的波浪。它具有较规则的外形，排列比较整齐，波峰线较长，波面较平滑，略近似正弦波。涌浪随着传播距离的增加，波高逐渐降低，同时，周期和波长也逐渐加大。

（3）近岸浪

波浪传至浅水或近岸区域后，受地形的影响而发生变形效应的波浪称为近岸浪。由于水深变浅和地形的影响，波高增大，波长变短，波浪变形，造成波倒卷或破碎。

世界各大洋上终年或整个季节多狂风恶劣的海域主要有北太平洋中高纬度（冬季）、北大西洋中高纬度（冬季）、北印度洋（夏季）和南半球的咆哮西风带（全年），其中包括处于重要航道上的比斯开湾和好望角等处，它们都是由各自特定的地理条件和其他自然因素所决定的。

我国近海的浪主要受季风制约，冬季，长江口以北海域盛行偏北季风，渤海和黄海多为西北浪和北向浪，东海和南海盛行东北季风，以东北浪居多，台湾海峡东北浪占优势，夏季，盛行偏南季风，渤海、黄海和东海以东南浪为主，南海以南向浪为主，但风浪较小。

4. 海冰

海冰是高纬度海区航行的巨大威胁。历史上曾经发生过许多冰海沉船的海难事件。1912年英国“泰坦尼克”号就因冰山撞裂船体而沉没，使船上千余人丧生。

海冰按来源可分为海水自身结冰和陆源冰两种。按运动状态可分为岸冰和流冰（浮冰和冰山）。

岸冰与海岸、岛屿或海底冻结在一起，多分布于沿岸或岛屿附近，其宽度可从海岸向外延伸数米至数百千米。

流冰自由漂浮于海面，随风、浪和海流而漂移。冰山属陆源冰，通常水上露出部分的体积只占总体积的1/8。影响浮冰和冰山漂移的主要因素是风和海流。在无风海域，浮冰和冰山随海流漂移，漂移速度和方向与海流矢量一致。在无流海域，浮冰和冰山随风漂移，在北半球，漂移方向偏于风去向之右28°；南半球，偏于风去向之左28°，漂移速度是风速的1/50。

世界海洋冰况大致如下：

（1）北大西洋

北大西洋的浮冰和冰山，在格陵兰岛东南海域和纽芬兰东南海域最多，流冰界限可达40°N。北大西洋的冰山活动仅限于大洋西部。

北大西洋西部冰山最盛期是4～6月。浮冰自11月下旬开始至次年3月通过拉布拉多海向南漂移，覆盖了纽芬兰岛以南海面的50%以上。

（2）北太平洋

太平洋西部，冰区南界在58°N附近，仅限于在阿拉斯加湾内活动。

日本海的浮冰主要来自鄂霍次克海，流冰于1月上旬自库页岛南下，中旬到达北海道沿岸，以后势力增强，2月末至3月达最盛期，3月下旬开始衰退，4月末完全消失。

我国黄海和渤海冰情，一般自11月中、下旬至12月上、中旬，自北向南逐渐结冰，且冰情不严重。

(3)南大洋

南极大陆是世界上最大的冰山源地,在55°S以南到处都能遇到,其北界可达45°S~40°S或更低的纬度,最盛期在8~9月。

四、天气观测与天气预报

1. 天气观测

目前,全世界各国的地面气象观测站和探空站以及参加海洋气象观测的船舶,形成了一个比较完整的全球大气和海洋监测网。各国在同一时刻使用同一种方法进行气象观测,并进行交流。世界气象组织规定格林平时0000,0600,1200和1800为天气观测时间。

船舶水文气象观测和发报,简称船舶测报,是组织海上部分运输船舶和渔船对海洋水文气象要素进行观测、记录并编发电报,以弥补目前海上测站稀疏、资料不足的状况。观测项目包括云、海面能见度、天气现象、风、汽压、干球温度、湿球温度、表层海水温度和水样采集、海浪、海发光等。每天按世界时0000,0600,1200,1800时进行四次观测,每次观测从正点前30 min开始至正点结束,但气压观测应在接近正点时进行。

2. 天气预报

天气预报分为天气形势预报和气象要素预报两部分。所谓天气形势预报,就是对天气系统如高气压、低气压、高压脊、低压槽、锋面等未来的移动、强度变化以及它们的生成和消失预报;而气象要素预报是指对气温、风、能见度、云、雨、雪、雾等以及其他天气现象的预报。平常所说的天气预报,是指与人类生活有直接关系的气象要素的预报。然而,气象要素的变化是和整个天气形势的变化分不开的,所以要想做好天气预报,首先就要对未来天气形势的变化作出正确的分析判断,然后才有可能对天气作出正确的预报。因此,天气形势预报是天气预报的基础。

(1)主观预报

一般,较大的气象台,每天要分析四次地面天气图和两次高空天气图。预报人员根据前后连贯的几张天气图,识别出各种天气系统,追溯它们是怎样发生、发展和移动的,再利用外推法、物理分析法、引导气流法、相似形势法、相关统计法等经验预报规则,并参照其他资料,如气候背景资料、单站记录、雷达和卫星资料等进行综合分析,最后作出天气系统未来移动和发展的预报。

这种预报方法的准确性与预报人员的经验有很大关系,因此,称为主观预报。

(2)数值天气预报

简称数值预报,又称为流体力学方法天气预报。它是利用大型高速电子计算机,在一定的边界条件和初始条件下,求解描述大气运动规律的闭合微分方程组来预报未来天气形势和天气变化的一种方法。

1922年,英国科学家理查逊提出数值预报。当时,理查逊估算:24 h预报需64 000人同时工作1天。

目前,世界上有30多个国家建立了数值预报业务,包括中国北京气象中心。机器预报的精度超过纯人工预报10%~20%;而机器预报经人工修正后又可比机器预报的精度提高约10%。目前一些短期预报大多先由机器做出,再经人工修改后发出。

(3)预报时限

一般来说,短期预报的时限为1~3天;中期预报的时限为3~10天;长期预报的时限为

10天以上(月、季、年等)的预报。

目前,逐日天气变化的可预报上限为2~3周,月以上的逐日预报是不可能的,因此,长期预报实质是气候预报。

3. 船舶气象信息的获取和应用

尽管气象台站通过对各种资料的收集和分析,用各种设备和方法去分析和认识天气,特别是在海洋上气象台站较少,提供的资料不够完善和不够及时,气象预报的准确性就更差些,因此,广大的海员在航行中,都将结合自己的经验和船上的气象仪器所测的观测数据,应用各气象台站的各种预报资料和各种航海资料中所查阅的气候资料进行分析和预报,以弥补海洋上气象预报的不足。

船舶在海上航行对天气的预测,主要是根据:

(1)船舶所航经地区的各种气象要素的实际观测数据;

(2)利用NAVTEX接收机或INMARSAT-C站接收航区临近台站发布的天气报告或恶劣天气警报;

(3)利用船载气象传真机接收航区临近国家气象传真台发布的各种气象传真图,如地面传真天气图、高空传真天气图、波浪传真图、热带流线图、热带气旋预(警)报图、传真卫星云图、海流传真图、海冰传真图、海温传真图等;

(4)根据有关航海资料的记录和分析资料,如《世界大洋航路》、《航路指南》等所提供的有关气象方面的资料。

4. 船舶气象导航

船舶气象定线是根据大洋气候资料、准确的长期、中期、短期天气和海况预报,结合船舶性能和装载特点,为船舶选择最佳航线,并在航行中利用不断更新的天气和海况预报修正航线,指导航行,以达到在最短的时间内和损失最小的情况下完成航行的目的。

气象导航所推荐的航线称为气象航线,又称为最佳航线。它充分考虑了航线上未来的各种天气过程,使船舶可以及时避开危险航行区域和充分利用有利的天气海况条件。航路设计图和《世界大洋航路》等航海图书资料中所推荐的航线,是根据长期的天气和海况资料分析得出的平均特征即气候资料,结合航海经验,总结分析出与各大洋的季节特征相适应的航线,称为气候航线。航行在气候航线上的船舶遇到的实际天气和海况有时与平均状况有很大差别,这时沿气候航线航行就达不到预期的效果,甚至会因意外的灾害性天气造成船、货损以及费时等损失;有时候,按气候资料认为是不适宜航行的海域,在某些时候却会出现利于航行的好天气。

气象航线对天气和海况预报时效有较高要求,但目前国际上天气海况的中、短期预报较准确,长期预报的准确率还无法满足10天以上跨洋航线的要求。因此,现阶段气象航线还不能完全取代气候航线,在很多情况下是将两者结合使用,并且岸导机构在选择气象航线时,常以气候航线作为参考的基础航线,从而避免定线的盲目性,并能大大减少工作量或计算机的计算量。

气象导航可分为岸上气象导航(简称岸导)、船舶自行气象导航(简称自导)和船岸结合导航。

岸导是由岸上成立的专门船舶气象导航机构,为船舶提供优选航线和跟踪导航服务。自导是船长根据所能得到的气象和海洋资料,结合本船性能和装载情况,经综合分析自行选择最佳路线。船岸结合导航是岸导机构为船长提供初始推荐航线和中期天气、海况预报,最后由船长选定航线;或是岸导机构为船长提供第一阶段航线(从进入公海开始至 48 h 的这段航线),并在航行中不断提供气象、海洋方面的预报资料,以后的航线设计由船长完成。

目前,岸导已具有比较成熟的导航技术和工作系统,是实施气象导航的最主要方式。自导和船岸结合的导航未得到广泛的应用。

第四章　船舶航行

第一节　航行计划

航行计划是指船舶在接受航次命令后，拟定的从一个港口航行到另一港口的过程中，有关航行安全保证的具体措施与对策。

船舶应在接到航次命令后，结合实际，充分考虑本船的技术状态、货物情况、物料和燃油、淡水数量以及航区的水文气象资料等因素，综合利用航海技术知识，拟定好本航次的航行计划。

一、航行计划的内容

航行计划至少应包括从泊位到泊位的全部航程（包括引航员的登船位置）、预计航行的总时间、预计航线上的气象情况和海况、各转向点的经纬度、各段航线的航程和预计到达各转向点的时间、复杂航段的航法以及对航线附近的危险物的避险手段、特殊航段的注意事项等，具体如下：

1. 航海图书资料的准备与改正

应根据最新版的《海图及其他水道图书总目录》查取有关的航海图书资料，主要有航用海图，包括总图（大洋图）、航行图及港湾图等；参考图，包括航路设计图、大圆海图、空白定位图、洋流图及气候图等；航海图书出版物，包括《世界大洋航路》、《航路指南》、《灯标和雾号表》、《进港指南》、《无线电信号表》、《里程表》及《潮汐表》等。按照航海通告和航海警告提供的改正资料，将以上全部图书资料认真改正到使用之日。

2. 人员、淡水、燃油等的配备、装卸货计划的完成、各种助航仪器的准备和检修

船长对本船船员的适航状况要特别关心，对确定出航人员的素质和水平要做到心中有数。淡水、燃油的储备量应根据航线的长短提前添加。装卸货完成的情况直接影响到开航时间，应根据航次命令适时调整装卸货计划。

助航仪器的完备状态，是执行航行计划的必要保证条件之一。要根据平时的工作记录，进行必要的检修。必要时，还应测定磁罗经自差，编制新的自差表。

3. 研究有关航海图书资料，了解航区的详细情况

（1）查阅有关港口的航路指南、进港指南、港口介绍、港图、港章等，了解本航次所经港口的详细资料。

（2）查阅有关气候图、洋流图、航路设计图、气象预报、潮汐表和潮流图表等，了解航区航行季节的水文气象条件、可能遇到的灾害性天气及可以利用的风流条件等。

（3）查阅灯标和雾号表、无线电信号表和海图等，了解航区助航设备的条件、制度和必要的图表等。

（4）查阅海图、航路指南和地方性规则等，了解近岸航区的危险区域、禁区、渔区、船舶交汇点、分道通航制、协定航线、海上交通安全法规、内河避碰规则等。

4. 确定航线

根据查阅的海区信息和本船或他船的具体航行经验,结合本船的船型、吃水、性能、定位条件、船员素质和航线的气象条件等因素,在保证安全和经济的前提下,反复推敲,确定并预画航线,尤其要注意气象预报的风向、风速、波向、浪高、水流、大雨和暴风对预画航线的影响。

超过 1 500 n mile 的长航线,应确定是否采用大圆航线、气象定线等。在某些航区的短航段,出于避风等考虑,还要决定是否采用气象定线或避风、避逆流等措施。

5. 开航时间、航行时间及通过重要航段或物标的时机的确定

根据航次命令和出发港的潮汐情况,确定准确的开航时间。综合各种因素,根据航线的概略航程和推算的实际航速,预算各段航线的航行时间、通过重要航区或转向点的时间,并考虑距离危险物的远近、能否利用航标和陆标定位、来往船只的多少、潮流是否复杂、水深是否足够和能见度的好坏等。航行中应进行世界时和区时的换算,执行区时制。应事先在《无线电信号表》等资料中查明所属国政府规定的标准时、法定时或夏令时等。

6. 重要水域或狭水道的航法研究

航法研究是航行计划的重要环节,应根据《世界大洋航路》、《航路指南》、《航海员手册》等资料和航用海图,确定重要水域或狭水道的具体航行方法(如导航与避险方法)。

7. 航行中可能遭遇的海况和恶劣天气

根据航路设计图、气候图、洋流图、气象预报和气象传真图等了解航行将遭遇到的海况和恶劣天气,制定航行措施(如改变计划航线和选择避风锚地等),做到心中有数,万无一失。

8. 抵达港口概况、通信、引航及航道特征等

抵达港口的信息对船舶安全顺利进港至关重要,应根据《进港指南》、《无线电信号表》和海图等了解港口有关信息,做到悉心准备,采取各种应对措施。

二、拟定航行计划的步骤

拟定航行计划的工作步骤包括:

1. 研究资料

在接到航次命令后,船长应督促二副仔细研究各种有关的航海图书资料,了解气象情况,选定航线。在总图上粗略画出航线和量出大致的航程。

二副应收集所有必要的资料,以便对航行计划进行全面的估计。在收集信息之后,可能又会收到更新的信息,例如航海通告和气象报告等,应及时将这些信息补充到计划中去。另外,还应根据永久性或临时性通告对海图进行改正。对航行计划进行初步拟定,需要下列资料信息:

潮流(流速和流向)、潮汐(潮时、潮高);航次各阶段的船舶吃水;航路指南中的推荐和建议;航行标志(预订在雷达上或视觉可见到的目标);分道通航制和其他通航制度;无线电导航仪器的覆盖范围;影响航行水域的航海通告;影响航行水域的气候和气象信息;船舶的操纵性能等。

当所有信息收集完时,船长应对航行计划的情况做出全面估计,并与驾驶员进行商讨,以有利于船舶的安全航行。

2. 估算时间

根据概略的航程和航速,估算所需航行时间,初步确定进出港及通过重要航区和物标的时间。

3. 预画航线

在上述工作基础上，全面权衡，最后确定航线，并在航用海图上准确画出全程航线，求出准确航程和航行时间。

4. 考虑航行时间、航速与燃料装载量的关系

确定燃料装载量应考虑以下几个因素：航程、航速以及影响航速的水文气象等因素；本船的航海性能，如吃水差和船壳附生物的阻力等因素；主机之外的其他燃料及轮机长的意见；过去使用燃料的记录；航行的途中有否燃料补给港口等。

无论在哪个航区航行，燃料总储备量的富余量不得少于船舶两天的耗油量。

5. 做好相关记录备查

航行计划须经船长审核、批准后正式确认。但在航行中并不是一成不变的，还可根据当时的实际情况加以修改和补充。为了使航行计划能连续地监控船舶整个航次的营运，该计划应在形成后和实施中有确切的文字记录，以作为港口 PSC 检查的证据之一。

总之，拟定航行计划的过程，就是船舶出航前的航海准备过程，必须认真、周密、仔细地对待。

在拟定航行计划时，船长应根据航次任务及时通知各部门有关负责人做好各项开航准备工作；大副、轮机长应在与船长协商后，预先确定并落实本航次所需的各种燃润料、淡水以及备品的数量；船长应检查各种船舶证书和船员证件是否齐全、有无逾期，检查运输单证及港口文件是否齐全，保证船舶处于适航状态。

开航前，船长和驾驶员应在研究有关资料后事先做好航行计划，将计划航线清楚地标绘在有关海图上。

开航后，根据实际情况及时修改航行计划。如果在航行中决定改变停靠港，或者因其他原因船舶需要大幅度偏离计划航线，船长应及早计划好修正航线，并在海图上重新标示。

航线设计是航行计划的重要组成部分，是航行计划的具体实现。航线设计的原则是安全和经济。安全和经济是统一的，目的是提高经济效益。不安全的经济航线绝对不可取，而不经济的安全航线也是得不偿失的，在安全的前提下达到经济，经济必须安全。

第二节　航行值班

船舶航行值班是保证船舶安全的核心部分。为加强海船船员值班管理，防止船员疲劳操作，保障海上人命与财产安全，保护海洋环境，《中华人民共和国海船船员值班规则》对船舶航行值班做了明确的规定。

一、值班安排

在确定包括合格的甲板部普通船员在内的驾驶台值班人员构成时，特别应考虑下列因素：

1. 在任何时候，驾驶台不得无人值守。

2. 天气情况、能见度、日间或夜间。

3. 临近航行上的危险时，可能需要值班驾驶员执行额外的航行职责。

4. 助航仪器，如雷达或无线电定位仪以及其他船舶安全航行的设备的使用和操作状态。

5. 船上是否装有自动操舵装置。

6. 驾驶台是否配置认可的 GMDSS 无线电通信设备。

7. 装备在驾驶台上的无人机舱控钮、警报和指示器的使用程序及限制。

8. 由于特殊的操作环境可能导致对航行值班的特别要求。

二、值班交接

接班高级船员应按照本船安全管理体系文件规定的时间提前到达驾驶台。

负责航行值班的高级船员，如果有理由相信来接班的高级船员不能有效地履行其职责，不应向其交班，并应立即通知船长。

接班的高级船员应确保本班人员能履行他们的职责，特别是关于他们的夜视力的适应调节。接班的高级船员在其视力未完全调节到适应光线条件以前，不应接班。

负责航行值班的高级船员交班时如果正在进行船舶操纵或其他避免危险的行动，则接班的高级船员应等到这种操作完成之后再接班。

接班的高级船员在接班前，应彻底搞清本船的推算船位或实测船位，并核实本船的预定航线、航向和航速以及无人机舱控制装置，还应注意在他们值班期间预计可能遇到的任何航行危险。

一般情况下，交、接班的高级船员应交接清楚的情况包括：船长对船舶航行有关的常规命令和其他特别指示；船位、航向、航速和船舶吃水；当时和预报的潮汐、潮流、气象和能见度以及这些因素对航向和航速的影响；在驾驶台控制主机时的主机操作程序和使用方法以及航行环境等。

三、驾驶台航行值班

负责航行的值班驾驶员是船长的代表，无论何时，其首要职责是负责船舶的安全航行，必须时刻遵照《1972 年国际海上避碰规则》和安全航行规章进行操纵和避让。

1. 在驾驶台保持值班，保持正规瞭望，不得从事或被分派给会影响瞭望的其他任务，更不得随意离开驾驶台。

2. 除非船长已明确说明由其负责，否则，即使船长在驾驶台，值班驾驶员也应对船舶的安全航行负责。

3. 对为了航行安全而采取某种行动发生疑问时，应及时通知船长。

4. 值班驾驶员应完全熟悉所装备的电子助航仪器的使用方法，包括其性能及局限性。

5. 在下列情况下，负责航行值班的高级船员应立即通知船长。船长接到报告后，应尽快上驾驶台，必要时由船长直接指挥。

(1) 遇到或预料到能见度不良时。

(2) 对通航状况或他船的动态发生疑虑时。

(3) 对保持航向感到困难时。

(4) 到预定时间未能看到陆地，航标或测不到水深时。

(5) 意外地看到陆地、航标或水深突然发生变化时。

(6) 主机、推进装置遥控器、舵机或者任何主要的航行设备、警报或指示仪发生故障时。

(7) 无线电设备发生故障时。

(8) 在恶劣天气中，怀疑可能有天气危害时。

(9) 船舶遇到危及航行的任何情况，诸如冰或漂流船时。

(10) 发现遇难人员或船只以及他船求救时。

(11) 对船长指定的位置或时间以及其他紧急情况感到疑虑时。

尽管在上述情况下要求立即通知船长，但当情况需要时，负责航行值班的高级船员为了船舶的安全，应毫不犹豫地采取果断行动。

四、不同环境下的值班

1. 能见度不良

当遇到或预料能见度不良时，值班驾驶员的首要职责是遵照《1972 年国际海上避碰规则》的相应条款，采取鸣放雾号、以安全航速行驶，并使主机处于立即可操纵的准备状态等措施。此外，值班驾驶员还应该：

(1)通知船长。

(2)布置瞭望人员和舵工手动操舵。

(3)显示航行灯。

(4)开启和使用雷达。

(5)如可能，在能见度变坏前抢测陆标或天测船位。

2. 夜间航行

(1)在夜间航行，船长和值班驾驶员安排瞭望时应充分考虑到驾驶台设备和可供使用的助航仪器的局限性，当时航区的环境和情况以及所实施的程序和安全措施。

(2)船长应将航行指示和注意事项或者其他重要布置明确记入船长夜航命令簿，值班驾驶员应遵照执行。

3. 沿岸和拥挤水域的航行

在沿岸和拥挤水域航行时，应使用船上适合于该地区并依照最近期资料改正过的最大比例尺的海图。在确认没有碰撞危险的情况下，应勤测船位，环境许可时还应使用多种方法定位。值班驾驶员应确切地辨认沿岸陆标及所有有关的航行标志。

4. 引航员在船时的航行

船舶由引航员引航时并不解除船长管理和驾驶船舶的责任。船长和引航员应交换有关航行方法、当地情况和船舶性能等情况。船长和值班驾驶员应与引航员紧密合作，并保持对船位和船舶动态随时进行核对。船长对引航员的错误操作应及时指出，必要时即行纠正。

船长在非危险航段暂离驾驶台时应告知引航员，并指定驾驶员负责。如值班驾驶员对引航员的行动或意图有所怀疑，应要求引航员予以澄清，如仍有怀疑，应立即报告船长，并可在船长未到达之前采取必要的行动。

第三节　船舶通信

船舶通信主要解决船与岸、船与船之间的联系问题。船舶通信顺利与否，不仅与船舶完成正常运输任务有关，而且与船舶航行安全有着密切的关系。日常船舶通信的方式有灯光通信、旗号通信和无线电通信。随着无线电技术的迅速发展，海上无线电通信也取得不断的进步，已成为船舶通信的主要方式。

一、灯光通信

灯光通信用各种闪光灯作为通信工具，利用莫尔斯(Morse)符号组成字母、数字和程序信号等，按照规定的程序，使用闪光灯于夜间或白天在一定的视距范围内进行通信。

1. 通信闪光灯

通信闪光灯可按其用途、安装形式与能见距离等分为：

(1)桅顶式

固定安装在桅顶，用电键拍发，只运用于夜间，能见距离大于 5 n mile。

(2)手提式

置于驾驶室内的专用小箱内，形似手枪，利用扳机控制反光镜进行拍发，适用于白天和夜间，能见距离大于 2 n mile。

(3)旋转座架式

安装在驾驶台两侧或罗经甲板上，能水平旋转 360°，并上下俯仰各 15°以上，具有反光镜，利用遮板的开闭来拍发，适用白天和夜间，能见距离大于 10 n mile。

2. 莫尔斯符号

莫尔斯符号是由点和画组成的。点和画的比例分配是：点为 1 个单位；画为 3 个单位。灯光通信的莫尔斯符号如表 4-3-1 所示。

表 4-3-1

字母	符号	字母	符号	字母	符号	字母	符号
A	· —	K	— · —	U	· · —	1	· — — — —
B	— · · ·	L	· — · ·	V	· · · —	2	· · — — —
C	— · — ·	M	— —	W	· — —	3	· · · — —
D	— · ·	N	— ·	X	— · · —	4	· · · · —
E	·	O	— — —	Y	— · — —	5	· · · · ·
F	· · — ·	P	· — — ·	Z	— — · ·	6	— · · · ·
G	— — ·	Q	— — · —			7	— — · · ·
H	· · · ·	R	· — ·			8	— — — · ·
I	· ·	S	· · ·			9	— — — — ·
J	· — — —	T	—			0	— — — — —

二、旗号通信

旗号通信是能见度良好时，在视距范围内进行通信的一种方法。它用国际信号旗作为主要通信工具。通信时将国际信号旗悬挂在桅杆或其他部位，来表示一定的通信内容。

1. 国际信号旗

国际信号旗是由 26 面字母旗、10 面数字旗、3 面代旗和 1 面回答旗组成，每套共有 40 面。国际信号旗是用红、黄、蓝、白、黑五种颜色的旗布或旗纱等制成的，上、下两端配有适当长度的旗绳和系绳装置。

在旗号通信中，40 面国际信号旗都有不同的用法，可以单独使用，也可以联合组成各种信号，用来表示各种信号的特定意义。

2. 船舶挂旗常识

(1)船舶挂旗类别

①国旗：表示船舶的国籍，应悬挂在船尾旗杆或后桅斜杆上。

②公司旗：表示该船所属公司或局的专用旗号，一般悬挂在船首旗杆、前桅顶或后桅顶上。

③到达港的国旗：一般悬挂在前桅杆或后桅杆的各部位均可。

④国际信号旗：通信用旗，挂在前桅的各个部位。

(2)船舶挂旗时间

①当船舶在航行、进出港等要求必须悬挂国旗的情况下,要求日出时升起,日没时降下。当船舶航行在两极时,冬天应在能看见的情况下升降国旗。

②船舶开航期间,开航前挂出字母旗“P”,表示“本船将要开航,所有人员应立即回船”。如需要引航员,应挂字母旗“G”;引航员登船后,应降下字母旗“G”,挂出字母旗“H”,表示“本船上有引航员”,并将本船的“船舶呼号”旗挂出。当船舶离开码头或锚起时,应降下字母旗“P”。船出港后,可降下“船舶呼号”旗。当引航员离船后,降下字母旗“H”。当船舶进入公海后,降下所有旗号。

③进港期间,船舶在驶入引航水域之前,应升起本国国旗和到达港国家的国旗,并挂出“船舶呼号”以及公司旗。当引航员上船后,应挂出字母旗“H”。当带上第一根缆绳或抛下地一只锚时,降下“船舶呼号”旗;当引航员离船后,应降下字母旗“H”。检疫前,应挂字母旗“Q”,表示“本船没有染疫,请发给进口检疫证”。检疫完毕,领到进口检疫证后,应降下字母旗“Q”。

④停泊期间,应升降本国国旗、公司旗以及停泊港国家的国旗。装卸危险品时,应悬挂字母旗“B”。

3. 船舶挂满旗

凡遇到国内法定节日或国外停泊港国家的节日(根据上级指示),停泊中的船舶应挂满旗,表示庆祝。挂旗方法是将国际信号旗按两面字母旗一面数字旗(或代旗、回答旗)的顺序连接起来,从船首旗杆经过桅顶直至船尾旗杆,并在桅顶上悬挂国旗。

4. 国旗致敬

船舶在航行时,如遇有本国领导人或外国元首在他船时或遇到友好国家的船舶或军舰时,应用国旗互相敬礼。在敬礼时,敬礼船先将国旗降下约一半的高度,回礼船也将国旗降下约一半的高度,然后两船将国旗升到原来的位置。

5. 国旗致哀

如遇重大丧事,应遵照国务院指示,将国旗升到顶后,再降至半旗位置,称之下半旗致哀。在国外港口,为其他国家下半旗,应根据我驻外使、领馆的指示,将该国国旗降至主桅的2/3处。

三、无线电通信

无线电通信是使用无线电波的电信,是一种较为先进的通信方法,无论在远距离或近距离的情况下,都能及时、迅速、准确地传递信息。目前船舶配备的无线电通信设备应满足GMDSS的要求。

GMDSS是一个服从于《1979年国际海上搜寻与救助公约》的全球性通信网络。其目的是最大限度地保障海上人命与财产的安全。该系统能做到,对于海上遇险事件的发生,岸上的搜救机构和遇险船附近的其他船舶能够立即收到遇险船舶的报警,以最短的时间进行协调救助。系统还提供有助于海上航行安全的信息,包括航行警告、气象预报和其他海上紧急信息。船舶可利用该系统的通信设备,在任何水域可靠地完成正常的业务通信。也就是说,该系统能满足遇险船舶的可靠报警;对遇险船舶可进行识别、定位;满足救助单位之间的协调通信、救助现场的通信;提供可靠的及时的预防措施及满足船舶日常通信等各项要求。

1. 无线电通信设备简介

根据全球海上遇险与安全系统(GMDSS)的要求,船舶无线电设备的配备是根据船舶航行的海区来确定的。无线电通信按照习惯的分类方式一般分为地面通信系统和卫星通信系统。

(1)地面通信系统

地面通信系统主要包括组合电台和甚高频(VHF)设备。

组合电台由中/高频(MF/HF)收发信机和其终端设备(包括无线电电传终端、数字选择性呼叫(DSC)终端以及无线电话等部分)组成。

甚高频(VHF)设备由甚高频收发信机和其终端设备,包括数字选择性呼叫(DSC)终端以及无线电话组成。

中/高频(MF/HF)和甚高频(VHF) 数字选择性呼叫(DSC)遇险安全频率值守机能够分别独立地在 MF/HF 和 VHF 波段的 DSC 遇险与安全呼叫频率上值守,是地面通信系统的重要设备。

中/高频(MF/HF)组合电台设备和甚高频(VHF)设备及终端是船舶进行遇险报警、遇险通信(包括遇险协调通信和遇险现场通信)、紧急通信、安全通信以及日常通信的重要设备。

(2)卫星通信系统

国际移动卫星通信组织(INMARSAT)分为多个系统,为水上通信提供了包括遇险通信在内的多种通信方式。由于卫星通信提供业务的种类多、质量高,因此在水上通信中得到广泛的应用。

①INMARSAT-A 系统

1982 年投入商业使用,提供船至船和岸至船的电话、电传、传真、电子邮件和高速数据通信业务。但该系统话音信道采用模拟通信方式,电传信道采用数字通信方式。该系统体积较大,已于 2003 年起不再提供服务。

②INMARSAT-C 系统

1990 年投入使用,是 INMARSAT-A 系统的补充。除具有电传和遇险通信、数据报告等功能外,还具有接收增强群呼(EGC)系统信息的功能。该系统终端体积小,重量轻,船站采用全向天线,小巧轻便,且通信费用便宜(同 A 站比)。

③INMARSAT-M 通信系统

1992 年投入使用,遇险通信、双工电话、传真等业务,但不提供电传业务。该系统具有终端体积小、重量轻及设备和通信费用低等优点。INMARSAT-M 虽然提供遇险功能,但是目前尚不满足 GMDSS 的要求。

④INMARSAT-B 系统

1993 年投入使用,用于取代 INMARSAT-A 系统。它是全数字化通信系统,主要能提供双向直拨数字电话、双向电传、话音频带传真(数据)、高速数据(56/64 kbit)、电子邮件(E-mail)等业务。在同样的带宽内,INMARSAT-B的通信容量是 INMARSAT-A 的 2.5 倍。另外,INMARSAT-B 和 INMARSAT-M 是姐妹系统,有许多共同之处,但 M 系统的性能标准略低于 B 系统的性能指标。

⑤INMARSAT-F 系统

使用增强型新一代信令系统,确保兼容 INMARSAT 第四代卫星以及新型呼叫优先级划分计划,改善遇险呼叫处理功能,实现更高的通信安全性和效率。INMARSAT-F系列(包括

F77、F55、F33)是2002年以后INMARSAT贡献给海事领域的新产品,其后面的数字代表天线直径的尺寸,如77表示天线直径约为77 cm。F77终端是移动多媒体在海事领域的延伸,功能十分强大,它设置了四个通信级别,按通信级别由高到低依次为遇险、紧急、安全和日常通信。高级别通信可以中断低级别的通信,从而保障了遇险通信优先的要求。

⑥INMARSAT-E系统

即L波段的紧急无线电示位标(EPIRB),当船舶遇难时能手动或自动发出遇险报警信号。

2. 无线电通信的主要形式

相应的无线电通信设备提供相应的无线电通信形式。在地面无线电通信系统中,通信的主要形式是:数字选择性呼叫(DSC)、无线电传(窄带直接印字电报)(NBDP)、无线电话(RT)。在卫星通信系统中,通信的主要形式是:无线电传(Telex)、电话(Telephone)、传真(FAX)以及数据(DATA)传输等。

对于船舶业务通信来说,无线电通信可概括为无线电话通信和无线电报通信。

(1)无线电话通信

无线电话通信是海上广泛采用的一种通信方式。不论船舶航行在什么海区都能使用船舶无线电话设备实现船与船、船与岸或者船舶电台经海岸电台与陆上电话网络中用户的通信。

目前,海上无线电话工作在MF、HF和VHF波段,并指配了无线电话工作信道,其频率范围为MF(中频)1 605~4 000 kHz,HF(高频)4~27.5 MHz,VHF(甚高频)156~174 MHz。

对于船舶业务通信来说,船上最常用的是甚高频无线电话(VHF)通信。它属于近距离的通信工具,通信距离为30~60 n mile。全频道甚高频无线电话机有57个频道,其中单工频道(收发同频)为06、08-17、67-74和77,其余为双工频道(收发不同频)。船船无线电话通信要使用VHF单工频道。船岸无线电话通信即可使用VHF单工频道,也可使用VHF双工频道。

16频道不仅作为国际无线电话遇险与安全通信频道,而且也是无线电话呼叫频道。按照国际要求,海上航行船舶应保持在VHF CH16上24 h值守。船舶可在此信道上互相呼叫,并约定一个VHF工作信道,然后两船转到约定的工作信道上进行通信。

此外,70频道用于船舶遇险的数字选择性呼叫(DSC);06频道用于船舶/航空器间协调搜救行动的通信;13频道用于船舶间有关航行安全的通信。

(2)无线电报通信

无线电报通信是利用无线电波传递信息的一种远距离通信方式。早期,无线电报通信是利用莫尔斯符号组成字母、数字和各种符号,通过无线电收发报机进行通信。自GMDSS实施以来,这种通信方式已被淘汰。目前,海上无线电报通信主要是利用NBDP、E-mail以及无线上网等方式来实现。

根据无线电报内容不同,一般可分为:

开航报——船舶离港后向船东和目的港代理发出的有关船舶离港时间、吃水及货载情况的电报。

船位报——船舶按照船东规定的时间按时发出船位的经纬度、航向及水文气象情况的电报。

抵港预报——船舶在抵达目的港之前几天,向该港代理发出的预计到港时间,抵港船舶吃水,拟卸货物的种类和吨数,超大超长货物的说明及要求等的电报。

抵港确报——船舶抵达目的港前 24 h 发出，内容是抵达引航站的准确时间，补给燃油和淡水的吨数等的电报。

遇险求救报——船舶遇险时需要岸上或附近船舶前来营救而发出的电报。

总之，自 GMDSS 全面实施以来，海上通信得到了快速发展，新的通信方式和技术不断出现，以卫星通信为代表的数字通信技术得到广泛的应用，并且出现了视频电话、数据传输、无线上网等新业务，通信费用也不断降低。

第四节　船舶定位

为了保证船舶安全、经济地沿计划航线航行，航海人员应尽一切可能随时确定本船的船位。这样，才可能结合海图、航海通告和航海警告等，了解船舶周围的航行条件，及时采取适当、有效的航行方法和必要的航行措施。

船舶在海上确定船位的方法一般分两类，即航迹推算和船舶定位。航迹推算包括航迹绘算和航迹计算两种方法；船舶定位包括陆标定位、天文定位和电子定位三种。

一、航迹推算

航迹推算是根据船上最基本的航海仪器（罗经和计程仪）所指示的航向和航程，结合海区内的风流要素，不借助外界物标或航标，从某一已知船位起，推算出具有一定精度的航迹和某一时刻的船位的方法。航迹推算是航海上求取船位的最基本的方法，也是陆标定位、无线电定位和天文定位的基础。

航迹推算应在船舶驶离领航水域或港界，定速航行并测得准确的船位后立即开始。在整个航行过程中，应连续进行航迹推算，不得无故中断，直至驶入目的港领航水域或接近港界有物标可供定位时，方可终止。如船舶驶经狭水道或渔区，可暂时中止航迹推算，并在驶出该狭水道或渔区后立即恢复航迹推算工作。航迹推算的起始点、终止点以及中止点和复始点应标示在海图上，并记入航海日志。

航迹推算的方法有两种：一种是航迹绘算法，即海图作业法；另一种是航迹计算法，用查表和计算的方法，求出推算船位或计算从起航点至到达点的航向和航程。

1. 航迹绘算

（1）无风流航迹绘算

所谓无风流影响，是指风流很小，对航向的影响小于 ±1°，可以忽略不计。此时，航迹绘算方法最简单。无风流情况下，计划航向 CA 即船舶要行驶的真航向 TC；反之，船舶航行时的真航向，即为推算航迹向 CG。计程仪航程 s_L 即为推算航程 s_G（船舶相对与海底的实际航程），即

$$\left.\begin{array}{r}\text{计划航迹向 } CA\\ \text{推算航迹向 } CG\end{array}\right\} = TC = \begin{cases} GC + \Delta G \\ CC + \Delta C \end{cases}$$

$$s_G = s_L = (L_2 - L_1) \cdot (1 + \Delta L)$$

如图 4-4-1 所示，从推算起始点绘画计划航迹线或推算航迹线（真航向线），并在其上沿计划航向或真航向，按计程仪航程 s_L 截取一点，该点即为无风流情况下的推算船位（积算船位）。

海图作业时，应该过截点绘画一段垂直于计划航线或推算航迹线的小线段，用以表示该时刻的推算船位。此外，在推算起始点和积算船位附近，用分数形式标明船位对应的时间和计程仪读数；在计划航线（或推算航迹线）上标明计划航向（或推算航迹向）、陀罗航向或罗航向、陀

罗差或罗经差，所标内容应是未经改正的原始数据和相应的仪器误差，且不能覆盖海图上原有的重要资料，必要时可用线条拉出来标在附近空白处，但标注内容应尽可能与纬线平行。

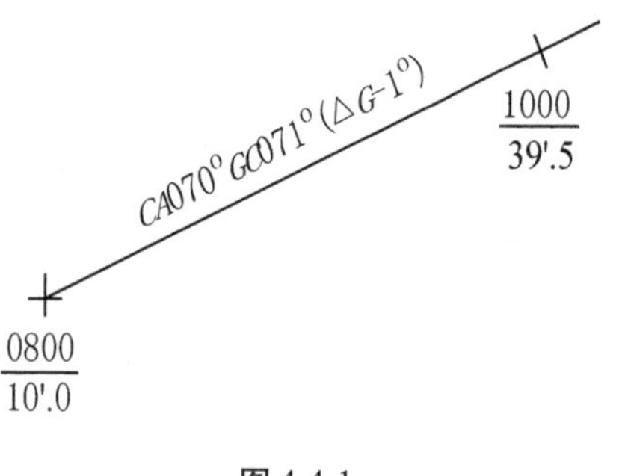

图 4-4-1

（2）有风流航迹绘算

有风流情况下，计划航向 CA 或推算航迹向 CG_γ、真航向 TC 和风流合压差 γ 之间关系

计划航迹向 $CA = TC + \gamma$　船舶偏在航向线右面 γ 为 +

推算航迹向 $GG_\gamma = TC + \gamma$　船舶偏在航向线左面 γ 为 −

有风流情况下的航迹绘算是分别对风和流进行海图作业来实现的。

已知真航向、计程仪航程和风流要素，求推算航迹向和推算船位时，应采用“先风后流”的作图方法，即先考虑风的影响，求取风中航迹线，再在风中航迹线上作水流三角形，求取推算航迹向和推算船位。具体步骤如下（如图 4-4-2 所示）：

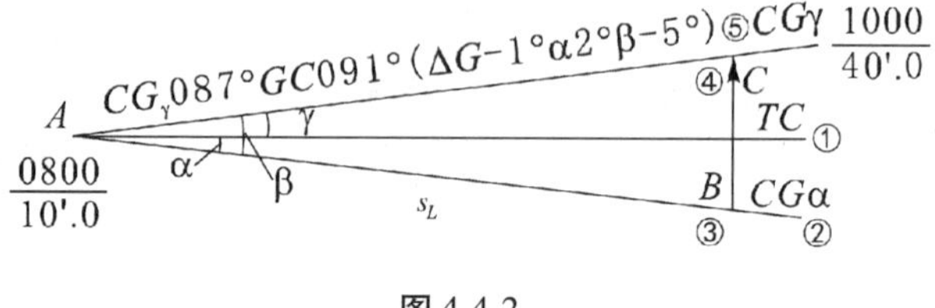

图 4-4-2

① 自起始点 A 绘画真航向线。

② 自 A 点按风中航迹向（真航向加风压差）绘画风中航迹线。

③ 在风中航迹线上截取一点 B，使 $AB = s_L(s_L = (L_2 - L_1) \cdot (1 + \Delta L) = v_L t)$。

④ 自 B 点画水流矢量 BC，BC 长等于流程 s_C，端点 C 即为推算船位。

⑤ 连接推算起点和推算船位，连线 AC 为推算航迹线，其长度为推算航程；量取其方向即为推算航迹向；推算航迹向与风中航迹向之间的夹角为流压差。

⑥ 进行正确的海图标注。

已知计划航向、计程仪航速和风流要素，求船舶应采用的真航向和推算船位时，应采用“先流后风”的作图方法，即先考虑流的影响，绘画水流三角形求取风中航迹向和推算船位，再顶风预配风压差，求取真航向等。具体步骤如下（如图 4-4-3 所示）：

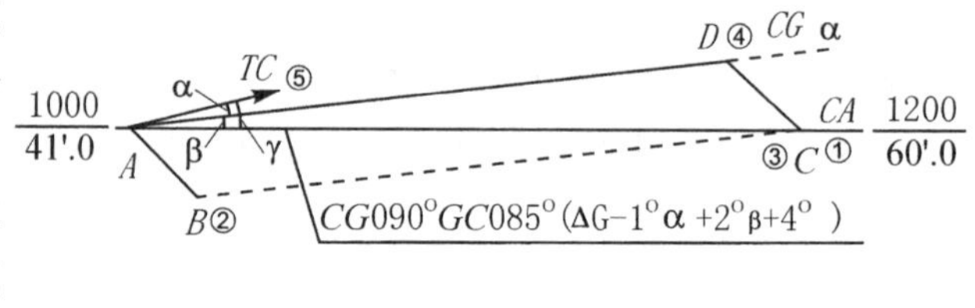

图 4-4-3

① 自起始点 A 绘画计划航线。

② 自 A 点画水流矢量 AB，$AB = s_C$。

③ 以水流矢量终点 B 为圆心，s_L 为半径画圆弧，与计划航线的交点 C 即为推算船位，连线 BC 的方向即为推算航迹向。

④ 绘画水流三角形，水流矢量箭端指向推算船位。

⑤ 自 A 点迎风绘画一小段 2 ~ 4 cm 长的真航向线与风中航迹线夹角为 α。

⑥ 进行正确的海图标注。

2. 航迹计算

航迹计算是根据起始点经纬度、航向和航程，利用数学计算公式，求取到达点经纬度的方法。

设起始点地理坐标为(φ_1,λ_1),如果能求得起始点和到达点之间的纬差 $D\varphi$ 和经差 $D\lambda$,就可由下式求取到达点的地理坐标(φ_2,λ_2):

$$\varphi_2 = \varphi_1 + D\varphi$$
$$\lambda_2 = \lambda_1 + D\lambda$$

因此,航迹计算的核心问题是如何根据已知的航向 C、航程 s,计算两点间的经差和纬差。

纬差

$$D\varphi = s \cdot \cos C$$

求经差有两种算法:

(1) 中分纬度算法

$$D\lambda = Dep \cdot \sec\varphi_n = Dep \cdot \sec\varphi_m(')$$

式中:Dep—— 东西距,即恒向线航程的东西分量,$Dep = s\sin C$;

φ_n—— 中分纬度,即起航点和到达点间等纬圈弧长等于东西距的纬线所在的纬度,在中、低纬海区,且航程不太长(一般小于 600 n mile)时,中分纬度可用平均纬度来代替;

φ_m—— 平均纬度,$\varphi_m = \dfrac{\varphi_1 + \varphi_2}{2}$。

中分纬度算法是在地球圆球体的基础上建立起来的,仅当船舶航行在赤道同一侧的中、低纬海区,航程不太长,且计算精度要求不高时适用。

(2) 墨卡托算法

$$D\lambda = DMP \cdot \tan C(')$$

式中:DMP—— 起航点 A 与到达点 B 之间的纬度渐长率差,可由公式计算或查《航海表》获得。

墨卡托算法是在地球椭圆体基础上建立起来的精确的航迹计算法,它是利用墨卡托投影具有等角及图上恒向线是直线的特点而得出的,适用于船舶跨越赤道等各种航行条件下的航迹计算。

二、陆标定位

航海上,虽然可以用航迹推算的方法求得推算船位,但是,由于不可能准确掌握罗经差、计程仪改正率、风流压差以及操纵要素等,所得的推算船位往往与实际相差较大,因此,在沿岸航行时,一般采用陆标定位。

所谓陆标系指海图上标有准确位置可供目视或雷达观测,用以导航或定位的山头、岛屿、岬角、灯塔、立标及其他显著的固定物标的统称。观测陆标与本船的方位、距离和方位差等相对位置关系进行定位的方法和过程称作陆标定位,沿岸航行时,陆标定位是一种简单、可靠的基本定位方法。下面主要介绍方位定位和移线定位。

1. 方位定位

利用罗经同时观测两个或两个以上陆标的方位来确定船位的方法和过程称为方位定位。方位定位具有观测与作图简单、迅速、直观等优点,是最基本和最常用的陆标定位方法之一。

(1) 两方位定位

① 定位步骤

a. 在推算船位附近选择两适当的物标 M_1 和 M_2,并注意辨认。

b. 用磁罗经或陀螺罗经观测两物标的罗方位 CB_1、CB_2 或陀罗方位 GB_1、GB_2。

c. 按下式求取两物标的真方位

$$TB_1 = GB_1 + \Delta G = CB_1 + \Delta C$$
$$TB_2 = GB_2 + \Delta G = CB_2 + \Delta C$$

d. 如图 4-4-4 所示，在海图上分别自 M_1 和 M_2 反方向（$TB_1 \pm 180°$，$TB_2 \pm 180°$ 的方向）绘画方位位置线，其交点即为观测船位 OP。

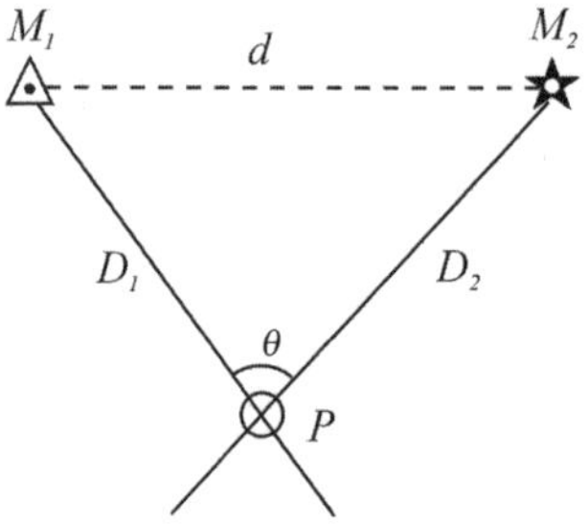

由于观测和作图过程中，不可避免地存在一定的误差，加上事实上并不能真正做到同时观测，因此上述观测船位并非观测时刻的真实船位所在，只能认为是当时的最概率船位。

② 提高两方位观测船位精度的方法

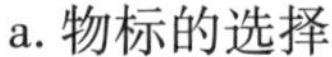

a. 物标的选择

图 4-4-4

为了提高两方位定位观测船位的精度，除了要尽可能减小观测方位的系统误差和随机误差之外，还应注意选择适当的定位物标，即

（a）尽量选择孤立、显著、海图位置准确的、离船近的物标。

（b）如不考虑系统误差的影响，两方位位置线交角 θ 接近 90° 最好；综合考虑系统误差和随机误差的影响，最好选择 $\theta = 60° \sim 90°$ 的物标，一般应满足 $30° < \theta < 150°$，否则船位误差将成倍增加。

b. 观测顺序

实际工作中，一个驾驶员往往是不可能同时用罗经观测两个物标的方位的，而是在短时间内先后观测所选物标方位，并以观测第二个物标的时间作为定位时间，这就必将因船舶的航行而产生船位误差。因此，为了提高定位精度，除了应尽量缩短观测两物标方位的时间间隔外，还应掌握正确的观测顺序，即应先观测首尾线附近，方位变化慢的物标，后观测正横附近，方位变化快的物标。

夜间观测灯标时，应本着先难后易的原则，尽量缩短前后两次观测的时间间隔，即先测闪光灯，后测定光灯；先测灯光周期长的，后测灯光周期短的灯标；先测灯光弱的、后测灯光强的灯标。

（2）三方位定位

两方位陆标定位简单、直观，但一般情况下两条方位位置线总会相交于一点，难以判断观测船位的准确性，如条件允许，应使用三方位定位法，即同时观测三个物标的方位来测定船位。三方位定位时，三条方位位置线通常并不相交于一点，而形成一个三角形，在大比例尺海图上尤为明显。如果有差错，会形成较大的三角形以提醒观测者警觉。另外，通过对误差三角形的正确处理，还可以减小船位误差。

三方位定位中，由合理的、不可避免的误差所引起的三角形，称为船位误差三角形。船位误差三角形主要由这些因素所至：并不能真正做到同时观测三物标方位；观测方位中，存在观测误差；罗经差本身存在误差；作图误差；所测物标的海图位置不准所引起的误差。

①小误差三角形的处理

在大比例尺海图（比例尺大于1:200 000）上，如果船位误差三角形各边长小于5 mm，一般可以认为是由于合理的随机误差所引起的。处理方法如下：

a. 近似直角三角形,其最概率船位位于靠近直角处一点,如图 4-4-5(a)所示。

b. 近似等边三角形,其最概率船位位于三角形中心,如图 4-4-5(b)所示。

c. 近似等腰三角形,其最概率船位位于近短边中心,如图 4-4-5(c)所示。

d. 狭长等腰三角形,其最概率船位位于短边中心,如图 4-4-5(d)所示。

e. 若三角形附近有危险物存在,应将船位取在最接近危险物或对以后航行安全最不利的一点上。如图 4-4-5(e)所示,如果船舶继续向前航行,应将船位取在 a 点;如果定位后改驶 CA',则应将船位取在图中 b 点,以确保船舶航行安全。

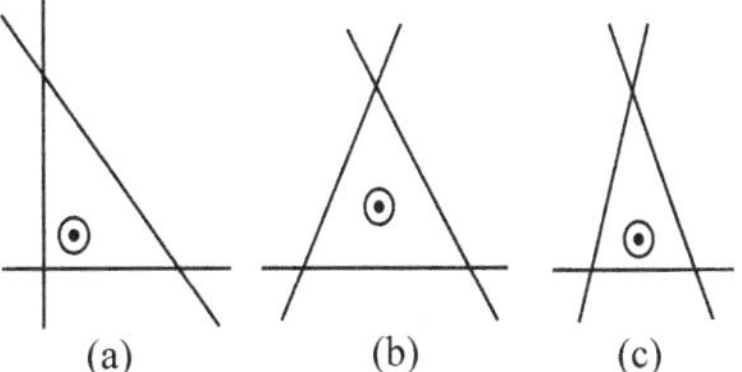

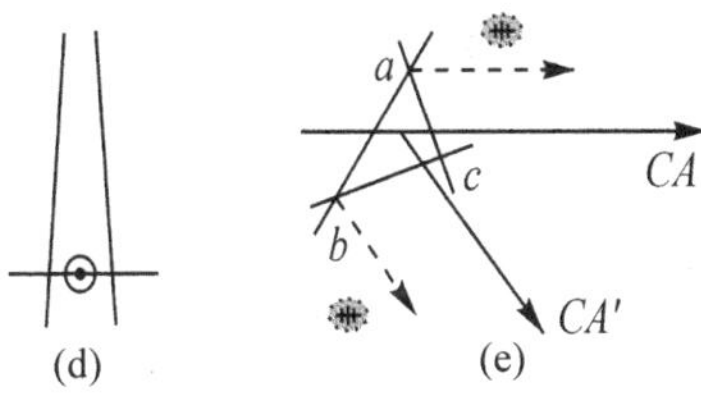

图 4-4-5

②大误差三角形的处理

当三方位定位出现较大的三角形时,应在短时间内进行重复观测,再根据不同情况作出相应的处理:

a. 三角形基本消除或明显缩小

如果重复观测后,原有的三角形基本消除或变成了合理的小误差三角形,可以认为初次观测所得的大三角形是由于测错、认错物标等粗差所造成的,新的小三角形是消除粗差后,由于合理的随机误差所引起的误差三角形,其处理方法与①中所述相同。

b. 三角形的大小和方向无显著变化

如果三角形的大小和方向无显著变化时,可认为观测方位中存在较大的系统误差。可以采用差值法或改变罗经差法进行处理。

(a)差值法

差值法是根据两物标观测值之差等于两物标真值之差的原理来消除三方位定位中的系统误差的。

设观测三物标所得的罗方位分别为 CB_1、CB_2 和 CB_3,则相邻两物标间的水平夹角(方位差),即消除系统误差后的真方位差角 α、β 分别为

$$\alpha = CB_2 - CB_1$$

$$\beta = CB_3 - CB_2$$

用三杆定位仪或透明纸按所求得的 α 和 β 设定夹角,即可在海图上标绘出消除系统误差后的观测船位。

(b)改变罗经差法

依据等方位差角是在物标的外接圆弧上的原理可知,消除系统误差后的船位应位于三物标每两个彼此形成的三个外接圆圆弧交点处(如图 4-4-6 所示)。

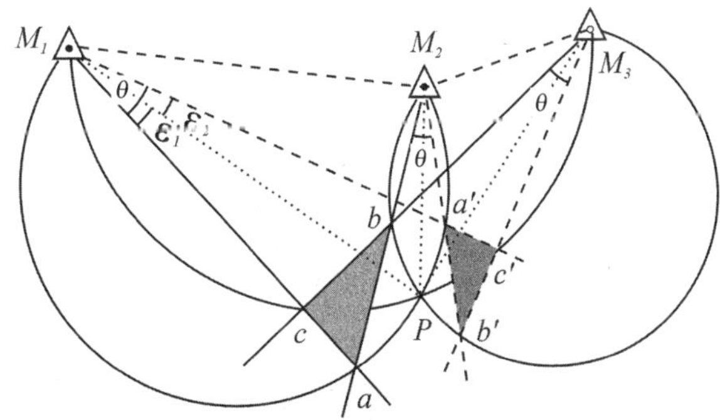

图 4-4-6

若观测方位中系统误差为 ε_1,则得到误差三角形 abc;若系统误差为 ε_2,则将得到的误差三角形为 $a'b'c'$。圆弧 aa'、bb'、cc'的交点即为消除系统误差 ε_1 和 ε_2 后的观测船位。由于误差三角形均处于实际船位附近,可视这三小段圆弧为直线,以直线连接误差三角形对应

顶点,必要时适当延长,其交点即为观测船位。

基于上述原理,实际工作中,可将三条方位线同样变动 $\pm3^\circ \sim \pm5^\circ$,得到一新的误差三角形,用直线连接两三角形相应的顶点,三条连线的交点即为消除了系统误差后的观测船位。如果上述三条连线相交成一小三角形,则该三角形是消除了系统误差后,由于合理的随机误差所引起的,可采用①所述方法确定观测船位。

2. 距离定位

船舶在沿岸、狭水道等水域航行,如果能同时测得船舶与附近两个物标之间的距离,则可以分别以被测物标为圆心,以相应的距离为半径绘画距离位置线,其中靠近推算船位的一个交点即为观测时刻的船位,这种方法和过程称为距离定位(fixing by distances)。

(1)定位方法

如图 4-4-7 所示,用雷达或六分仪同时测得本船到物标 M_1 和 M_2 的距离 D_1 和 D_2 后,在海图上分别以 M_1 和 M_2 为圆心、所测距离 D_1 和 D_2 为半径绘画圆弧,两距离位置线通常有两个交点,其中接近推算船位的一点即为当时的观测船位 P。

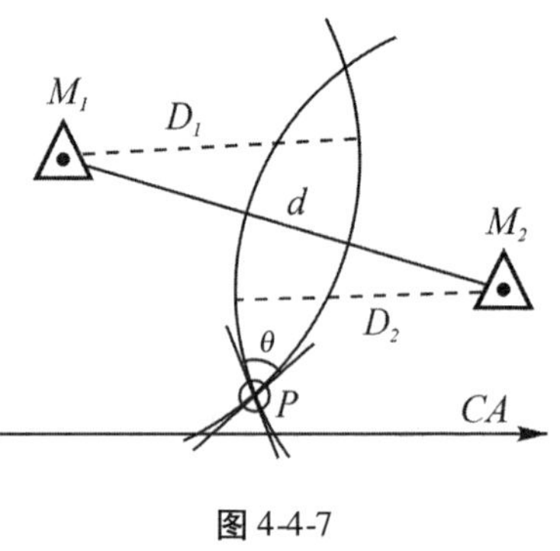

图 4-4-7

(2)提高距离定位精度方法

为了提高两距离定位观测船位的精度,即减小观测船位系统误差 δ 和船位误差圆半径 M,应尽可能相应减小观测距离的系统误差 ε_D 和随机误差 σ_D,并注意选择适当的定位物标和遵循一定的观测顺序。

①物标的选择

选择下列物标,有利于提高两距离观测船位的精度:孤立、显著、海图位置准确且离船较近的物标;两物标距离位置线交角 θ 应尽可能接近 90°,至少满足 $30^\circ < \theta < 150^\circ$。

②观测顺序

为了减小"异时"观测所造成的船位误差,在观测顺序上,应遵循"先慢后快"的原则,先观测正横附近,距离变化慢的物标;后观测首尾线附近,距离变化快的物标。

三距离定位时,海图上三条距离位置线往往也相交成一个较小的误差三角形,观测船位的确定方法与三方位定位类似。

3. 移线定位

船舶在航行中,当视界内仅有一个可供观测的物标,且同一时刻只能测得一条位置线而无法直接确定船位时,应用转移位置线原理,将不同时刻观测所得的两条位置线转移到同一时刻进而确定船位的方法和过程叫做移线定位,所获得的船位称为移线船位。移线定位的关键是如何将不同时刻的位置线转移到同一时刻,即如何转移位置线。

(1)转移位置线

位置线的转移是指根据前后两个时刻之间的推算航迹向和推算航程,将某一时刻观测所得的位置线转移到另一时刻上去的方法和过程。转移后的位置线,叫做转移位置线,在海图上通常在其两端加双箭矢予以表示,并注明前后两个转移时刻。不同位置线的转移方法也不尽相同,常见的位置线转移方法如下:

①直线位置线的转移

方位位置线和天文船位线等直线位置线的转移方法是：在位置线上任取一点作为推算起点，然后沿推算航迹向（CG）截取与推算时间相应的推算航程（s），过截点作原位置线的平行线，即得转移位置线。

如图 4-4-8 所示，0800 测灯塔 M 的方位，得方位位置线 P，由位置线的性质可知，0800 的观测船位一定位于 P 的某一点上。假设 0800 的观测船位位于方位位置线和计划航线（或推算航迹线）的交点 A，则 0900 时该观测船位必定在计划航线（或推算航迹线）的前进方向上的一点 A'，而且两点间的距离等于 0800 ~ 0900 间的推算航程 s。同理，假设 0800 观测船位位于方位位置线的 B、C、D、E 各点，则 0900 时刻，它们各自沿计划航向 CA（或计划航迹向 CG）转移到相距 s 的 B'、C'、D'和 E'点，显然，B'、C'、D'、E'各点和 A'点位于同一直线上，而且它们的连线 P'平行于方位位置线 P，直线 P'即为转移位置线。

直线位置线可按如下方法转移（如图 4-4-8 所示）：

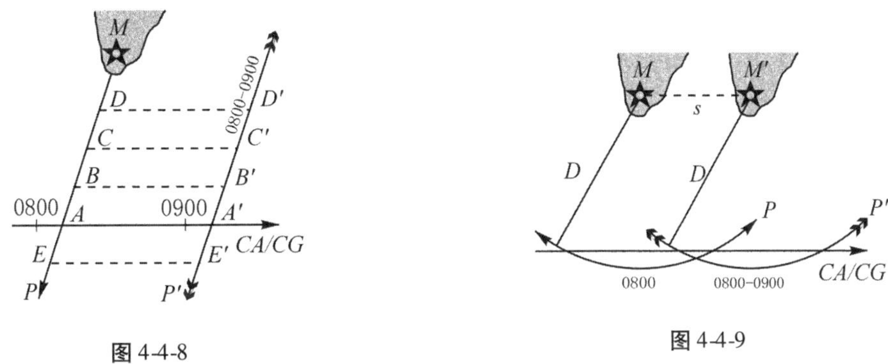

图 4-4-8

图 4-4-9

a. 在位置线 P 上任取一点 A（通常可取 P 与计划航线或推算航迹线的交点）。

b. 自点 A 作计划航线或推算航迹线的平行线，并在其上沿 CA 或 CG 方向截取一点 A'，且使 $AA' = s$（推算航程）。

c. 过 A'点作位置线 P 的平行线 P'，则直线 P'即为转移位置线。

②圆弧位置线的转移

距离位置线为圆弧位置线，应以被测物标 M 为推算起点，从该点绘画推算航迹线的平行线，在其上截取推算航程（s），得截点 M'，然后以 M'为圆心，推算起点时刻所测物标 M 的距离（D）为半径画弧，即可得转移位置线。圆弧位置线的转移，其核心问题是正确转移圆弧位置线的圆心，具体步骤如下（如图 4-4-9 所示）：

a. 自物标 M 起，绘画推算航迹线的平行线，在其上截取一点 M'，并使 $MM' = s$（推算航程）；

b. 以 M'为圆心，距离 D 为半径画圆弧，该圆弧即为转移位置线。

（2）单标方位移线定位

在不同时刻观测某已知物标 M 的两个方位，可得到同一物标不同时刻的两条方位位置线。根据两次观测间的推算航迹向和推算航程，按照直线位置线的转移方法，将它们转移到同一时刻，其交点即为移线船位。

如图 4-4-10 所示，实际工作中习惯将前一时刻的一条位置线 P_1 转移到后一时刻，该转移位置线和后一时刻观测位置线 P_2 的交点，即为第二次观测物标时的移线船位（RF）。

（3）特殊方位移线定位

特殊方位移线定位一般是在无风流影响，船舶定向、定速航行情况下，将单物标两方位移线定位转化为单标方位距离定位，从而简化移线定位中的海图作业工作。

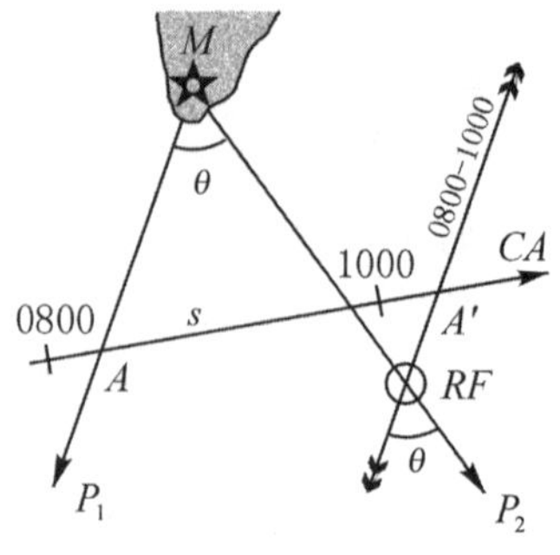

图 4-4-10　单物标方位移线定位

航海上常用的特殊移线定位方法有如下三种：

①倍角法

如图 4-4-11 所示，设 Q_1 是第一次观测物标方位时该物标的舷角，第二次观测物标方位时该物标的舷角为 Q_2，且 $Q_2 = 2Q_1$，前后两次观测间的计程仪航程等于 s_L，则

$$MB = AB = s_L$$

且

$$D_{\perp} = MB \cdot \sin Q_2 = s_L \cdot \sin Q_2$$

因此，自物标 M 绘画第二次观测所得的方位线和该物标的正横方位线，并在其上分别截取 s_L 和 $D_{\perp}$，截点 B、C 即为第二次观测时刻和物标正横时刻的船位点。

②四点方位法

四点方位法是倍角法的特例。四点是指四个罗经点，一个罗经点为 11°.25，四点等于 45°。如图 4-4-12 所示，如果在 A 点测得物标 M 的舷角 $Q_1 = 45°$，航行到 B 点时测得舷角 $Q_2 = 90°$，则物标正横距离就等于两次观测间的计程仪航程等于 s_L。

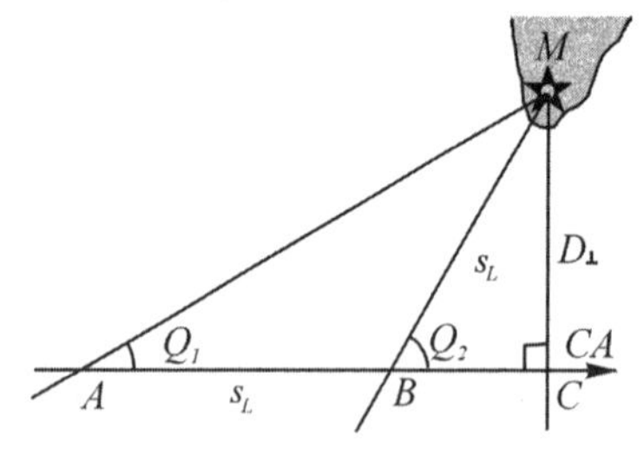

图 4-4-11

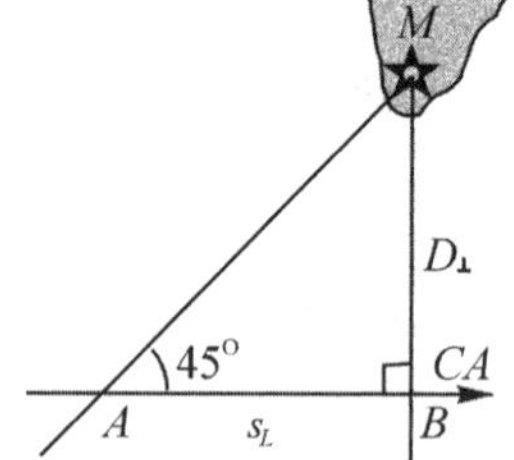

图 4-4-12

实际工作中，如果测者位于驾驶台某固定位置 A，在舷角 45°和 90°（正横）处各有一固定的参照物 B 和 C（如羊角、稳索等），航行中，只要测者分别记下物标通过 AB、AC 串视线的时间和计程仪读数，就能推算出物标的正横距离，并由此确定物标正横时的船位。可见，四点方位法的应用，并不一定要借助罗经来观测物标的方位。

③特殊角法

如图 4-4-13 所示，当第一次观测物标方位时的舷角为 26°.5，而第二次观测物标方位时的舷角为 45°时，物标正横距离就等于两次观测间的计程仪航程 s_L，而第二次观测物标方位到物标正横之间的航程，等于物标的正横距离，也等于两次观测间的计程仪航程 s_L。利用这对特殊的舷角，不仅可以在物标正横以前预知物标的正横距离，还可预测第二次观测物标方位到物标正横之间的航程，同时也提供了两次测定物标正横距离的

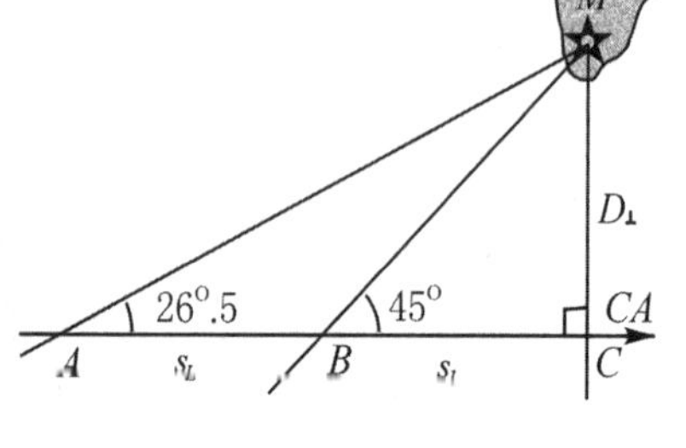

图 4-4-13

时机。

三、电子定位

电子定位包括无线电测向定位、罗兰定位(罗兰 A 和罗兰 C)、台卡定位、奥米伽定位、卫星定位和雷达定位。目前广泛使用的是卫星定位和雷达定位。

1. 卫星定位

根据联合国卫星导航委员会正式确认,4 个全球卫星导航系统“核心供应商”是:美国 GPS、俄罗斯 GLONASS、欧盟 GALILEO 和中国北斗。

(1)美国的 GPS

GPS 是 Navigation satellite timing and ranging Global Positioning System(Navstar—Global Positioning System)的简称。它的含义是导航卫星测时和测距——全球定位系统。现在国际上已经公认:将这一全球定位系统简称为 GPS。

GPS 可在全球范围内全天候地为海上、陆上、空中和空间的用户提供连续的、高精度的三维定位、速度和时间信息,使海上、陆上、空中和空间的运载工具的定位与导航发生了极为深刻的、划时代的变革。GPS 是重要的信息资源。

GPS 由空间部分、地面监控部分和用户接收机三大部分组成。

空间部分由 21 颗工作卫星和多颗在轨备用卫星组成,分布在 6 个轨道面上,轨道倾角 55°,两个相邻轨道面之间在经度上相隔 60°,每个轨道面上 3 颗卫星均匀分布,其余 3 颗工作卫星及 3 颗在轨备用卫星插入每个轨道面中 2 颗卫星之间,从一个轨道面的卫星到下一个轨道面的卫星间相位相差 40°,轨道高约 20 200 km,近圆形轨道,卫星运行周期约 12 h。这样的 GPS 星座保证了在全球任意位置的用户在任何时候至少能同时观测到仰角大于 5°的 4 颗卫星。

地面监控部分包括 1 个主控站、3 个注入站和 5 个监测站。监控站是一种无人值守的数据采集中心,受主控站控制,定时将它对每颗卫星的观测数据送往主控站。主控站收集监测站送来的数据进行处理分析,然后编辑成导航电文,发出对卫星的控制指令。主控站将编辑的导航电文与要卫星执行的控制指令送到注入站,注入站定时地把这些信息送至 GPS 卫星。

用户接收机种类很多,用途广泛。

DGPS,即差分 GPS,全名为差分全球定位系统,是一种近程导航系统,它在 GPS 的基础上利用差分技术使 GPS 用户获得更高的定位精度。其原理是在已知精确位置的地点设置高精度 GPS 接收机组成基准站,接收测量 GPS 卫星信号,计算出改正数并发射出去。DGPS 接收机接收改正数,以修正 GPS 测量值,从而大大地提高定位的精度。

(2)俄罗斯的 GLONASS

俄罗斯建立了全球导航星系统(GLONASS)。该系统星座由分布 3 个轨道面上的 24 颗卫星组成,均匀分布在 3 个近圆形的轨道平面上,每个轨道面 8 颗卫星,轨道高度 19 100 km,运行周期 $11^{h}15^{m}$,轨道倾角 64.8°,由俄军方控制。

GLONASS 在系统组成、定位测速原理等方面类似于 GPS,但在一些具体技术体制上也与其存在一定的差别。GLONASS 可提供军民两种导航定位服务,民用精度 50 m 左右,军码精度与 GPS 相当。GLONASS 的民用市场应用程度远不及 GPS,但其军码系统已在其武器装备中普遍使用。

(3)欧盟的伽利略系统

欧盟的伽利略(GALILEO)系统是一种中高度圆轨道卫星定位方案,总共发射30颗卫星,其中27颗卫星为工作卫星,3颗为备用卫星。卫星高度为24 126 km,位于3个倾角为56°的轨道平面内。该系统还有2个地面控制中心。

GALILEO系统提供三种类型服务,即面向市场的免费服务,定位精度12~15 m;商业服务,定位精度5~10 m;公众服务,定位精度4~6 m,其中后两种服务是受控和收费服务。“伽利略”计划由欧洲委员会和欧洲空间局共同负责。欧洲委员会负责政治领域和高层次的任务需求,其中包括对系统总体结构、经济收益和用户需求的研究。欧洲空间局负责空间分系统及相关地面系统的确定、发展和在轨鉴定。

GALILEO系统目前正在建设中,尚未投入应用。

(4)我国的北斗系统

北斗系统于1985年提出,1994年1月批准立项研制建设,是我国自主研发的卫星定位导航系统。

①“北斗”一代

2000年至2007年,我国共发射了4颗北斗一代卫星,组成了覆盖中国本土的“北斗”一代区域卫星导航系统。

“北斗”导航系统是主动式双向测距二维导航,是双星定位方式。该系统由4颗(2颗工作卫星、2颗备用卫星)“北斗”定位卫星、地面控制中心为主的地面部分和北斗用户终端三部分组成,提供定位、测速、授时和通信服务。

②“北斗”二代

2007年4月11日,“北斗5”发射升空。这是“北斗”二代的首颗卫星,标志着我国的北斗卫星导航系统进入第二阶段,计划首先覆盖中国及周边国家,将来逐步扩展为全球卫星导航系统。

北斗二代卫星导航系统空间段由5颗静止轨道卫星和30颗非静止轨道卫星组成,提供两种服务方式,即开放服务和授权服务。开放服务是在服务区免费提供定位、测速和授时服务,定位精度为10 m,授时精度为50 ns,测速精度0.2 m/s。授权服务是向授权用户提供更安全的定位、测速、授时和通信服务以及系统完好性信息。

2. 雷达定位

雷达在航海上应用已有四十多年历史,已被普遍认为是一种重要的无线电助航仪器,在商船上已得到普及。雷达主要用于近岸和狭水道航行,尤其是能见度不良时更有其独特的优点,它能发现附近岸上的物标,也能发现水面活动的物标,为定位、导航及避让提供了方便。

(1)雷达测距、测向原理

雷达采用定向天线,将超高频无线电波集中向一个方向发射。同时,也只接收该方向的反射回波,此时,天线的方向就是物标的方向。

雷达天线由驱动马达带动沿顺时针方向匀速运动,依次向四周发射电波,并且,在每个瞬时位置,天线都只接收该方向的物标的反射回波,从而可探知周围所有物标的方位。

雷达测定无线电波往返于雷达天线与物标之间的时间Δt,则天线与物标之间的距离D为

$$D = \frac{1}{2}c \cdot \Delta t$$

其中:c——无线电波的传播速度,$c = 3 \times 10^8$ m/s = 300 m/μs。

(2)雷达影像识别

①雷达影像失真

雷达观测是在雷达荧光屏所显示的物标影像上进行的。由于航海雷达技术的限制、物标特点及物标被遮掩等原因，使雷达荧光屏上的物标影像，常常与物标的真实形状或物标在海图上的图像不一致。为了正确地识别雷达影像，除必须掌握雷达基本技术性能外，还必须掌握雷达物标影像失真的一般规律。

a. 影像肥大

(a)展宽

由于雷达发射波具有一定的水平波束宽度 α（一般在 2°以内），致使物标在雷达荧光屏上向两侧各扩大了 $\alpha/2$ 方位角，如图 4-4-14 所示。在测定物标影像边缘方位时，应修正 $\alpha/2$。

(b)伸长

由于雷达发射脉冲具有一定的宽度 τ，当脉冲的前沿与物标接触时，在荧光屏上便产生了回波；随着光点沿着半径方向向外扫描，回波也随之向外延伸，从而使雷达影像在径向上比真实物标要扩大些，而雷达距离却比实际距离要小一些。

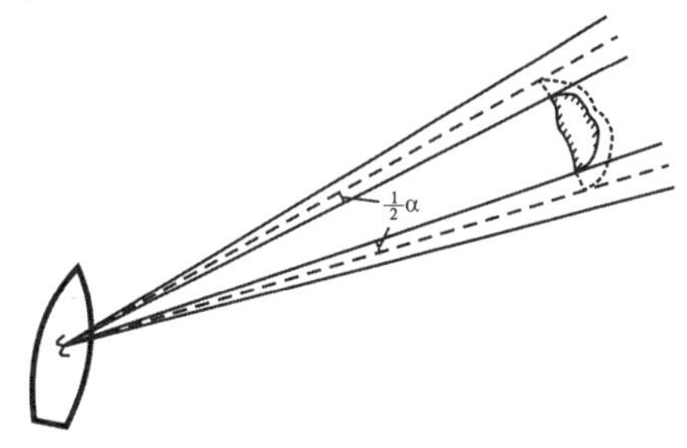

图 4-4-14

由于雷达方位分辨力和距离分辨力的限制，再加上荧光屏光点尺寸的影响，使得雷达荧光屏上的物标影像都比真实物标稍大。这样就使得我们原来用眼睛能够看得清楚的物标的细微特征，而在荧光屏上，由于影像肥大的影响，互相连成一片，而分辨不出来了。如图 4-4-15 所示，荧光屏上小岛与大陆连接起来了，许多小湾也都分辨不出来了。

b. 物标遮蔽

(a)雷达地平遮蔽

在雷达地平之下的高山，由于雷达地平的遮蔽，在荧光屏上仅出现较高的山峰的影像，其低矮部分都显示不出来，如图 4-4-16 所示。这时，若有一片高山，可能在荧光屏上仅显现出几个孤立的影像，似乎是几个小岛，其实是几个山峰。

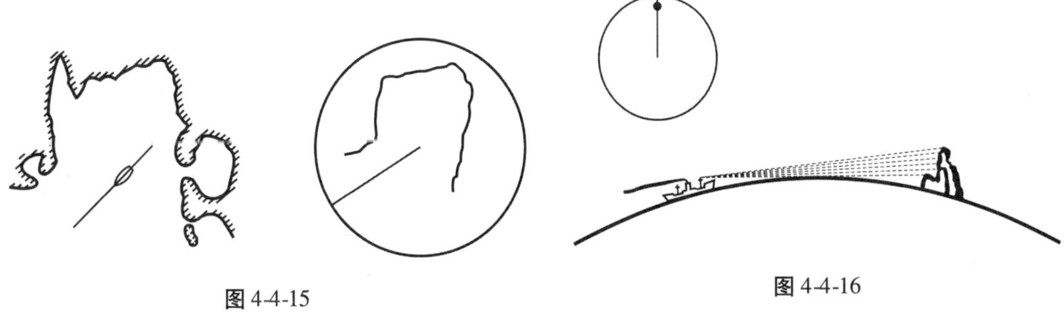
图 4-4-15　　图 4-4-16

(b)高大物标遮蔽

雷达波束在前进方向上遇有高大的物标阻挡时，被遮蔽在高大物标后面的低矮物标不能在荧光屏上显示出来。如果近处物标比远处物标低，则远处物标仍可能部分显现，而其间的谷地将显现为无回波的阴影区，如图 4-4-17 所示。

②识别假回波

由于雷达技术上的不足和电磁波传播的特点，往往会在荧光屏上出现一些多余的、不符合实际情况的影像，即假回波。在使用雷达时，必须善于识别真假回波。假回波主要有：

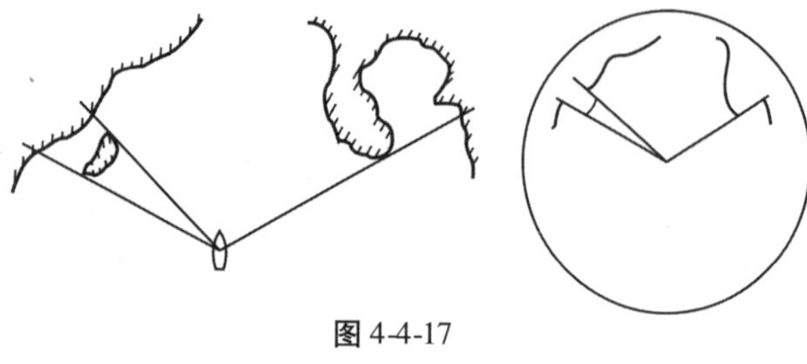

图 4-4-17

a. 旁瓣回波

雷达的能量主要是从主瓣波束发射出去的，但也有一部分能量是从旁瓣波束发射出去的。对于近距离反射性能强的物标，当主瓣方向对准它时会产生回波，而当旁瓣转向它时，也会产生回波。由于旁瓣对称分布在主瓣两侧，因此旁瓣回波也对称分布在真回波两侧，且位于与本船距离相等的一条光亮的弧线上，如图 4-4-18 所示。

旁瓣回波强度一般较弱，可适当减小增益或用海浪干扰抑制旋钮来减弱其影响。

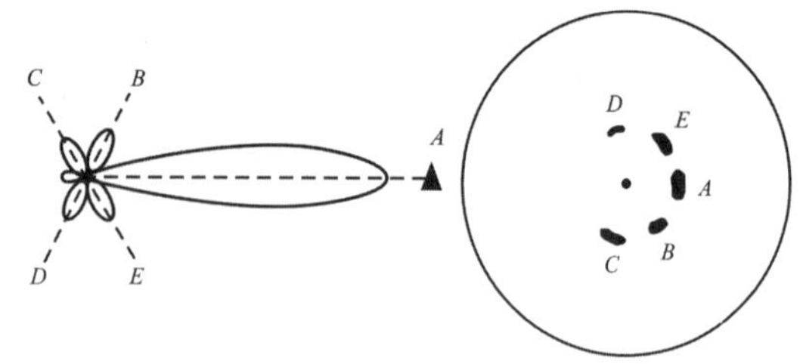

图 4-4-18

b. 间接回波

雷达天线所发射的部分雷达波，经船上建筑物（如烟囱等）、近岸高大建筑物及较近距离正横方向附近平行航行的大船等二次辐射体反射到外界物标上，由该物标反射回来的电波又重新被二次辐射体反射回天线而被接收，这种回波称为间接回波，如图 4-4-19 所示。

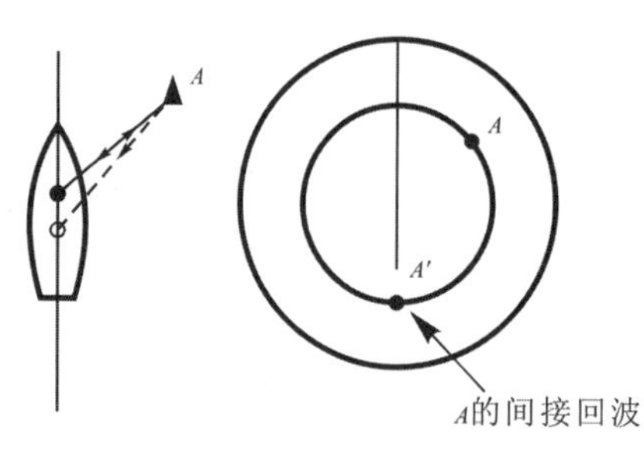

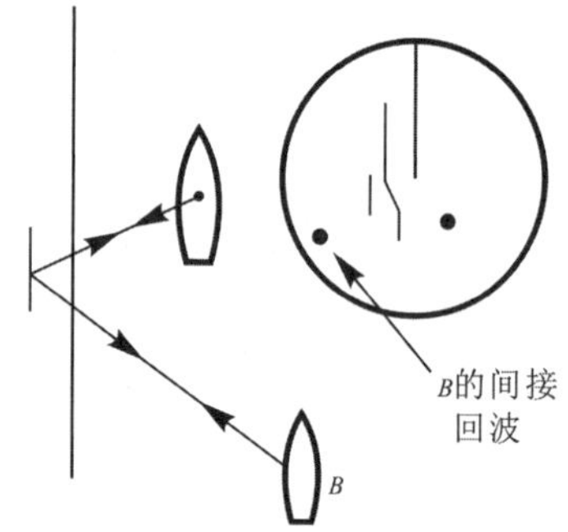

图 4-4-19

间接回波通常出现在阴影扇形内，其形状有明显的畸变，且在屏上的移动也不正常。当该回波是由船上的二次辐射体引起时，它位于二次辐射体的方位上，距离与真回波一样；当该回波是由船外的二次辐射体引起时，其距离等于二次辐射体到物标的距离与到天线的距离之和；当船舶改变航向时，间接回波仍在阴影扇形内或消失。

c. 多次反射回波

多次反射回波是由于雷达波在本船与物标之间多次反射而均被天线接收所引起的。在荧光屏上的显示形式为：在真回波的外面连续出现几个等间隔的回波，其间隔大小均等于真回波的距离，且回波的强度越往外越弱，如图 4-4-20 所示。

多次反射回波一般在两船相距很近，且平行行驶时出现。

d. 二次扫描回波

由于物标距离较远，第一个扫描周期发射的脉冲遇到物标后再返回到天线时已处在第二个扫描周期了，这样的物标回波为二次扫描回波。

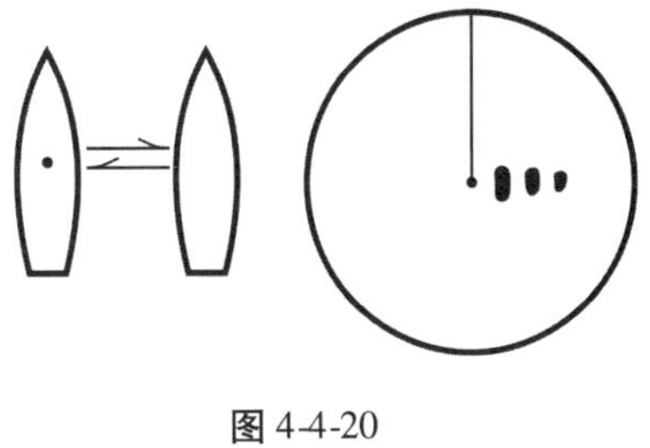
图 4-4-20

二次扫描回波的图像一般发生变形，且在屏上移动不正常。当改变脉冲重复频率或量程时，图像会移位、变形或消失；该回波的方位是物标的真方位，距离是实际距离减去$\frac{1}{2}c \cdot T$。

③识别干扰回波

干扰回波不同程度地影响了雷达的正常显示，有的干扰回波本身就是雷达故障的一种现象。

在雷达荧光屏上可能出现的干扰回波大致有以下几种：

a. 雨雪干扰回波

雨雪干扰回波又称气象回波。它可在雷达荧光屏上显现为密集的点状回波群，且无明显边缘，范围较大。它将使荧光屏被照得很亮，大大地削弱了物标影像的显示能力，降低了雷达发现物标的距离，也影响对其他物标的识别。一般可采用调节“雨雪抑制”旋钮来减少其影响。但是，这样同时也降低了物标影像的显示能力。

b. 海浪干扰回波

当海面波浪较大时，在荧光屏中心附近会形成一片光点，连成一椭圆形，且上风方向较强，下风方向较弱，极大地妨碍了雷达对近距离物标的探测能力。一般可采用调节“海浪干扰”旋钮来减弱海浪干扰回波的出现，但同时也减弱了近距离物标的显示能力。因此，航海人员在运用“海浪干扰”旋钮时，不仅应注意克服海浪干扰回波，而且应注意不能忽视其掩盖着的物标影像也被削弱的倾向，应做到两者兼顾。

c. 电气干扰

凡是外界或机内因电路接触不良等因素引起的强烈跳火等干扰时，就会在荧光屏上出现较规则的干扰杂波。其图像一般为散乱的辐射状径向亮线。

d. 雷达同频干扰

频率相同或相近的两部雷达在近距离内同时工作时，就会产生雷达同频干扰。其图像随着两部雷达重复频率之差的大小而异。一般情况下，当频率相同时，其图像呈射线状；当频率相差不大时，其图像呈螺旋线状；当频率相差很大时，其图像呈散乱的光点，如图 4-4-21 所示。

④掌握雷达影像识别要点

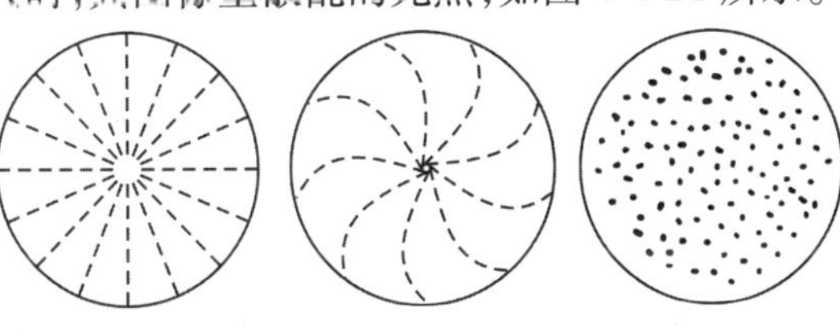
图 4-4-21

准确无误地识别雷达影像是雷达定位与导航的先决条件。要想做到这一点，应该掌握正确识别雷达影像的要领。

a. 掌握本船雷达性能及各种影像的特征。

b. 随时掌握本船与周围物标之间的相对位置关系。

c. 利用已识别物标进行定位，同时测下未识别物标的方位与距离，以识别有用物标的影像。

d. 为了区分固定物标与活动物标，应对荧光屏上显示的回波进行连续观测。

e. 为提高识别回波的实际能力，应在白天能见度良好时启动雷达练习识别。

(3) 雷达定位

①雷达距离定位

雷达距离定位与陆标距离定位相类似，常用的有两距离定位和三距离定位。雷达距离定位的精度是最高的。

②雷达方位定位

雷达方位定位与陆标方位定位相类似，常用的有两方位定位和三方位定位。但由于水平波束宽度的影响，在测岬角的方位时，展宽了 1/2 水平波束宽度，再加上它的准确性依赖于与罗经的同步和罗经差的准确性，因此，雷达方位不如雷达距离准确。

雷达方位定位的精度是最低的。

③单物标雷达方位和距离定位

对于孤立的、显著的单物标可以利用雷达同时测定它的方位和距离来确定船位。

如果用雷达同时观测了某一点状物标的方位和距离，则可以在海图上，从物标画出真方位的逆方位线，并在其上从物标量取雷达距离，从而得到雷达船位。

如图 4-4-22 所示，某轮在航行中于 0830 测得灯塔 M 的方位和距离分别为 GB 和 D。应首先根据公式 $TB = GB + \Delta G$ 求出其真方位 TB。然后，从灯塔 M 画出其真方位的逆方位线，即得方位位置线 P_1。再以灯塔 M 为圆心、以所测的距离 D 为半径画圆弧，即为距离位置线 P_2，则 P_1 与 P_2 的交点 P 即为观测船位。

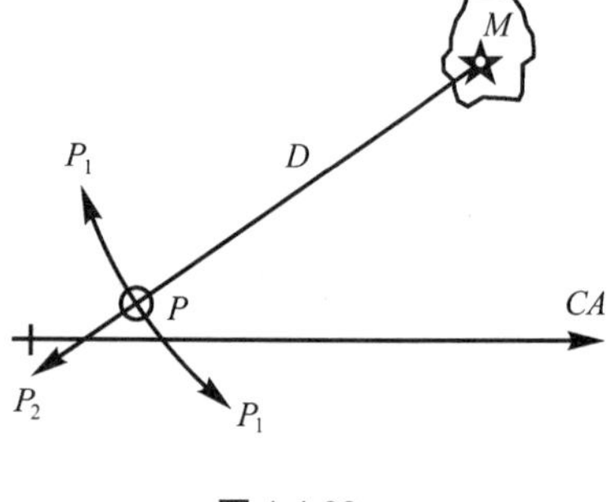

图 4-4-22

(4) 雷达导航

①显示方式

a. 真北相对运动显示

这种显示方式是把雷达荧光屏与陀螺罗经接通，其真北方向总是定在荧光屏的正上方。因此，附近物体的影像位置与海图上相对应，便于迅速识别物标。外界物标在荧光屏上的影像不随航向的改变而变动，能保持屏幕画面的清晰。

b. 航向相对运动(首向上)显示

这种显示方式是指雷达不与陀螺罗经接通，船首方向总是固定在荧光屏正上方，船首线不随航向改变而变动；但物标影像将向相反方向作等角转动，这将影响物标影像的清晰，也不便于对物标的识别。但是，在弯度不大的狭水道以浮标回波导航时，或在船舶航行中特别要注意两舷时，采用此显示方式较为有利。

c. 计程仪真运动显示

将陀螺罗经和计程仪同时与雷达荧光屏接通，在雷达荧光屏上能反映船舶的运动情况，表示船舶位置的扫描中心随着本船的运动而相应的运动，当扫描起点移到荧光屏边缘时会自动返回原点。这种显示方式，固定物标回波不动，活动物标回波按其自身的航向和船速在荧光屏上移动。测定物标的距离与其他显示方式相同，但测量方位时，因本船偏离荧光屏中心，不能使用方位平行标尺，而只能使用电子方位标尺。

②雷达航标

为了提高雷达发现物标的距离和识别物标的能力，在某些物标（如灯船或灯浮）上装有雷达航标。雷达航标有以下三种：

a. 角反射器

它是由金属板组成的多面体。当雷达波射到该多面体上时，它具有向原发射方向反射能量的功能。边长为0.5～1.0 m的角反射器，具有相当于3 000～4 000 t船舶的反射能力。

b. 雷达指向标

又称雷达方位信标，它具有无线电发射设备，定期连续地发射一定频率的信号，这些信号被船舶雷达天线接收后，便在荧光屏上显示从中心到边缘的一条亮线，标示该指向标的方位，不能求得其距离。

c. 雷达应答标

它不仅具有无线电发射设备，而且还有无线电接收设备。只有当其接收到雷达发射的电磁波后，才启动其发射设备，发出莫尔斯码回答信号，被船舶雷达天线接收后，便在荧光屏上显示莫尔斯码的回波信号，靠近荧光屏中心的一点为应答标的位置，向外延伸方向为编码方向，所以雷达能测出应答标的方位和距离。目前绝大多数的航标上装备雷达应答标。

四、天文定位

船舶在沿岸航行时，可以利用在海图上有精确位置的陆标进行定位。当船舶远离海岸航行时，超出了陆标的视距和无线电航仪器的有效距离或远距离助航仪器发生故障时，则可以通过观测天体的高度来确定船位，这就是天文定位。天文定位就是利用天体在天空中的位置和其投影在地面上的地理位置与船舶之间的某种相对位置关系来确定船位的方法。

1. 天文定位原理

在陆标定位中，方位定位与距离定位的方法虽然互不相同，各有其特点，但都必须具备两个条件，即必须知道被测物标的准确位置；知道船舶与被测物标之间的相对关系（方位或距离）。天文定位也必须具备上述两个条件，才能定出船位。

天文定位和陆标距离定位很相似，也需要在地面上以一点为圆心，以该点到船位之间的距离为半径画出船位圆。天文船位圆就是以天体地理位置为圆心，天体顶距（测者到天体地理位置之间的距离）为半径画出的圆。所谓天体的地理位置，是指天体与地心的连线与地球表面相交的一点。

天体地理位置可从航海天文历中根据观测时刻的世界时查出天体位于的天球上的坐标进而求出。

天文船位圆半径就是天体的顶距。在天文定位中，利用六分仪测得天体的高度，经过眼高差、天文折光差、天体视差和半径差的改正求得天体的真高度，用90°减去天体的真高度就是天体的顶距。

求天文船位圆的方法与陆标距离定位方法类似。根据求得的天体地理位置在海图上找到一点，以该点为圆心，天体的顶距为半径画圆，说明观测时刻测者一定位于该圆上。如果同时得到两个船位圆，其中靠近推算船位的交点即为观测船位（如图4-4-23所示）。

对于天文定位来说，船位是在天文船位圆上某一点，所以只需画出接近推算船位的一小段船位圆圆弧就可以了，这一小段圆弧称为天文船位线。由于天文船位圆的半径很大，且需要画出的一小段圆弧很短，因此可以把这一小段圆弧当作直线，即可看作船位圆弧的切线为天文船位线。这样画船位圆求船位的问题就转变为画天文船位线求船位的问题了。因此天文船位线很靠近推算船位，它们均在同一张海图上，所以只要找出船位线与推算（或选择）船位之间的关系，就能以推算（或选择）船位为基准画出天文船位线。这样既简化作图方法，又能满足航海上要求的精度，这种方法就是截距法。

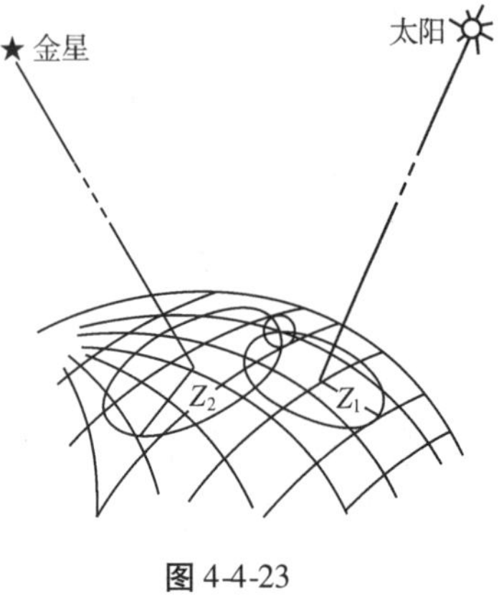

图 4-4-23

2. 观测天体高度

观测天体高度的仪器是六分仪。

（1）六分仪

六分仪是用来观测天体高度的测角仪器。它具有测量精度高、操作方便、结构简单、完全独立以及重量轻等优点。因此，一个世纪以来，六分仪一直作为航海天文定位的观测仪器。

六分仪由架体、光学系统和测角读数装置等三大部分组成，如图 4-4-24 所示。光学系统包括望远镜、动镜、固定镜（地平镜）及滤光片（色片）等；测角读数有刻度弧、指标杆、鼓轮和游标等。这些部分都安装在架体上，并通过指标杆将光学系统和测角读数联结成一整体。

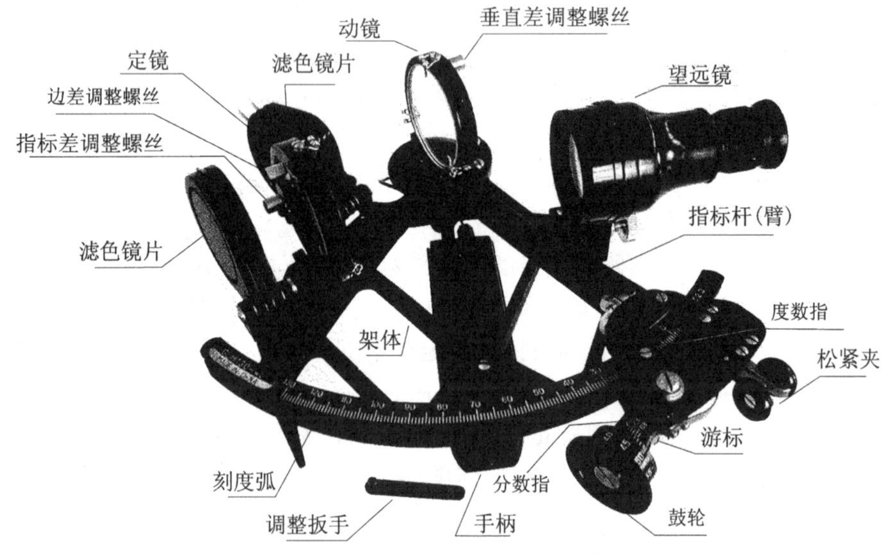

图 4-4-24　六分仪结构图

六分仪的测角原理基于平面镜反射定理，即光线的入射角等于反射角；光线连续经过两个平面镜反射，光线入射方向与最后反射方向的夹角，等于两镜夹角的 2 倍，如图 4-4-25 所示。

$$\angle 1 = \angle 2 \quad \angle 3 = \angle 4$$

$$\angle HBA = \angle 3 + \angle 4 = 2\angle 3 \quad \angle OAB = 2\angle 2$$

根据“三角形外角等于不相邻的两个内角之和”定理，在$\triangle ABC$ 中

$h = \angle HBA - \angle OAB = 2\angle 3 - 2\angle 2 = 2(\angle 3 - \angle 2) = 2\omega$（$\angle 3$ 为$\triangle ABC$ 的外角）

由此可知，在海上从六分仪望远镜中看到天体 S 反射影像与水天线 H 相切时，天体高度 h 等于定镜和动镜夹角 ω 的 2 倍。在六分仪的制造中，按动镜 A 实际转动角度的 2 倍在六分仪刻度弧上刻注度数，因此从刻度弧上可直接读出天体高度 h 的角度值。

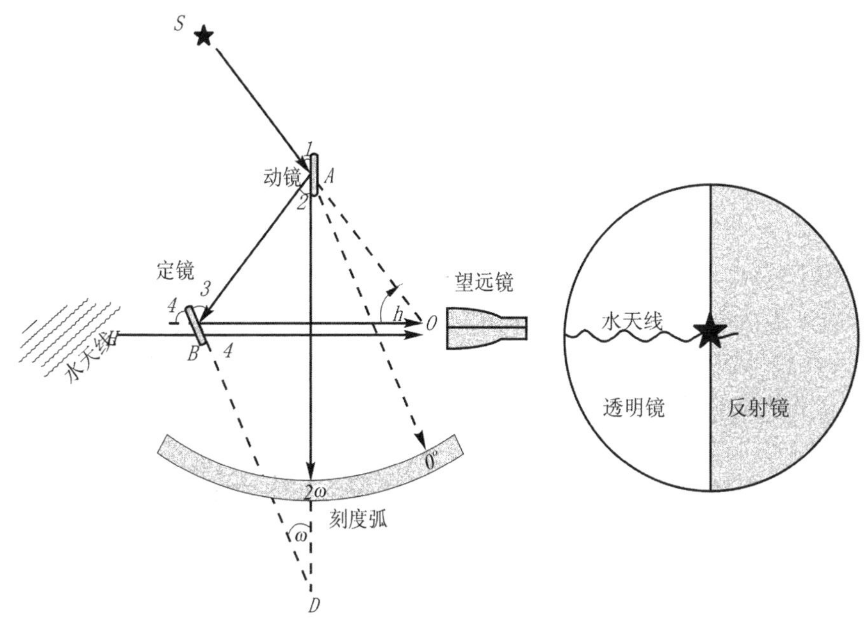

图 4-4-25　航海六分仪测角原理

(2)观测天体高度

用六分仪观测天体高度,就是测出天体与水天线之间的垂直夹角。

①太阳高度的观测方法

在航海实践中,观测太阳高度时,一般采用太阳上边或下边与水天线相切的方法。其具体的观测操作要领如下:

将指标臂放在 0°,选配好滤光片后,右手竖握六分仪对准太阳,左手捏紧指标杆的弹簧松紧夹,右手向下转动六分仪的架体。在转动期间,应始终保持太阳在视野当中。接近水天线时,应去掉滤光片或者换上淡色的滤光片,以免看不见水天线。轻轻摆动六分仪,可以看到太阳影像移动的弧线,同时要稍微改变面对的方向,使望远镜的中心对准圆弧的最低点。然后,左手转动鼓轮,上午应将太阳下边与水天线重叠少许;下午应将太阳下边拉到水天线上方少许,最后,等待相切,如图 4-4-26 所示。

观测过程可概括为:大摆找切线、小摆找切点、微摆等相切。中天时,由于太阳方位变化很快,需要直接测出太阳的高度,当太阳下边与水天线相切时,即可得到观测时刻太阳下边的六分仪高度读数,并记下相切时的准确世界时。

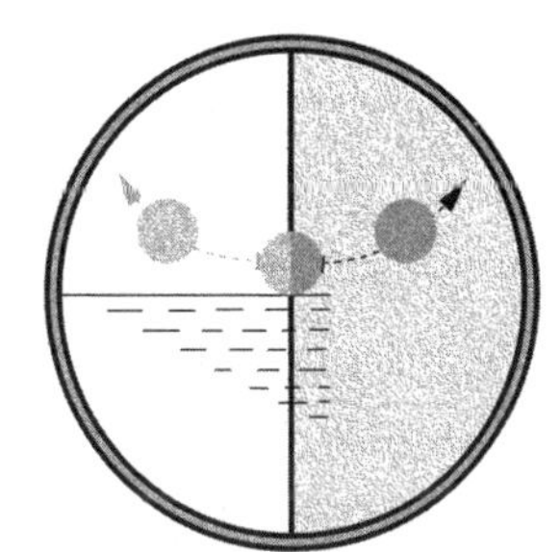

图 4-4-26

②星体高度的观测方法

观测星体高度一般是在晨光昏影时进行的,其观测程序与观测太阳高度基本相同。观测星体时不必选配滤光片,但应使星体中心与水天线相切,观测时,可以在辨认和选择好星体之后,用六分仪直接观测星体高度,还可预先利用计算机、表册和索星卡预算出星体的大致高度和方位,将六分仪指标臂调整到星体大致高度上,对准星体方位,在水天线附近仔细寻找,发现亮星后,观测其高度,也可反握六分仪,刻度弧向上,让水天线引向星体,然后再将六分仪正握测其高度,同样准确无误。

第五节　船舶操纵与避碰

一、船舶操纵

船舶在营运过程中，为达到一定的目的，根据船舶的操纵运动特性与当时外界环境条件，灵活运用车、舵、锚、缆、侧推器以及拖船等操纵设备或工具，及时高效地控制某种过程的组织方法称为船舶操纵。

1. 船舶操纵基础知识

(1)船舶的旋回性能

定速直航的船舶操某一大舵角后进入定常旋回的运动性能称为船舶的旋回性能，它是最能代表船舶的变向性能。定速(一般是全速)直航的船舶，以某一定的舵角(一般是满舵)旋回时，其重心运动的轨迹称为旋回圈，如图 4-5-1 所示。通过测定旋回圈，可求得船舶的旋回要素，旋回要素有：

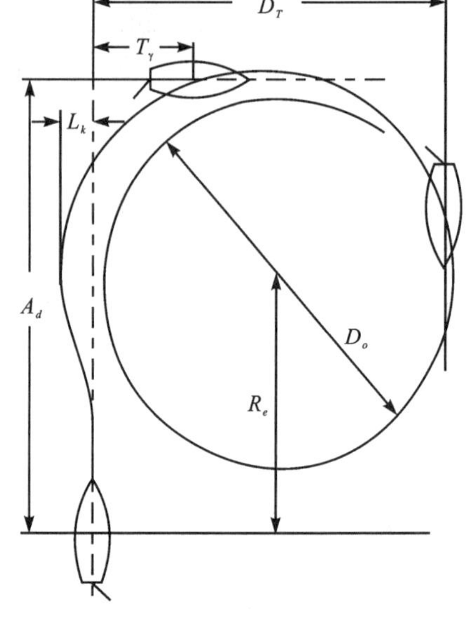

图 4-5-1

①偏距或反移量 L_k——船舶重心向转舵相反一侧横移的距离。

②进距 A_d——从开始转舵到航向转过任一角度时，重心所移动的纵向距离。

③横距 T_r——从开始转舵到航向转过 90°时船舶重心所移动的横向距离。

④旋回初径 D_T——从船舶开始转舵到航向转过 180°时重心移动的横向距离。

⑤旋回直径 D_0——船舶作定常旋回运动时的直径。

⑥滞距 R_e——也称心距。正常旋回时，船舶旋回轨迹曲率中心总较操舵时船舶重心位置更偏于前方，该中心的纵距称为滞距，一般为 1 ~ 2 倍船长。

旋回要素在新船试航或大修后或在营运过程中进行测定。根据实际工作需要，一般应在满载或压载情况下，快速满舵或慢速满舵时向左和向右的旋回要素，至少要测出满载时左、右满舵的旋回要素。

(2)航向稳定性与保向性

稳定性，指运动的物体在受外界干扰，使其偏离原定常运动状态，当干扰消失后，物体回复到原定常运动状态的能力，能回复，则具有稳定性，不能回复，则不具有稳定性。根据考虑的运动量或被控坐标的不同，稳定性可以分为：动航向稳定性、静航向稳定性和位置稳定性。

保向性就是保持原航向的性能。保向性是船舶受控状态下的运动性能，体现了船舶航向对操纵的反应能力，与船舶运动状态和控制量的大小有关。影响保向性的因素有：船型因素、装载状态、舵角、船速等。

(3)船舶的变速性能

船舶的变速性能是指船舶纵向运动性能，包括加速、减速、停船和倒航性能。在实际操船中，加速过程中船舶航向的控制能力逐渐增强，而减速过程中航向的控制能力逐渐减弱。因此,从船舶操纵安全的角度来讲,我们更为关心船舶的减速和停船性能。

①船速

为了保护主机不使其超负荷运转,方便操纵和保证安全上来说,就需要对船速作出相应的规定。

a. 额定船速

在额定功率与额定转速条件下,船舶在静水中所能达到的速度,称为额定船速。额定船速是船舶在深水中可供使用的最高船速。

b. 海上船速

海上由于气象多变,为确保长期安全航行,需储备部分主机功率,海上常用功率为额定功率的90%,常用转速为额定转速的96% ~97%。在海上常用功率和常用转速条件下,船舶在静水中航行的速度,称为海上船速。

c. 港内船速

港内船舶密集,水深较浅,弯道较多,用舵频繁。为保护主机和便于操纵与避碰,规定港内航行速度或称备车船速较海上船速低,一般为海上船速的70% ~80%。

港内船速与海上船速一样,根据不同的主机转速划分为:"前进三"、"前进二"、"前进一",港内船速增加"微速前进"。倒车也分为:"后退一"、"后退二"、"后退三"。

②冲程

船舶以不同速级的转速前进中停车或倒车,需要经过一段时间和前冲相当长的一段距离才能使船停住,这段距离称为冲程。它是由于船舶运动的惯性而产生的。冲程的大小与排水量、船速、风流、船舶污底程度及主机类型有关。排水量越大、船速越快,冲程就越大;顺风顺流,船体污底越少,则冲程也越大;主机倒车功率大,换向时间短,冲程就越小,冲程通常是通过实测求得。

船舶操纵者一定要掌握本船在不同速度下的冲程,来决定应用的车速和决定停车和倒车的时机,以保证船舶航行安全和顺利地进行操纵。

(4)螺旋桨的致偏效应

螺旋桨是推进船舶的工具,它在旋转时,除产生前后方向的推力之外,由于种种原因产生左右方向的横向力,从而使船舶偏转。如果我们掌握这种横向力的规律,并正确运用它,就能把它变为船舶操纵时的有利因素。

对于海上航行的货船绝大多数是右旋单螺旋桨,所谓"右旋"是指从船后方看船前进时螺旋桨的旋转方向是顺时针方向。我们就以此类船舶进行讨论。

当船从静止状态进车、正舵时,对于空船舶首开始偏左,随着船速增加,左偏逐渐消失,继而出现向右偏转,但这种偏转趋势很小,很容易用舵修正,对于重载船几乎不出现偏转现象。

当船从静止状态倒车,船首向右偏转,偏转力比较大,难以用舵来纠正偏转。只有当后退速度相当大时,才能产生舵效加以制止,所以在靠码头时,如果倒车用得过多,影响摆正船位,应尽量少用倒车为佳。

当船前进状态下倒车,开始时,船舶偏转方向不定。随着船速降低,船首明显右偏,此时,船舶仍在前进,但倒车影响了正常舵效,用舵也无法克服右偏。只有在倒车前先用左舵,使船产生左转趋势,加以预防。

当船从倒退状态下进车,能立刻产生舵效,完全可以克服船首偏右。

(5)舵的作用

舵的作用是利用水流对舵的作用力使船保持或改变航向,当舵叶位于船首尾线上时称为正舵,把舵叶转到船首尾线的左边称为左舵,右边称为右舵。船前进时,左舵船首向左偏转;右舵时船首向右偏转;反之,船舶后退时,左舵船首向右偏转,右舵船首向左偏转。

船舶前进中用舵后船首偏转的快慢,反映舵效的好坏。舵效与舵角的大小、船速的快慢成正比;船舶吨位大,载重越大,舵效就越差;顺流、顺风、浅水区航行,舵效也比较差;船舶首倾时舵效较差;船舶存在横倾时,在低速航行时,向低舷侧舵舵效好,在高速航行时,向高舷侧施舵舵效好;舵效还与舵机的性能有关。

由于实际操纵需要,在试航中或利用航行中的有利时机,应测定下列舵效的项目,以备平日查考。

①满载全速直航时,从正舵到某一舷满舵所有的时间,从某一舷满舵到另一舷满舵所用的时间。

②不同车速、不同载重、不同舵角时,从发令用舵到船首开始转动的延滞时间和转头角速度。

③定速旋回后,换另一舷满舵时的船首惯性偏转角。

④在各种载重情况下,停车淌航时,能稳定船首向的最低速度。

⑤空船横风,不同风力时用满舵稳定航向的最低船速。

(6)风对操船的影响

风对船舶操纵的影响,一方面使船向下风漂移,另一方面使船舶产生偏转。风压使船舶向下风漂移的速度与风舷角、风速、船速、吃水、船型及受风面积有关。在港内操纵,船速慢风压影响相对增大,为减少风压影响,如果条件允许,可适当增加车速,或运用车舵调整风舷角以减小风压。

船舶在风中的偏转,主要取决于风的作用中心、船舶重心及水动力中心的位置。当风从正横前吹来时,风的作用中心在重心之前;正横后来风,则一般在重心之后;水动力中心决定于水船相对运动方向。船舶前进行驶或风来自后方吹船向前漂移,水动力中心在重心之前;船横移时水动力中心在重心之后。船舶重心的位置决定于船舶构造及装载情况。

一般正常情况下,根据船舶不同的运动状态下的偏转规律,可归纳为:

①船在静止中或船速接近于零时,船身将趋向于和风向垂直。

②船舶前进中,正横前来风、空载、慢速、尾倾、船首受风面积大的船,顺风偏;满载或半载、首倾、船尾受风面积大的船或高速船,逆风偏;正横后来风,逆风偏显著。

③船舶后退中有一定退速时,船尾迎风,正横前来风比正横后来风显著,左舷来风比右舷来风显著。后退速度极微时,船的偏转基本上与静止情况相同,并受倒车横向力影响,船尾不一定迎风。

(7)流对操船的影响

①流对船速和冲程的影响

船舶顺流航行航速增加,顶流航行航速降低,顶流时冲程减小,顺流时冲程增加。

②流对舵效的影响

水流并不改变船与水相对运动速度,则舵力与舵力转船力矩的大小不会改变。但对地而言,顶流时能在较短的距离内使船转过较大的角度,也较容易把定,因此,顶流时舵效较顺流时为好。

③流对旋回的影响

顺流旋回，其最大纵距、旋回径等要素都比静水中旋回时大；顶流旋回则相反。

④流压对船舶漂移的影响

流速和流舷角的大小取决于船舶偏移的大小，船速越慢，流压也越大，漂移速度也越快，所以顶流靠码头时，调整好船速和靠角，可以使船慢慢地靠向码头。

2. 船舶操纵任务的分类

根据不同的操船环境和目的，船舶操纵的任务可大致分为港内靠离泊操纵、锚泊操纵、系离浮筒操纵以及应急操纵等。

(1)港内靠离泊操纵

靠离码头前，要求认真做好充分准备，根据客观实际情况制定靠离操纵方案；操纵时要沉着冷静、胆大心细，时刻把船置于最有利的位置以获得最大的机动余地。

①靠码头

a. 准备工作

(a)了解港口与码头情况

港口方面有航道、掉头区、禁止抛锚区、港内限速、VHF 使用以及其他导航通信设备及使用规定等。码头方面有码头线方向、长短、泊位水深、前后停船多少，泊位空档大小，码头附近水域宽度等。

(b)掌握风与流的情况

风向、风速最好是实测求得，但在码头边上受到其他船舶或建筑物的影响，风向、风速可能发生变化。根据潮汐表及气象的影响，估算出到达码头边的流向、流速和转流时机。

(c)制定靠泊计划

结合上述条件，依据本船的装载情况和操纵性能，预先制订一个完整的操纵计划。例如，何时起锚、何时经过浅水区、何时进港、靠涨水还是靠落水、何处掉头、何时抵泊、靠泊方案要点、是否需拖船协助、可能遇到的困难及对策等，做到心中有数。

b. 操纵要点

(a)控制抵泊余速

根据本船载况、停车冲程和风流影响，到达泊位前适时减速、停车。只要能保持舵效，速度宜尽量慢些，如果余速过快，用倒车过多，船位不易控制。一般情况下，船首抵泊位中点(N 旗)的余速不超过 2 kn 为宜。这样，只要用短时的半倒车或抛下外舷锚，出适当链长，即能在约半个船长距离之内将船拉停。

(b)摆好船位

船在进入泊位之前，就应当摆好船位，并根据余速的大小，风流影响，控制船首向，使船真正驶于确有合理横距的串视线上，如图 4-5-2 所示。

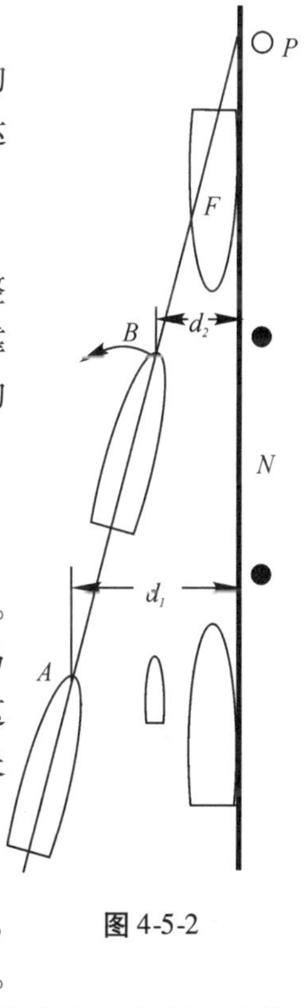

图 4-5-2

由此可见，选定合理横距是摆好船位的关键。当船到达 A 位时的横距 d_1 的选定应根据风流影响大小及泊位后停靠他船的多少确定。一般情况下，横距 d_1 应大于 3 倍船宽，吹开风时，d_1 不少于2倍船宽。当船到达泊位外档时船首的横距 d_2，一般选在N旗稍前一些的地方抛开锚，该时横距30～50 m范围，拖锚前进，直至将船拉停，d_2 必须具有20 m左右的安全余量，如果吹拢风可以适当增加。AB 两点位置确定后，当船到达 A 点时，从驾驶台某一固定站立位置，找到 B 点位置，以此两点定一直线并向前延伸，在延伸线上找出两个显著的物标，如图中前船的烟囱 F 点和码头上电线杆 P 点作为串视线，引导船舶驶抵泊位外档。

(c)调好靠拢角度

靠拢角度是指船首尾线与码头线之间的交角。为了使船保持在串视线上，就需要不断调整该角度。当船抵泊位外档后，为减小风流所致横向漂移，靠拢角度要小；为借助风流所致漂移来接近码头，又需加大靠拢角度。靠拢角的大小调整可以用车、舵，松紧锚链，绞收系缆加以实现，大型船则需拖船协助。

②离码头

a. 准备工作

(a)实地观察风、流、码头和港口情况。了解泊位前后情况、锚链方向和长度、系缆的角度及受力情况，以及他船的动态等。

(b)使用拖船协助时，应与拖船驾驶人员协商助操方案，以便协调配合。

(c)备车后单绑。使用倒缆离船首或离船尾时，应保证其强度，里档应与码头护木齐平，突出部应垫好碰垫。等水面清爽时，即可实施离泊方案。

b. 操纵要点

(a)确定船首先离、尾先离或平行离出

在风流较弱、顶流、吹开风、泊位前方比较清爽，当船首离开码头约15°确保车舵不触及码头的情况下，可采用首先离。船尾先离车舵机动方便，不受码头约束，使用更为广泛。泊位前后余地不大，船首尾离均感不便，也可借助两条拖船同时拖首、拖尾或船首绞锚、拖船拖尾使船平出泊位的方法。

(b)掌握摆出角度，注意倒缆受力情况

无论是船首离或船尾离，其摆出角度之大小应视当时外力影响以及而后的操纵确定。在离泊中，应特别关注所用导缆的受力情况，绝对不得超过其使用强度的允许范围。

(c)控制前冲后缩

对于泊位前后余量不大、港池水域较船舶尺度不算宽裕的情况，在离泊过程中对船的前冲后缩应有所估计，并利用正横附近物标灵敏地判断前冲后缩的情况。在泊位内要注意缆绳控制和及时进行车舵机动。

(2)锚泊操纵

船舶进行检疫、等候泊位、等候潮水、锚地装卸、船舶检修或避风时，都要在锚地抛锚。锚泊操纵并不十分复杂，但要求选好锚地，掌握下锚要领，就可避免发生断链、丢锚、损坏锚机、走锚搁浅等事故。

①锚地选择

a. 避风条件好。锚地周围最好有陆地或群山遮蔽，免受强风的袭击，并尽可能靠上风的位置。

b. 底质好。锚的抓力与底质有密切关系，软硬适度的沙底抓力好，泥沙底次之，硬质泥底较差，石底不宜下锚。

c. 水深适度。根据船舶吃水选择适当锚地水深。通常要求锚地水深在低潮时，应大于1.5 倍吃水再加上 2/3 最大波高。深水抛锚，最大水深不得超过一舷锚链总长的 1/4，否则将会影响抓力。

d. 水流流向相对稳定，流速以较缓为好。

e. 要有足够的旋回余地。正常情况下对浅滩，陆岸等固定危险物的距离应为

一舷全部链长 +2 倍船长

对其他锚泊船或浮标等活动物标的距离应为

一舷全部链长 +1 倍船长

在港区锚地内，由于船舶密集、水域有限，较难给出上述宽敞面积，其锚泊所需水域可按如下公式估算

单锚泊时取半径为船长 +60 ~ 90 m 的圆

双锚泊时取半径为船长 +45 m 的圆

②下锚操纵要点

a. 船身与流向、风向的交角

当流速较弱，空船强风时，应以船首迎风；当流速较强，重载时应以船首迎流抛锚。

b. 落锚时的船速

落锚时要求船对地的速度已接近于零，并开始略有退势。

c. 松链

船首指挥人员在下锚时，如果估计船速未刹停，则先抛短链较为主动，此时因抓力较小较难刹住并可拖锚滞速。当出链 2 倍水深时，应立即刹住使链受力，让锚深抓海底，然后边紧边松，松到应抛出的节数为止。

③双锚泊

a. 八字锚

八字锚通常是在风大、流急或底质差，抛单锚抓力不够时或减小单锚泊中的偏荡时采用。

抛八字锚时，应先向上风舷锚位驶近，用后退法抛出上风舷锚，如图 4-5-3 所示。进车操下风舵并松出上风舷锚链，待船首抵达下风舷锚位时，抛下另一锚，然后松出双链至所需长度，两链间张角控制在 50° ~ 60°之间。

b. 一字锚

在狭窄河道内，如果抛单锚，由于潮水涨落，船舶旋回余地不够，则可以在与涨落流流向基本一致的方向上先后抛下两个单锚成一直线，使船系留在双锚之间，这就叫一字锚。抛一字锚的方法有以下两种：

(a)前进抛锚法

如图 4-5-4 所示，使船顶流前进，保持对地余速 1 kn 左右，至惰锚锚位抛下第一锚，松链至所需链长的 2 倍左右时，刹住，并保持航向。当船略有退势情况下抛下力锚，并逐渐松出力链，使之吃力，同时绞进惰链，使船首抵两锚位中间，两链近于等长为止。

(b)顶流后退抛锚法

如图 4-5-5 所示，先抛出力锚，待力锚受力，逐渐后退松出力链，至惰锚锚位再抛出惰锚；然后在松出惰链的同时绞进力链，最终将船首系留在两锚位之中点附近。

c. 平行锚(又称一点锚)

八字锚的张角若向0°变化，即成为平行锚。平行锚的抓力约为单锚抓力的2倍。平行锚的抛法较任何双锚泊方法都简便易行，船顶风航行至锚位同时抛出双锚并松链至所需长度，两舷锚链等长，两锚相距为链筒间距。

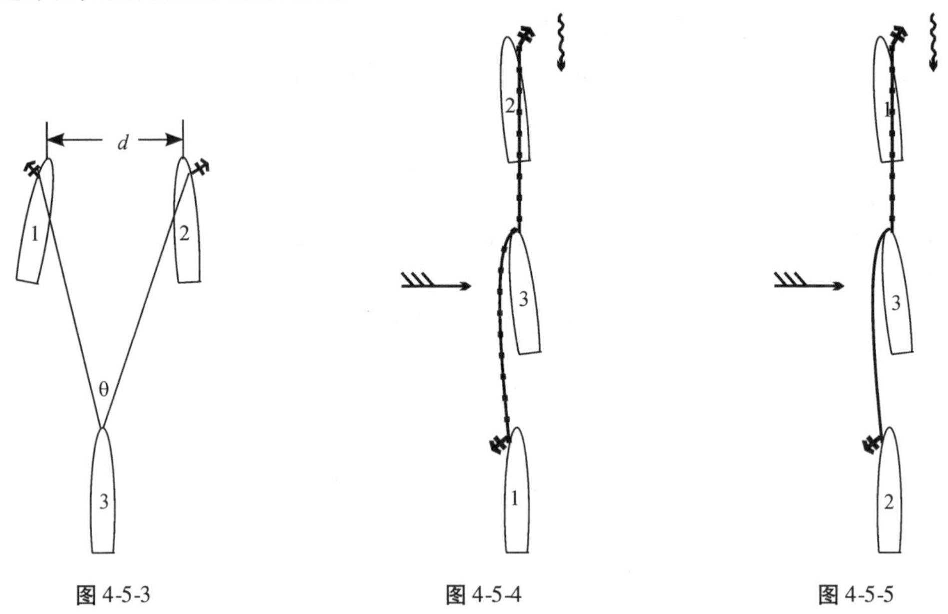

图4-5-3　　图4-5-4　　图4-5-5

由于平行锚的抓力最大，操作简便，左右均衡，稳定度好，因此，它是抗台有效措施之一。

(3)系离浮筒操纵

系离浮筒比靠离码头有利的条件多，一般来说泊位较长、伸缩余地大，没有碰撞码头的顾虑。但在思想上不应放松警惕，要像靠离码头一样，认真分析客观情况，制订周密计划，做好各项准备工作。通过不同情况下系离浮筒的操纵实践，应该注意以下几点：

①系浮筒带缆需时较长，大风季节还需用锚链系浮，需时更长，因此在时间上要留有充分余地，以防带缆过程中遇到转流造成被动。

②系浮筒时前后都要用回头缆。为了保证离浮筒时顺利解掉回头缆，不应将回头缆的琵琶头套在缆桩上，而要用八字挽桩法挽牢，并用细绳将琵琶头扎紧，以便其顺利通过浮筒环。

③为迅速带上首缆，大船船首距浮筒应尽可能接近，一般纵向距离为20 m，横距为10 m，勿使船向后退，适当用车保持原位。

④有较大横风时，应有拖船协助，以利于控制船身系带尾缆。前后缆带上，应尽量绞紧，以免船身偏离浮筒线过多，增大流压。系浮毕，船位应居泊位中间，使前后各单头缆均匀受力，并随装卸或前后泊位系船变化适时进行调整。

⑤抛锚是系浮筒的重要技术环节，对抵御风流影响，控制余速和船位具有重要意义。锚位距浮筒不宜过近，若抛开锚一般距浮筒线为30～40 m横距。

(4)应急操纵

当船舶遭遇意外情况，致使船舶、船上货物和人员处于危险的境地时，为了避免或最大限度地减小受损程度，保证船舶、船上货物和人员的安全，船长、驾驶人员及有关人员应充分了解并掌握船舶在遇到应急情况时的操纵特点和处置方法。

①碰撞前后的紧急操船

在碰撞不可避免时，船长或驾驶员应沉着冷静地操纵船舶避开船体重要部位，改变碰撞角度，降低船舶运动速度，从而减轻碰撞损失。当以船首撞入他船船体时，应尽力操船（微进车）顶住他船，以减少被撞船的进水量，让被撞船留有相对多的时间来判明情况，采取应急措施。作为被撞船则应尽量把船停住，以利两船保持撞击咬合状态，减小进水，并应立即关闭水密门等进入堵漏应变部署；同时，应尽可能操纵船舶使破损处位于下风侧。如碰撞发生海区附近有浅滩，被撞船有沉没危险时，在不严重危及自身安全的情况下，应操纵本船将被撞船顶到浅滩附近由其自力抢滩。

②搁浅和触礁前后的操船

当发现搁浅已难避免时，如不明浅滩范围和形状，应立即停车满舵；如明了本船航向与浅滩边缘走向，则应采取相应的停车、倒车或抛锚等措施减缓搁浅程度。当发现船舶触礁已不可避免时，应停车或倒车，水浅水域可以抛锚以降低船速，同时保持航向，以避免船身全部上礁，并保护车舵。搁浅与触礁后，应避免盲目动车，显示相应的号灯号型，做好水密工作，采取压载和锚缆固定等合适的措施保护船体。

③人员落水后的操船

由于船舶在外界环境影响下操纵性能的变化以及人员落水早晚的不同，接近落水者时应采用不同的操船方法。

a. 单旋回

停车，向落水者一舷操满舵，落水者过船尾后，进车加速，当船首转至距落水者差 20°时，正舵，减速，适时停车，利用惯性转至对准落水者上风侧，把定，接近落水者；在落水者难于视认时，应在船首向转过 250°时，正舵，边减速边努力搜寻落水者，发现后立即停车驶向落水者上风侧。

b. 威廉逊旋回

停车，向落水者一舷满舵，落水者过船尾后加速，当船首转过 60°时，回舵并操另一舷满舵；当船首转到与原航向之反航向差 20°时，正舵，待转到原航向的反航向时把定，边搜索边前进，发现落水者后适时减速停车，驶近落水者。

c. 斯恰诺旋回

向任一舷操满舵；当船首转过 240°时，改操另一舷满舵，当船首转到离原航向之反航向差 20°时，正舵，船舶随回转惯性驶上反航向时，把定，边航行边搜索落水者。

二、船舶避碰

船舶在航行过程中，船舶之间的会遇是不可避免的，尤其在狭水道、临近港口、锚地或航线交叉水域，发生碰撞事故率高。为了预防船舶碰撞，统一航行要求，制定了《国际海上避碰规则》（简称《规则》）主要介绍了判断有无碰撞危险的方法；提出了各类船舶相互间的避让关系；规定了各类船舶在不同情况下应显示的号灯号型及其他信号。

《规则》适用于在公海和连接于公海而可供海船航行的一切水域中的一切船舶。

1. 判断有无碰撞危险的方法

要避免船舶碰撞，首先要采用一切有效手段断定是否存在碰撞危险。采用的手段和方法：

（1）使用罗经连续观测来船的方位变动情况，如果来船的方位没有明显变化，则应认为存在碰撞危险，如图 4-5-6 所示。即使有明显的方位变化，有时也可能存在这种危险，特别是在驶近一艘很大的船舶或拖带船队时，或者在近距离驶近他船时，如图4-5-7所示。由于来船可

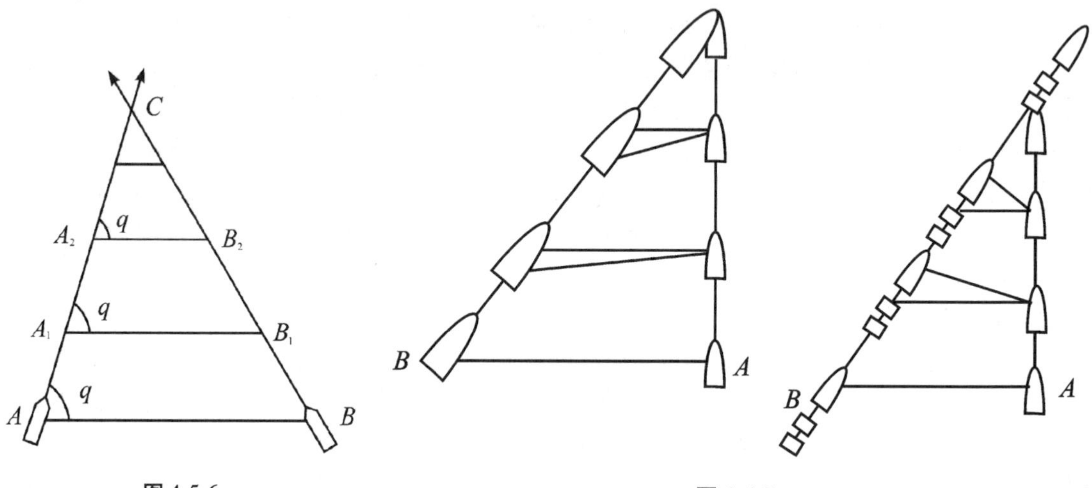

图 4-5-6

图 4-5-7

能作一连串的小转向，而未被发觉，特别是在能见度不良时，用雷达观测来船不易觉察到其行动，即使在互见中也可能出现这种情况。

(2)使用雷达连续观测来船的回波进行雷达标绘，或利用自动雷达标绘仪(简称 ARPA)，或利用雷达机械方位平行线作连续观察判断是否存在碰撞危险。

(3)使用 VHF 无线电话可彼此了解他船的动向和意图，以便断定碰撞危险。

(4)使用视觉或听觉等手段，断定是否存在碰撞危险。

总之，每一船舶应用适合当时环境和情况的一切有效手段断定是否存在碰撞危险，如有任何怀疑，则应认为存在这种危险。

2. 为避免碰撞应采取的行动

(1)应积极地，并应及早地进行和注意运用良好的船艺。

(2)应采取大幅度转向和(或)变速行动。

(3)单用转向避免紧迫局面。

(4)安全距离驶过，查核避让效果，最后驶过让清。

(5)减速或把船停住。

3. 船舶在互见中的行动规则

(1)两艘帆船相互驶近没有构成碰撞危险时，其中一船应按下列规定给他船让路：

①两船在不同舷受风时，左舷受风的船应给他船让路。

②两船在同舷受风时，上风船应给下风船让路。

③如左舷受风的船看到在上风的船而不能断定究竟该船是左舷受风还是右舷受风，则应给该船让路。

④追越的帆船应给被追越的帆船让路。

(2)追越局面。任何船舶在追越任何他船时，均应给被追越船让路。所谓追越船是指在他船正横后大于 22°.5 的某一方向赶上他船时的船；在夜间只能看到被追越船的尾灯而看不见它的任一舷灯时，也应认为是在追越中，如图 4-5-8 所示。在追越中，随后两船间方位的任何改变，都不应将本船作为交叉船，而应始终负责让路，直到最后驶过让清为止。

被追越船为直航船，应保持航向和航速。在狭水道或航道内，被追越船如同意追越应鸣放同意声号，并采取使之能安全通过的措施；如不同意追越应连续鸣放至少五短声的声号。

(3)对遇局面。两艘机动船在相反的或接近相反的航向上相遇致有构成碰撞危险时，各应向右转向，从而各从他船的左舷驶过。所谓对遇局面是指在夜间，两船互见对方的前后桅灯成一直线或接近一直线和两盏舷灯；在白天，两船互见对方前后桅成一直线或接近一直线，而两船距离迅速接近，如图 4-5-8 所示。

(4)交叉相遇局面。当两艘机动船交叉相遇致有构成碰撞危险时，有他船在本船右舷的船舶应给他船让路，如当时环境许可，还应避免横越他船的前方。

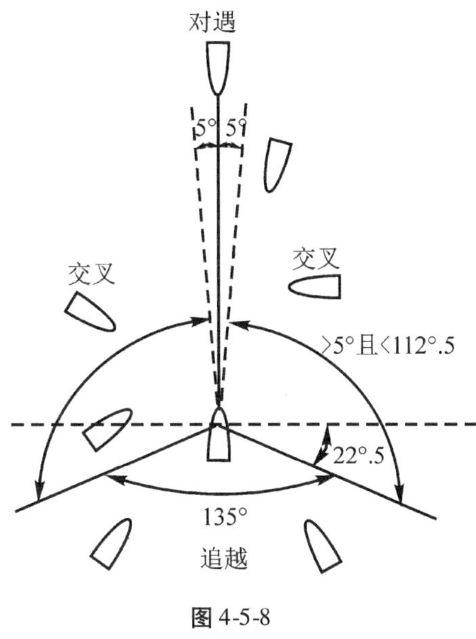

图 4-5-8

如图 4-5-8 所示，所谓航向交叉，是指两船各自位于另一船船首向左右各 5°之外至 112°.5 之内，可分为小角度交叉和大角度交叉。小角度交叉指两船各自位于另一船船首向左右各 5°之外至 30°之内，即 5° < 舷角 < 30°。大角度交叉指两船各自位于另一船船首向左右各 30°之外至 112°.5 之内，即 30° < 舷角 < 112°.5。

为使让路船不横越他船前方，如当时环境许可，通常应采取以下避让行动：小角度交叉，让路船向右转向显示红舷灯，从直航船船尾后方驶过。大角度交叉，如果两船横距较小，右让困难，左侧水域宽阔，可采取大幅度向左转向，以增大横距；如果两船横距较大，可采取大幅度向右转向避让，从直航船船尾驶过，并鸣放操纵声号和(或)显示操纵号灯；如果右让左让均有困难，可采取减速或停车，让直航船从本船前方驶过。

(5)机动船在航时应给失去控制的船舶、操纵能力受到限制的船舶、从事捕鱼的船舶和帆船让路。

(6)帆船在航时应给失去控制的船舶、操纵能力受到限制的船舶和从事捕鱼的船舶让路。

(7)从事捕鱼的船舶在航时，应尽可能给失去控制的船舶和操纵能力受到限制的船舶让路。

(8)除失去控制的船舶或操纵能力受到限制的船舶外，任何船舶，如当时环境许可，应避免妨碍限于吃水的船舶的安全通过。

4. 船舶在能见度不良时的行动规则

在能见度不良的水域中或在其附近航行时相互看不见的船舶，除了应严格遵守雾航的有关规定外，还应遵守以下避让行动规则：

对正横前的船舶(除对被追越船外)应避免向左转向，即应采取向右转向避让；对正横或正横后的船舶，应避免朝着它转向；对正横附近驶来的船舶若正在形成紧迫局面和碰撞危险时，通常采取大幅度减速或停车避让较为有利；对船尾附近驶来的船舶，通常采取右让更为安全；当听到他船的雾号显示在本船正横以前，或者通过雷达已断定与正横以前的他船不能避免紧迫局面时，应将船速减到能维持其航向的最小速度，必要时应把船完全停住，并应十分谨慎地驾驶，直到碰撞危险过去为止。

5. 号灯和号型

船舶在海上航行，当两船互见时，在白天用号型，夜间用号灯来表示船舶的种类，大小和动态，为此，每一艘船舶都应按规定显示其号灯和号型，以便被他船识别，从而根据规定进行避让。

(1)号灯

从日没到日出，或能见度不良的白天，或在一切其他认为必要的情况下都应显示号灯。

机动船：船长≥50 m，应显示前后桅灯、舷灯或尾灯，如图4-5-9所示。锚泊船显示前后桅灯和工作灯。在航机动船船长<50 m，显示桅灯、舷灯和尾灯，锚泊时显示一盏锚灯。

从事拖带的机动船：拖带长度>200 m，显示垂直三盏桅灯，船长≥50 m加后桅灯、舷灯、尾灯、拖带灯(黄光在尾灯的上方)。拖带长度≤200 m，垂直两盏桅灯，其余同上。

限于吃水船：同机动船外，还可显示三盏环照红灯。

失去控制船：舷灯和尾灯(不对水行动时应关闭)垂直两盏环照红灯。

操纵能力受限制的船应显示垂直红白红三盏环照灯。

从事捕鱼作业的拖网渔船：显示舷灯、尾灯(不对水行动时应关闭)，船长≥50 m应显后桅灯，上绿下白两盏环照灯。

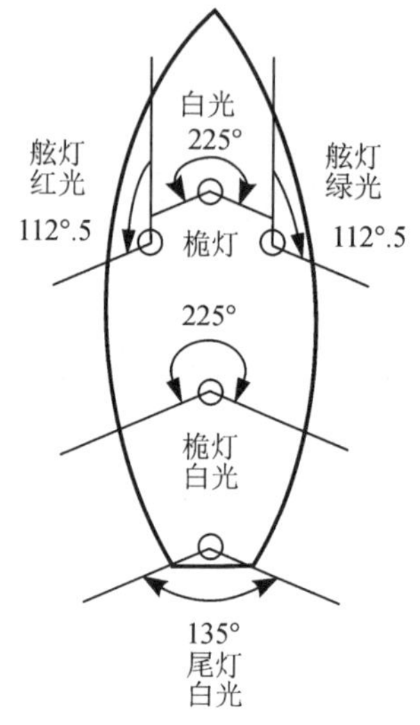

图4-5-9

(2)号型

在白天，即从日出到日没都应按规定显示号型。在晨昏朦影期间应同时显示号灯和号型，号型的颜色都是黑色。

锚泊船在船的前部显示一个球体；从事拖带的机动船显示一个菱形体；限于吃水的船显示一个圆柱体；失去控制船显示垂直两个球体；操纵能力受限制船显示垂直三个号型，上下是球体，中间菱形体；从事捕鱼作业的拖网渔船显示垂直两个锥体，锥尖相对。

6. 声响信号

声响信号主要是指由“号笛”发出笛声，笛声分短声和长声两种。短声指历时1 s的笛声；长声指历时4～6 s的笛声。

操纵声号是指船舶在互见中使用的声号，以协调两船的行动，从而达到避让的目的。常用的操纵声号有：一短声表示我船正在向右转向；二短声表示我船正在向左转向；三短声表示我船正在向后推进；二长声一短声表示我船企图从你船的右航追越；二长声二短声表示我船企图从你船的左舷追越；如果被追越船同意追越可鸣放一长一短一长一短声。两船正在相互驶近，如果对他船的行动有怀疑时，可鸣放至少五声短而急的声号。

能见度不良时，视觉信号失去作用，只能依靠听觉信号来区分船舶的种类和动态。海上避碰规则规定了能见度不良时使用的声号有：一长声表示机动船在航对水移动；二长声表示机动船在航已停车后不对水移动；一长声二短声表示失去控制的船舶、操纵能力受到限制的船舶、限于吃水的船舶、帆船、从事捕鱼的船舶或从事拖带或顶推的船舶；急敲号钟5 s表示船长<100 m的锚泊船；前部急敲号钟5 s，后部紧接号锣5 s，可鸣放一短一长一短声表示船长≥100 m的锚泊船，以警告驶近的船舶。

第六节 特殊航行方法

一、雾中航行

雾给人们的感觉好像不如狂风巨浪那样险恶，但实际上它对航行安全带来极大的威胁，海上许多事故都是由于能见度不良造成的。雾中航行是指能见度不良的情况下航行的一种习惯叫法，能见度不良是指雾、霾、雨、雪等情况下，能见距离小于 2 n mile。

1. 雾中航行的特点

（1）能见度不良，视线受限制。

（2）由于能见度不良，无法在足够的距离上发现周围来船，并迅速判断他船动态以及他船所采取的避让行动，只能依赖于雷达观测和标绘，船舶避让困难。

（3）受视线所限，不能及时发现附近物标和航标等，给定位和导航等造成较大的困难。

（4）雾中航行采用安全航速后，风流对船舶的影响加大，使推算航速和航程的准确性受到较大影响，既降低了推算船位的精度，同时也直接影响着船舶在危险物附近的航行安全。

2. 进入雾航前应尽快完成下列各项准备工作

（1）报告船长，通知机舱备车。

（2）抓紧时机测定船位并观察海面周围情况，以利避让。

（3）将自动舵改为人工操舵。

（4）开启在航灯，准备好号笛，开启 VHF 无线电话。

（5）开启雷达进行雷达标绘与其相当的系统观察。

（6）必要时派出瞭望人员。

（7）保持全船肃静，并关闭所有水密门窗。

3. 雾航中的定位与导航方法

在能见度不良的情况下，陆标定位和天文定位由于不能观测物标而都无法使用，但可根据海区条件进行无线电定位导航或测深辨位导航。

（1）利用无线电助航仪器定位和导航

雾中航行，应结合海区定位、避让条件和仪器性能，充分利用雷达和其他各种无线电助航仪器进行定位、导航和避让。

大洋航行，可利用卫导、罗兰 C 等远程定位系统确定船位，雷达用于协助瞭望和避碰。

DGPS 能达到米级精度，当在 DGPS 作用范围内进行雾中航行时，可以充分利用 DGPS 定位和导航。雷达在沿岸航行时，不仅可用于协助瞭望和避碰，而且当海岸等在雷达作用距离之内时，还可用于定位和导航，这是雷达独有的优越性。

在雾航中，各种定位方法可交叉使用，以利彼此核对。单一的方位或距离位置线，有时可起到很好的避险线的作用。雾航中，应比良好能见度时更为经常地使用上述仪器定位，以起到检查推算船位的作用。要充分发挥雷达在定位、导航和避让中的重要作用。还应充分利用 VHF 通报情况，协调避让措施。

（2）测深辨位和导航

利用回声测深仪进行测深辨位和导航是常用的雾航方法之一。在海图上推算船位附近沿航线选定数个水深点，并量出各相邻两点之间的大致距离。根据本船当时的船速，计算出相应的各相邻两水深点间所需要的航行时间，作为确定测深时间的依据。如此连续测深，记下时间、计程仪读数和水深数据，并将测得的水深改正到相应于海图深度基准面的水深：

$$海图水深 = 测深仪测深值 + 吃水 - 潮高$$

然后按与海图相同的比例尺将计划航线和与各次测深时相应的推算船位画在透明纸上，并将改正潮高后的水深标注在相应的推算船位附近。将透明纸移到海图上计划航线附近，平行移动透明纸，并保持其上计划航线与海图上的计划航线相平行，直至透明纸上的各水深点与海图上相应的水深点大体一致时为止。这时，最后的一个水深点位置即为最后一次测深时的大概船位。

测深辨位的准确性取决于测深和改正潮高的准确性，海图水深点的位置和深度的准确性，计划航线上水深的变化情况。因此，其精度较低，只能作参考。

如航行区域有特殊水深，设法测得这种特殊水深的所在，也是辨位的一种好方法。当船接近特殊水深（点滩）区时，可去寻找该特殊水深点。一旦测得这样的水深，即得知船位的所在。

（3）逐点航法

雾中航行，要求充分利用一切可获得的手段定位和导航，包括测深辨位和等深线的合理使用。为了确保船舶航行安全，如航线附近有适当的灯塔、浮标、雾号站等物标，而其周围危险物又较少，可采用逐点航法。

所谓逐点航法，就是将原来较长的直航线改为若干段短航线组成的曲折航线，各段航线的转向点选择在物标附近，从而由一个物标正对着下一物标航行的方法。

逐点航法的优点是在不易测得船位的情况下，可以不断地控制和缩小推算误差。但其缺点是必须故意接近物标，能见度极差时也具有较大的危险性。为此，不可将转向点设计的离物标太近，只要在雷达作用距离内即可。航行时，应根据航速和两物标之间的距离，预算到达下一个物标的时间，注意瞭望。如到时不能发现物标，则应及时抛锚待航，决不可盲目航行。

4. 雾航的注意事项

进入雾中航行，应及时适当地调整航线的离岸距离。如果按良好能见度设计计划航线的离岸距离为 2 ~ 3 n mile，在雾航中航线与海岸之间应有 3 ~ 4 n mile，甚至 5 n mile 以上，以保证船岸之间有足够的回旋余地。

雾中航行，值班驾驶员要认真做好航迹推算工作。为提高推算船位准确性，非不得已时不宜频繁改变航向、航速。应尽可能利用一切可获得的手段来定位和导航，尤其要充分地使用雷达。利用雷达进行瞭望，应选择适当的距离挡：大洋航行可用 12 ~ 24 n mile 距离挡；沿岸航行可用 6 ~ 12 n mile 距离挡；狭水道航行应远近距离挡兼用，以 2 ~ 6 n mile 为主。

雾中航行，应时刻掌握当时能见度状况下的实际能见距离。这可根据目视发现某一物标，例如发现相遇船的同时用雷达测出其距离的办法求得。雾中的能见距离会根据雾的浓度有所变化，不可能是固定不变的，应予注意。

注意倾听声号，听见声号，应视船舶在危险区内，注意采取一切必要的避险措施。在应该听见的位置上而未听见声号，亦不应武断认定尚未进入危险区。

认真加强瞭望，对雾航的安全关系极大，熟练的瞭望人员，必须能及时发现船舶周围的任何微小的变化。

二、狭水道航行

港口水域、狭窄海峡、江河、运河及岛礁区等水域，均可统称为狭水道。由于狭水道的航道狭窄弯曲，浅滩、暗礁、沉船等危险物多，水浅变化大，水文气象条件复杂，船舶通航密度大等特点，因此，对船舶航行和操纵都带来一定的困难。为了保证狭水道航行的安全，必须研究和掌握该水道的地理特点和水文气象条件，加强瞭望，谨慎驾驶，除利用天然物标外，还应充分发挥助航设施，如浮标、导标和叠标等的导航作用，掌握正确的导航方法。

1. 浮标导航

在江河入海口处，往往岸线低平，利用岸标导航比较困难，必须设置一系列的灯浮、灯船来标示航道，指示危险物，引导船舶进出，如我国长江南水道。

浮标导航方法，就是逐个通过浮标的航行方法。具体航行方法分述如下：

（1）应以最新版海图或蓝图为依据来拟定航线，并标出计划航线的航向和航程。

（2）用浮标标示的江河水道，一般水深比较浅，且经常发生变化，因此，对航道中的浅水区的水深要了解清楚，根据本船吃水确定通过时间，防止搁浅事故。

（3）必须熟记各灯浮的名称、编号、形状、颜色、顶标和灯质，以及它们之间的航向、距离、流向、流速、水深及附近危险物。

（4）不要过以信赖灯浮，由于它可能在大风浪过后或船舶碰撞而发生移位或灭失，因此，应根据准确船位与浮标相对关系来验证其位置；或利用位置准确的浮标转向后，根据航向来判断是否在位，只有确认其位置准确无误后，方可利用它导航。

（5）正确预配风流压差，使船走在计划航线上。航行中应经常观察前后浮标连线与船位的关系，或不断观察前面浮标舷角的变化，随时掌握自己的船位，以便求得准确的风流压差。

（6）准确掌握浮标的正横距离并记下时间，根据两浮之间的距离和航行时间计算出航速，用它推算到达下一个灯浮的时间。如果估计应该看到灯浮而看不见，则应谨慎驾驶，待查明原因后才能续航。一般是在浮标正横时转向如果发现浮标正横太近或太远时，可在正横前或正横后转向，以此来调整到达下一个浮标的正横距离。如果浮标正横距离合适，顺流时可适当提前转向；逆流时可适当推迟转向。

2. 叠标导航

在许多航行比较困难的狭窄水道，为了使船舶能准确地航行在推荐航线上，在推荐航线的延长线上设有人工方位叠标引导船舶航行。航行中始终保持两叠标标志重合，就能保持船舶航行在推荐航线上。一旦发现两标志错开，它能立即告诉我们船舶已偏离航线。当船舶驶向叠标航行，发现前标（近船者）偏左时，表明船舶偏离航线的右侧，应用小角度操船左转；当前标偏右时，表明船舶偏左，应用小角度操船右转，如图4-6-1所示。

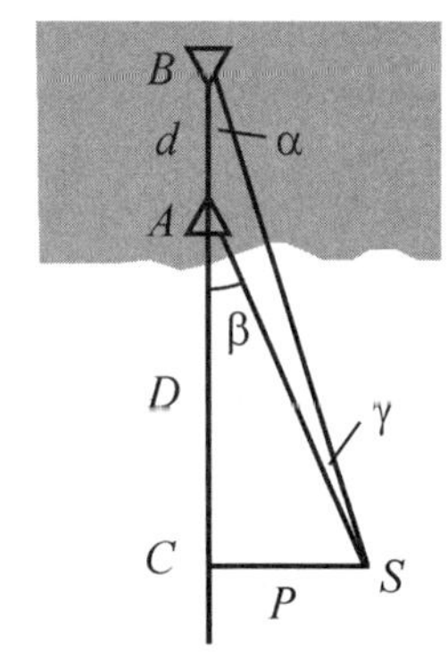

图 4-6-1

除了利用人工叠标导航，还可利用自然叠标导航，尤其是岛礁区航行，可作为叠标的物标有许多，但必须注意到叠标的灵敏度。所谓叠标的灵敏度是指船偏离叠标线时是否容易被发现的程度。如果船舶稍为偏离叠标线立即发现两标志错开，则叠标灵敏度高；如果船舶偏离叠标线很远时，两标志才错开，则叠标灵敏度低。为了保证叠标的灵敏度，在选用叠标时应符合下列条件：

（1）使 $d/D \geqslant 1/3$，能符合一般要求。d 为两标志之间的距离；D 为船到前标的距离。

（2）叠标标身越细长越好，如旗杆、烟囱、教堂尖顶等。

（3）注意标志本身和背景的亮度，易于辨认。

3. 导标方位导航

当在预定的航线上没有合适的叠标可用时，亦可在航线的前方或后方选择一个明显的物标，作为导标来导航，这时，只要使船保持对该导标的方位不变，即可安全航行在该导标所指示的计划航线上。

导标方位导航时，应事先根据海图确定所选导标的真方位，然后结合本船罗经差，换算成相应的陀螺方位或罗方位。利用航线正前方导标方位导航，保持该导标实测方位始终等于事先设定的方位值，说明船舶航行在计划航线上；如果在航行中发现实测的方位不断增大，则说明船向左偏开了航线，应用右舵纠正；反之，如果发现方位不断变小，则表明船向右偏离了航线，应用左舵纠正。利用航线正后方的导标方位导航时，刚好与上述情形相反。

4. 避险

在水下危险物附近航行时，为了船舶的安全，可以选择合适的物标作为避险物标。根据一定的方位或距离由该物标画出危险区的界限，即安全水域和危险水域的分界线，称为避险线，常用的避险线有以下两种：

（1）方位避险线

当避险物标与危险物的连线与计划航线接近平行时，利用方位避险线最为有利，如图 4-6-2 所示。可由 *A* 岛画出危险方位线 *AC*，量出其真方位，并换算成罗方位，航行中船舶应不断观测 *A* 岛的罗方位，当其罗方位大于危险方位时，说明船舶已进入危险线以内，应立即驶出，直至测得 *A* 岛的罗方位小于危险方位时，继续沿计划航线航行，并始终保持 *A* 岛的罗方位小于危险方位，则船舶位于安全水域。

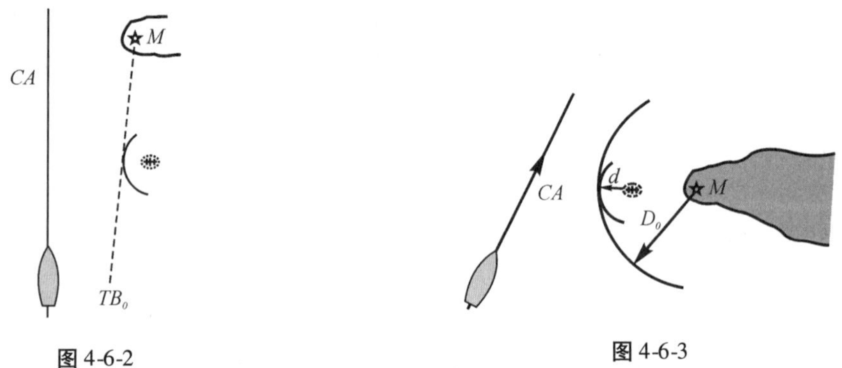

图 4-6-2　　图 4-6-3

（2）距离避险线

当避险物标与危险物的连线与计划航线接近垂直里，利用距离避险线最为有利，如图 4-6-3所示。为了避开 *B* 处的沉船与暗礁，选择 *A* 灯塔为避险物标，以 *A* 灯塔为圆心、安全距离 *D* 为半径画圆弧，该圆弧为距离避险线。在雷达荧光屏上取可变距标圈的距离为 *D*。航行中只要保持避险物标的影像不进入可变距标圈内，船舶就处于安全水域中。

第五章　海上运输业务

海上运输是实现国内、外贸易的最重要手段，货物的安全运送是海上运输的目的。本章讨论与海上运输有关的业务和货物的配积载与管理。

第一节　海上运输和船舶的营运方式

一、海上运输的有关行业

海上运输是由船舶来进行的，但它的高效率运作需要各有关行业的协调作用，这些行业和其业务内容主要包括：

1. 航运企业

航运企业一般是指以直接从事客货水上运输，实现客货空间位移为主要业务的独立的经济实体。其营运方式可分为自营、委托经营、租船营运、联合营运等。自营形式即船东自营形式，是指航运企业本身购买或订造船舶，自行经营客货水路运输；委托经营形式一般是指小型航运企业将船舶委托大型航运企业或有经验的代理人代为营运，通常付给代理费、货运酬金或付给代管费作为被委托人的报酬，但这些船经营的盈亏由船东自行负责。租船营运是以签订租船合同的方式由承租人进行营运，船东和承租人的权利和义务根据所签订的租船合同确定；联合营运形式是指航运企业在某一航线上采取一定形式的联合组织，进行联合营运，通过协商协调达到航线上货载或营运收入的公平分配，但联合体内各航运企业本身还是保持其独立性。

2. 船舶租赁业

船舶租赁业是指船舶所有人本身不经营船舶的运输业务，而将自有的船舶以光船租船(bareboat charter)的形式出租给承租人，而承租人作为航运实体经营船舶运输业务。

3. 货运代理业

货运代理业即通常所说的报关行(customs broker)或运输行(forwarding agent)，是指以收取佣金，代货主办理货物进出口报关手续，或以自己的名义接收海上运输的托运并将自己承运的货物交由航运企业运输的行业。

4. 海运经纪人

海运经纪人(broker)是以中间人的身份代办洽谈业务，促使交易成交的一种行业。

5. 船舶代理业

船舶代理业是指接收航运企业或其他有关方(委托人或被代理人)之委托，以被代理人的名义，在代理权限内，为船舶办理在港有关事宜，并收取代理费的行业。船舶代理与第三人进行法律行为的后果由被代理人负责。

6. 装卸业

装卸业是进行货物装卸船舶操作的行业，这种行业的经营人也被称为装卸人或装卸业者。装卸作业应在船长的监督和指挥下进行，装卸人应对其由于过失、疏忽、不熟练、故意、使用装卸工具不当和违反船长指挥而造成的船舶、货物的损坏和人身伤亡负赔偿责任。

7. 理货业

理货业是在装货和卸货时，对货物的数量进行清点，外观状态进行检查，并对货物的交接做出证明的行业。理货的从业人员通常被称为理货人。理货通常是由货主和船公司各自委托站在自己立场的理货人会同进行的，在代表双方的理货人的共同确认下，才能证明货物交接的正确性。

二、船舶的营运方式

船舶运输是随着国内外贸易的发展而发展的。为了适应不同贸易合同对运输的不同需要，也为了合理地利用船舶的运输能力，并获得最佳的营运经济效益，船舶的营运方式也必然不同。目前船舶的营运方式主要有两种，即班轮运输和租船运输。下面对这两种方式分别进行讨论。

1. 班轮运输

(1)班轮运输的概念

班轮运输(liner shipping)，又称定期船运输，是指船舶按规定的时间，在一定的航线上以既定的挂港顺序，经常性地从事该航线上各港之间的货物运输。

在航运实践中，有的船舶航线确定，也有船期表，但船舶到离港口的时间有一定的伸缩性，而且视货源情况，中途挂靠港口也可能有所增减。这种船舶运输通常也称为班轮运输。

(2)班轮运输的特点

与租船运输比较，班轮运输通常有以下特点：

①货物批量小，货种繁多。

②对船舶技术性能和设备及船员业务水平要求较高。

③托运人通过向承运人订舱建立海上货物运输合同关系，承运人将货物装船后签发提单作为海上货物运输合同的证明，用以明确船货双方的权利义务关系。

④在码头仓库或船边交接货物。

⑤承运人负责货物装卸并承担费用。

⑥按班轮公司费率或运价表计收运费。

⑦通常不计算由于装卸时间的延误或缩短而产生的滞期或速遣费。

2. 租船运输

(1)租船运输的概念

租船运输，又称不定期船运输(tramp shipping)，是指船舶按出租人与承租人之间达成的租船合同而进行运输。从事租船运输的船舶既没有既定的船期表，也没有固定的航线，更没有一定的挂港顺序。出租人或承租人根据租船合同，安排船舶的航线，组织货物运输。

(2)租船运输的种类

租船运输是根据承租人对运输的要求而安排的船舶营运方式，因此，根据承租人的不同营运需要，租船运输方式也就不同，主要有以下几种：

①航次租船(voyage charter)

航次租船又称程租，是指出租人提供船舶的全部或部分舱位，在约定的两个港口之间进行一个或几个航次的货物运输，而由承租人支付运费的租船形式。

航次租船按出租人与承租人约定的航次情况，可分为以下三种：

a. 单航次租船(single trip charter)单航次租船是指出租人与承租人约定船舶进行一个特

定航次的货物运输的租船形式。

b. 往返航次租船(return trip charter)

出租人与承租人约定船舶进行两个港口之间一个往返货物运输的租船形式。

c. 连续单航次租船(consecutive single trip charter)或连续往返航次租船(consecutive return trip charter)

出租人与承租人约定船舶两个港口之间的连续两个或数个单航次或往返航次的货物运输的租船形式。

②定期租船(time charter)

定期租船又称期租,是指出租人负责提供船舶,在一定期限内,由承租人按约定使用船舶进行货物运输,并由承租人支付租金的租船形式。

另外,有的期租合同的租期为船舶完成一港到另一港的一个或几个航次所需的时间,这种性质的期租为航次期租(time charter on trip basis: TCT)。

在期租情况的租期内,承租人在约定范围内,负责船舶的调度与营运。承租人可使用船舶运输自己的货物,亦可将船舶从事班轮运输或者按约定将船舶转租给第三方。

③光船租船(bareboat charter, demise charter)

光船租船又称光船租赁或船壳租船,是指船舶出租人向承租人提供不配备船员的船舶,在约定期限内由承租人占有,并按约定使用船舶进行货物运输,而由承租人支付租金的租船形式,即出租人除了向承租人收取租金外,不再承担任何责任和费用。

3. 租船运输的特点

相对于班轮运输而言,不论哪一种形式的租船运输,均具有以下特点:

(1)没有既定的船期表,也没有固定的航线和挂靠顺序。

(2)适合于运输大宗货物。

(3)出租人与承租人双方的权利义务依据租船合同确定。

(4)没有统一的运输费率或租金率,运费或租金随航运市场变化。

第二节　海上主要货运单证

在海上运输中,从货物托运装船至卸船交付,整个运输过程中的每一个环节都伴随着各种货运单证。它们既是船货双方交接货物的证明,也是货方、船方和港方联系货物装卸工作的凭证和责任划分的依据。在这些单证中,有些是受国际公约和各国国内法的约束,有些则是按照港口当局的规定和航运习惯编制使用。我国国内货运单证按《水路货物运输规则》的规定进行编制,种类较少一些,主要有货票和运单。国际海上货运单证种类要繁杂得多,不同国家乃至同一国家不同港口或船公司都有自己的货运单证,但是主要的货运单证内容及作用相同或相似。现将主要单证及其流转过程分述如下:

一、装货港使用的主要货运单证

1. 托运单(booking note:B/N)

托运单是货物托运人向承运人(通常是班轮公司)申请装运货物的凭证,承运人或其代理人如接受托运,并在托运单上签认后,海上货物运输合同即告成立。

通常,托运人根据外贸合同和信用证填写托运单。承运人或其代理人根据托运单的要求,结合船舶舱位、航线、挂靠港和船期等因素考虑接受托运，指定船名并留下托运单，并将装货单交给托运人填写。

在租船运输方式中，由于承租人根据租船合同安排货物运输，故通常不必使用托运单。

2. 装货单(shipping order：S/O)

装货单是由托运人根据托运单填写，并交承运人或其代理人签认后，据以命令船长将单上记载之货物装船的凭证。

装货单又是托运人到海关办理出口货物报关手续所需单证之一。海关如审核后准予出口货物，便在装货单上加盖“准予出口”字样的图章和海关图章，此时的装货单又称为“关单”。这时托运人才能凭“关单”要求船长将单上所记载的货物装船。

3. 收货单(mate's receipt：M/R)

收货单又称大副收据，通常是由大副在货物装船后签署给托运人的货物收据，是船方收受货物的证明，又是托运人换取正本提单的凭证。

收货单是装货单中的一联，格式与装货单相同，其除记载与装货单相同内容外，还有大副签署一栏。

大副在货物装船后，核实所装货物，签署收货单，留下装货单。如果货物在装船时外表状态不良或存有其他缺陷，大副便在收货单上予以记载，称为“批注(remark)”或“大副批注(mate's remark)”。具有批注的收货单称为不清洁收货单(foul receipt)；反之称为清洁收货单(clean receipt)。

4. 装货清单(loading list：L/L)

装货清单是船公司或其代理人根据装货单留底联，将全船待装货物，按目的港和货物分类，并依卸货港顺序排列编制的装货单的汇总清单，其是大副编制配载图的主要依据，又是理货人员进行理货，港方安排货物进出库场、驳运，以及船公司或其代理人掌握托运人备货情况等的单据。

如果有增加或取消货载的情况，船公司或其代理人将编制加载清单或取消货载清单，并送至船上。

5. 提单(bill of lading：B/L)

提单是证明海上运输合同、承运人已收到货物或已将货物装船并保证据以交付货物的单证。提单由承运人、船长或承运人代理人签发，托运人凭收货单换取。因为承运人凭提单交付货物，所以提单又称为物权凭证，即在法律上谁拥有提单谁就拥有了其上记载的货物。因此，提单可以用以结汇，流通和抵押等，并且承运人只负责将货物交给提单持有人，而不管其是否是真正拥有货物所有权。

提单的内容分为正面记载事项与背面条款。其具体内容有的是有关提单的国内法规和国际公约规定必有的，有的是为了满足运输业务的需要，由承运人自行决定或经承运人与托运人协议确定的。正面记载事项主要有：提单关系方；船舶、航次、货物情况；运费及其他费用和提单的签发等。背面条款是有关各方各种责任、义务等的定义与划分。

提单按不同角度可分为很多种，不作具体叙述。只对正本提单和副本提单作一介绍。正本提单是承运人发给托运人的正式提单，其份数按托运人的要求确定，通常为一套一式三份，每一份具有同等法律效力，且每份上均注明全套的份数。在卸货港，承运人收回一份正式提单，向提单上的收货人或提单受让人交付货物后，交付货物责任即告终止，其余各份自动失效。

副本提单是承运人签发正本提单时签发的自身需要的若干份提单。这种提单正面一般注明“副本”,“不能流通”的字样,且一般无背面条款,其用于船公司统计营运情况、卸货港的船公司代理人联系安排泊位以及船长掌握所运货物情况等。

6. 载货清单(manifest: M/F)

载货清单又称舱单,是货物全部装船后,船公司或其代理人根据副本提单编制的,按卸货港顺序逐票罗列的全船载运的货物汇总清单。它是船舶办理出口和进口报关手续的必要凭证之一,也是海关对进出口货物监管的凭证之一。根据船舶办理进出口报关手续的不同,向海关提交的载货清单可分为办理出口手续的出口载货单(export M/F)(在我国全称为“国际航行船舶出口载货清单”)、办理进口手续的进口载货单(import M/F)和办理过境手续的过境货物载货清单(through cargo M/F)。空船进港时,载货清单上需注明“无货进口”(import cargo nil)。空船出港,载货清单上需注明“无货出口”(export cargo nil)。

载货清单应随船而行,以供中途挂港或目的港办理进出口报关手续时使用,且当船舶通过某些因特殊情况而设立的对某些国家或地区的某些货物的禁运区时,也必须提供载货清单以供检查。

载货清单的内容包括船名、货物名称、标号和号数、件数、重量及尺码、装货港、卸货港、提单号、托运人和收货人名称等。

7. 运费清单(freight manifest: F/M)

运费清单又称运费舱单,在我国全称为“出口货物运费清单”(export freight manifest),是船公司或其代理人根据副本提单编制的有关全船货物运费情况的汇总单。它是卸货港船公司或其代理人收取到付运费的凭证之一。

运费清单的内容除载货清单记载的几项外,还包括运费的有关事项。

8. 危险货物清单(dangerous cargo list)

危险货物清单是船公司或其代理人编制的全船载运的危险货物的汇总单。它是船员了解船上所载危险货物情况,卸货港有关当局对危险货物予以监管的必要凭证。

危险货物清单记载的内容除载货清单记载的事项外,还包括货物的性质,装船位置和注意事项等。

9. 货物配载图(stowage plan)

货物配载图分计划配载图和实际配载图两种,说见本章第三节。

10. 其他

除前面所述货运单证外,在装货港通常还使用以下单证:

(1)出口许可证(export permit),是海关根据货主申请进行检验后签发的准予出口的证明。

(2)容积/重量证明书(certificate and list of measurement and/or weight),是具有公证资格的核量机关应货主申请,在货物装船前对货物容积或重量进行丈量或检验后签发的、表明货物的实际容积和重量的证明,其既是船货双方交接的货物的实际容积和数量的证明,又是计算货物运费和签发收货单、提单的依据之一。

(3)配载检验报告(stowage survey report),是当装运某些特种货物时,由鉴定机关对货舱状态,配载状态等进行鉴定后签发的,表明货舱适于装载或配载适当的证明,主要包括:

①装船证书(certificate of loading),是船方已按有关规定,并在鉴定人员监督下进行装货

的证明。

②谷物证书(grain cargo certificate),是船方对货舱进行清扫,做好了衬垫和隔舱,适于装运谷物的证明。

③甲板装载证明书(deck cargo certificate),是甲板货物已按鉴定人要求并在其监督下,适当装载的证明。

④油舱清洁证明书(tank cleaning certificate),是油舱已经清理并进行了水密试验,经鉴定人员鉴定适合装运散装油类货物的证明。

⑤危险货物安全装载证明书(dangerous cargo safe stowage certificate),是船舶装运危险货物时,有关机构应船方申请对货物装载作业进行监督,在按规定装船完毕后,由该机构人员签发的表明危险货物装载适当的证明。

⑥冷藏设备合格证书,是船舶装运冷藏货物之前,船级社或其他检验机构应船方申请,在对冷藏舱室和设备检验后签发的,表明该种舱室和设备适于装运冷藏货物的证明。

二、卸货港使用的主要货运单证

在卸货港,除了要使用由船公司或装货港的船公司代理人寄来或由船舶带来的某些装货港单证诸如出口载货清单、运费清单、危险货物清单、副本提单、货物配载图之外,还要用到以下主要货运单证:

1. 提货单(delivery order: D/O)

提货单是船公司或其代理签发的指示船长或仓库管理人将货物交给其上记载的收货人的单证。它是收货人在船边或仓库提取货物的凭证。

2. 货物溢短单(overlanded & shortlanded cargo List)

货物溢短单是指在卸货港所卸货物与提单(或载货清单)所载的数量不一致时,由理货人员编制的溢卸或短卸货物的汇总单。

3. 货物残损单(broken & damaged cargo list)

货物残损单是指卸货完毕后,由理货人员编制的残损货物的汇总单,其是船公司以后处理货物损坏索赔的原始依据。

在国外港口,关于卸货情况,有的编制卸货记录(discharging statement),有的编制卸货报告(outturn report),也有的使用货物收据(receipt of cargo),如采用过驳卸货,则使用过驳清单(boat note)。这些单证的使用相当于我国使用的货物溢短单和货物残损单。

4. 货物查询单(cargo tracer)

货物查询单是货物发生短卸时,船公司或其代理人向本航次的装货港、挂靠港发出的调查函,其一般分查询联和签复联,两联均被寄至被查询单位,查询联中载明要求查询的情况。被查询的单位在调查后,将调查结果填入签复联并将其寄回发函的单位。

三、海上货运及其主要单证的流转过程

海上货运从托运人托运货物始至收货人提取货物止的整个过程和主要单证的流转如图5-2-1 所示。

1. 托运人向装货港船公司的代理人或直接向船公司订舱,填写托运单(B/N)。

2. 船公司或其代理人接受承运后,签发装货单(S/O)。

3. 托运人持装货单和其他有关单证向海关办理货物出口手续,取得出口许可证(E/P)后备妥货物,经商品检验机构检量后,将货物送至码头仓库或船边。

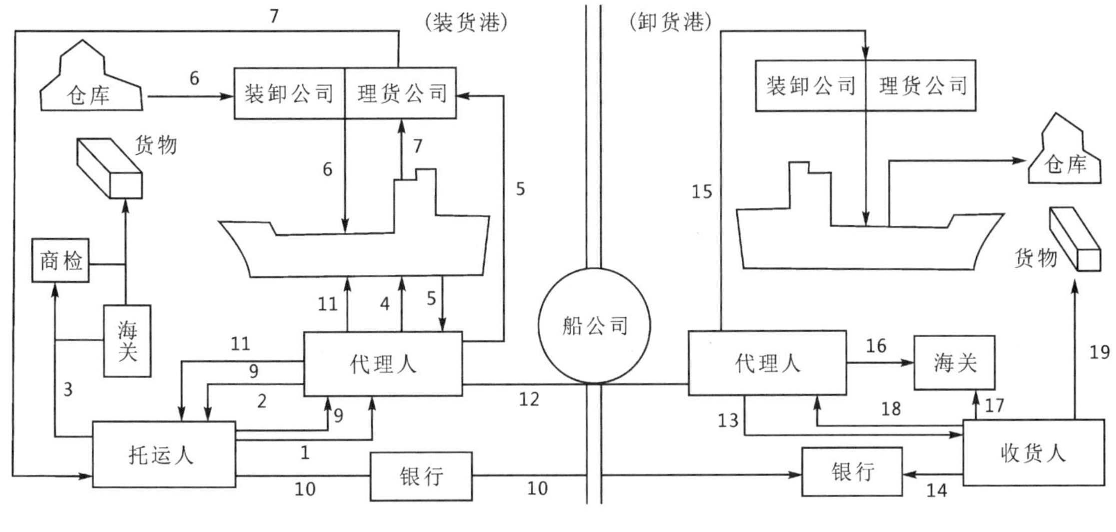

图 5-2-1

4. 船公司或其代理人根据装货单留底编制装货清单(L/C),并送至船上。

5. 大副根据装货清单编制货物计划配载图(tentative stowage play),交代理人送交理货和装卸公司。

6. 装卸公司按货物计划配载图将货物装船,装船过程中如需更动配载计划需经大副同意后更动。

7. 货物装船完毕,理货与大副共同做出货物实际配载图(stowage plan),大副签发大副收据(M/R)给理货组长,并由理货组长交给托运人。

8. 托运人持大副收据到船公司或船公司代理人处支付预付运费后,换取正本提单(B/L)。

9. 船公司或其代理人审核大副收据后,留下大副收据,向托运人签发正本提单。

10. 托运人持正本提单到议付银行按信用证结汇,议付银行将正本提单邮寄开证银行。

11. 船公司代理人根据副本提单编制出口载货清单(M/F),向海关办理船舶出口手续,并交船上,船舶起航。

12. 船公司代理人根据副本提单(或大副收据)编制运费清单,并将副本提单和运费清单邮寄或交船带给卸货港的船公司代理人。

13. 卸货港的船公司代理人收到船舶抵港电报后,通知收货人船舶到港日期,使其做好提货准备事项。

14. 取货人到开证银行付清货款,换回正本提单。

15. 卸货港的船公司代理人根据装货港船公司的代理人寄来或随船带来的货运单证,约定装卸、理货公司,安排卸货。

16. 卸货港的船公司代理人编制进口载货清单,向海关办理船舶报关手续。

17. 收货人向海关办理货物进口申请,取得进口许可证(I/P)。

18. 收货人向卸货港的船公司代理人支付到付运费后,以提单换取提货单(D/O)。

19 收货人持提货单到码头仓库或船边提取货物。

第三节　货物配载与装卸

货物配载即货物在船舶各装货舱位的分配,货物配载由大副负责,其适当与否和装卸的质量是货物运输安全的基础。本节讨论货物配载与装卸这两方面的问题。

一、基础知识

1. 与配载有关的船舶基础知识

(1)船舶的重量性能

船舶装载货物重量大小的能力,主要取决于船舶的重量性能,表征船舶的重量性能的参数除了本书第二章所述的船舶排水量(空船排水量 Δ_L,满载排水量 Δ_S 和装载排水量 Δ)和船舶载重量(总载重量 DW,静载重量 NDW)外,还有以下内容:

①船舶干舷与载重线标志

船舶干舷是指船中处从干舷甲板上边缘向下量至有关载重线的上边缘的垂直距离。干舷甲板是根据载重线公约或规范要求用以计算干舷的甲板,通常是最高一层露天全通甲板,船舶载重线即各种装载时的平均水线,其距基线的高度即船舶的平均吃水。船舶的最小干舷,亦称安全干舷,即设计吃水所对应的干舷。

为了保证船舶的安全,即有足够的浮性、稳性、抗沉性,需要一定的储备浮力。干舷的高度可以作为衡量储备浮力大小的尺度,干舷越大,储备浮力也越大,但干舷的高度大会使船舶的装货重量减少。此外,船舶的安全与不同的海区条件也有很大关系。为了保证船舶既能发挥尽可能大的装载能力,又能保证船舶航行安全,国际载重线公约和我国的《海船载重线规范》均不仅规定了各种不同海区的划分,而且规定了各种船舶均要将其不同海区的载重线标志勘绘于船中两舷外侧船壳板上(详见第二章第一节)。

有关载重线区的划分的原则是海区的风浪频率和大小。详细的海区规定为:

a. 区带(zones)

一年各季风浪变化不大的海区,船舶在此区域航行终年均可采用同一载重线。区带包括:

(a)夏季区带(summer zone),在夏季区带航行船舶允许终年使用夏季载重线。

(b)热带区带(tropical zone),在热带区带航行船舶允许终年使用热带载重线。

b. 季节区域(seasonal zones or seasonal areas)

一年各季风浪变化较大的海区。在该水域航行的船舶不同季节采用不同的载重线。季节区域包括:

(a)冬季季节区域(seasonal winter zone or seasonal winter area),在冬季季节区域航行的船舶,在风浪较小的夏季季节期允许使用夏季载重线,而在风浪较大的冬季季节期,则允许使用冬季载重线。

(b)热带季节区域(seasonal tropical area),在热带季节区域航行的船舶,在风浪较小的热带季节期允许使用热带载重线,而在风浪较大的夏季季节期内则允许使用夏季载重线。

c. 使用冬季北大西洋载重线的区带

它是指北大西洋冬季季节区域Ⅱ的 150°W 和 50°W 两经线间部分和北大西洋冬季季节区域Ⅰ的全部,其是为船长 100 m 和小于 100 m 的船舶而提出的,这种船舶在该区航行使用冬季北大西洋载重线。

各区带和季节区域的界限划分，季节期的起讫时间，可从《商船用区带、区域和季节期海图》、英版《世界大洋航路》和航路设计图等航海资料中获得。

除了载重线标志的明确勘绘外，船舶资料中还有各载重线所对应的吃水、排水量、总载重量等数据，这样船舶航区一旦确定，船舶总载重量便已确定。

②船舶常数（constant：C）

船舶常数是指船舶经过一段时间营运后的空船重量与船舶出厂时的空船重量的差值。其产生原因是船舶局部改造，修理和各种船舱内的剩余物，污泥及船体附着物等。其大小是随营运时间和修船等变化的，可用实际测定的方法确定。

（2）静水力曲线图和载重表尺

静水力曲线图（hydrostatic curves plan）和载重表尺（dead weight scale）是由船舶设计部门提供给驾驶员使用的，表示船舶正浮状态下吃水与浮性要素、初稳性要素和船型系数的关系的重要资料，静水力曲线图如图 5-3-1 所示，载重表尺如图 5-3-2 所示。

它们主要包括吃水和以下各参数的对应关系：

①船舶排水量，分为淡水排水量 Δ_f 和海水排水量 Δ。

②每厘米吃水吨数 TPC，即每厘米吃水所对应的货载重量（t）。

③水线面面积（A_w），即水线处的船舶水平剖面面积。

④浮心距船中距离（X_b），即船舶所受浮力作用中心（船舶排水体积的几何中心）距船中的距离。

⑤浮心距基线高度（KB），即船舶所受浮力作用中心距基线的高度。

⑥漂心距船中距离（X_f），即船舶水线面面积中心距船中距离。

⑦横稳心距基线高度（KM），即正浮时浮力作用线和微横倾后浮力作用线交点距基线高度，简称稳心距基线高度。

⑧纵稳心距基线高度（KM_L），即正浮时浮力作用线和纵倾后浮力作用线交点距基线高度。

⑨厘米纵倾力矩（MTC），即每厘米纵倾（吃水差变化 1 cm）的纵向力矩变量。

此外还有船舶方形系数 C_b、水线面系数 C_w、中剖面系数 C_m、棱形系数 C_p、垂向棱形系数 C_{vp} 等。

静水力曲线的使用方法是根据船舶某装载条件下的平均型吃水，在纵坐标上找到其位置点，过该点作横坐标轴平行线交需查取的参数曲线于一点，过此交点作横坐标轴垂线交横坐标轴于一点，该点的横坐标的值乘上各曲线上标明的每厘米的值便为参数的具体值（船形系数除外，其为横坐标的标示值）。

载重表尺是直接标明吃水与各参数的关系，直接一一对应便可查取，使用方便，因此，其是驾驶员常用资料。

此外，为了更方便使用，多数船舶设计部门还将吃水与各参数的具体数值对应关系制成静水力参数表提供给船方。其使用方法与载重表尺一样，但因为数值的一一对应关系，所以不仅使用方便，而且较精确。

（3）船舶的容积性能

船舶的容积性能包括：

①货舱容积（capacity of cargo hold）$V_{c.h}$

中横剖面系数
垂向棱形系数
水线面系数
棱形系数
方形系数
浮心纵向坐标 1cm=1m
漂心纵向坐标1cm=1m
中后
中前
每厘米吨数1cm=0.5t/cm
水线面面积1cm=50m²
每厘米纵倾力矩1cm=5N m/cm
排水量（海水）（船壳系数1.006）1cm=500t
排水量（淡水）（船壳系数1.006）1cm=500t
横稳心垂向坐标1cm=1m
浮心垂向坐标1cm=1m
纵稳心垂向坐标1cm=100m

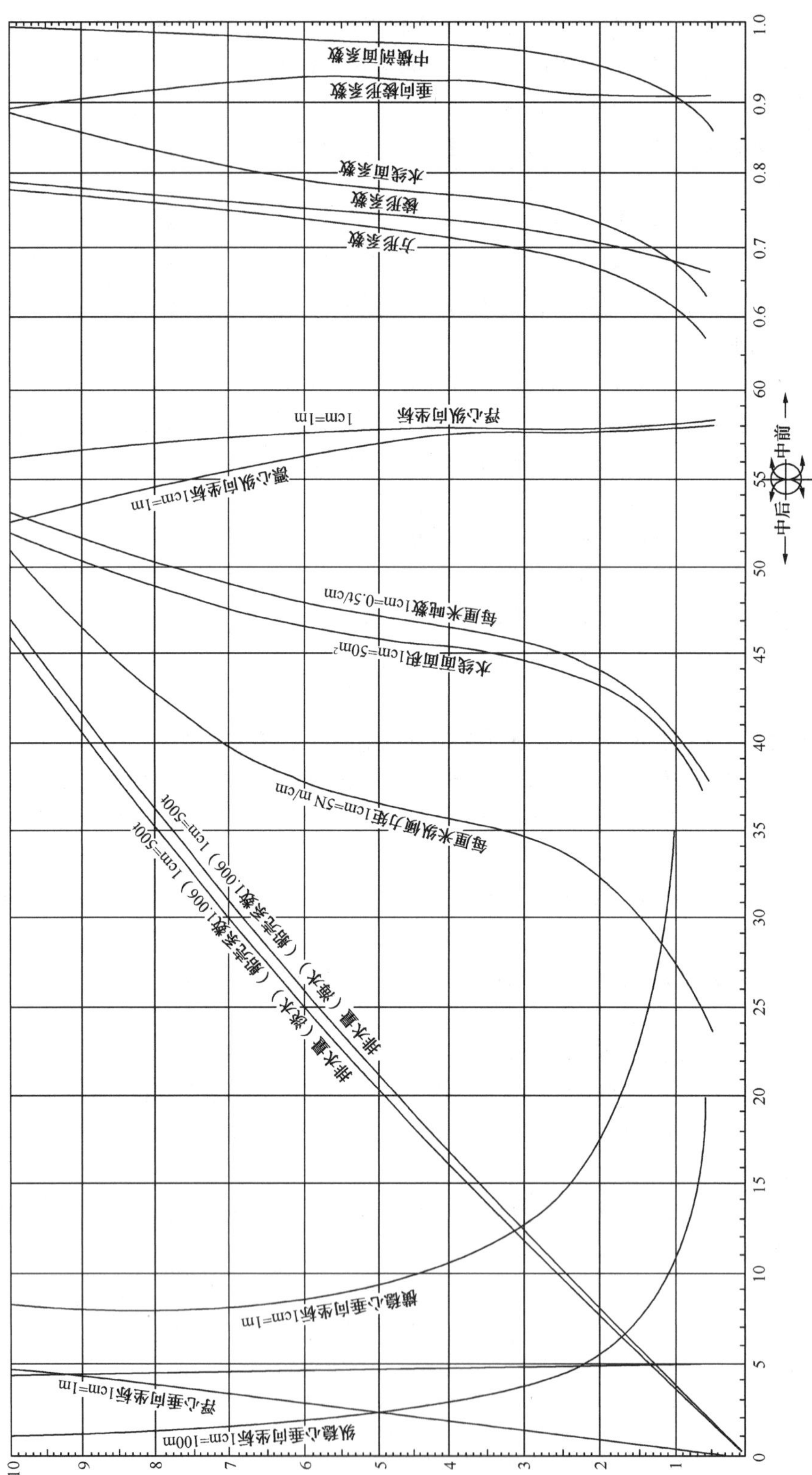

图 5-3-1

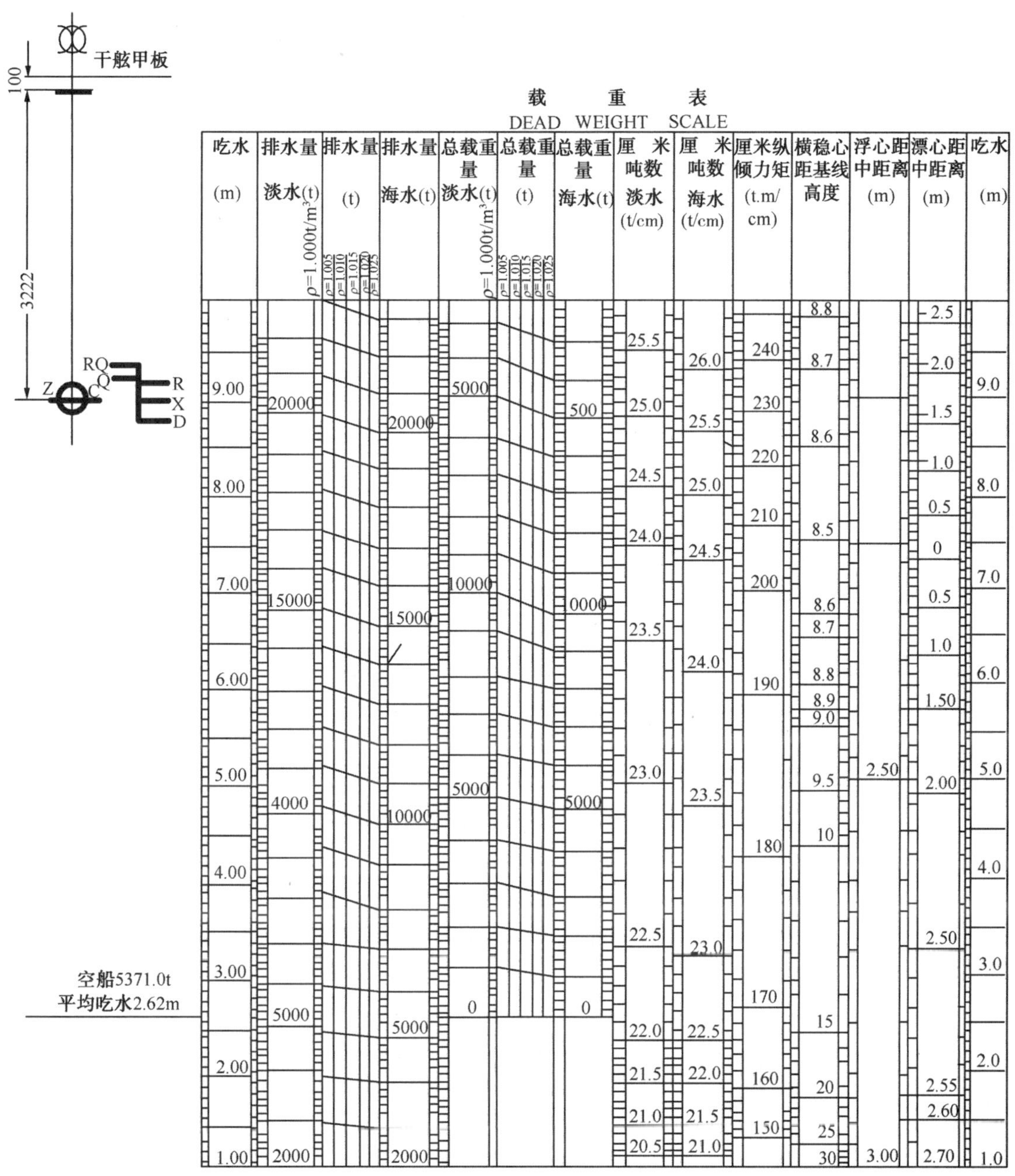

图 5-3-2

是指船舶各货舱的总容积或其中任一舱的单舱容积，包括货舱能装载散货的散货容积和能装载包装件货的包装容积，一般包装容积为散装容积的 90% ~95% 。

新建船舶的船舶资料均包括有舱容图，货舱容积表和液舱容积表，它们给出各货、液舱的位置、形状、几何尺度、容积及其几何中心距船中的距离和距基线的高度。

②舱容系数 μ(coefficient of load)

是指船舶每一净载重吨所占有的货舱容积(m^3/t)。由于船舶净载重量因航线而异，因此舱容系数也是变化的。一般船舶资料中所提供的舱容系数是指船舶在设计吃水，按最大续航力,燃油、淡水、供应品满载情况下的数值。船舶舱容系数的大小,决定了船舶装轻货或重货的能力。

(4)集装箱船的装载量与箱位表示法

①集装箱船的装载量除了和净载重量有关外,还取决于箱容量,箱容量包括:

a. 标准箱容量是指集装箱船所能承载的最大标准箱(20 ft 集装箱:TEU)的数量。

b. 标准箱和 40 ft 集装箱的实际箱容量是集装箱船在设计上对某些箱位有只能装载标准箱或 40 ft 集装箱的限制时,实际承载这两种箱的能力。

c. 特种箱容量是指集装箱船装载超长、超宽、超高和冷藏集装箱的能力。

d. 特殊规定下的箱容量是根据某些特殊规定确定的箱容量,如巴拿马运河箱容量。

②集装箱船舶的箱位表示法

集装箱船的箱位用三维坐标确定,6 位字符代码表示。三维坐标为船首尾方向(纵向)的排号(bay number)、横向的列号(row or slot number)和垂向的层号(tier number)。6 位字符代码为:前两位表示排号,中间两位表示列号,后两位表示层号,具体为:

a. 排号

自船首向船尾从"01"开始以奇数顺序表示以标准箱为基准的排号,以"02"开始以偶数顺序表示 40 ft 集装箱的排号,即 01、03 排为 02 排,05、07 排为 04 排……以此类推。

b. 列号

列号有两种表示方法,一种为自右舷向左舷从"01"开始以自然数顺序表示;另一种为自中纵剖面开始向右舷从"01"开始以奇数顺序、向左舷开始以偶数顺序表示,如果船首尾线上有一列,其列号为"00"。

c. 层号

层号也有两种表示法。第一种表示法为自下而上,舱内从"02"开始以偶数顺序,甲板上从"82"开始以偶数顺序表示。另一种表示方法也为自下而上,舱内以"H1、H2…"顺序,甲板上以"D1、D2……"顺序表示。

例如,某集装箱船共有 23 个标准排,6 列,舱内 4 层,甲板上 3 层,有一 20 ft 集装箱装在第三排,舱内第二层,右舷第一列,另有一40 ft集装箱装在第三和第五标准排上,舱内第三层,右舷第一列。那么,标准箱的箱位便可能是"030102"或"030502"或"0301H2"或"0305H2",40 集装箱的箱位可能是"020103"或"020503"或"0201H3"或"0205H3",视该船所选定的表示法确定。

2. 货物基础知识

(1)货物的分类

货物的种类繁多,包装、规格、性质各不相同,为了保证货物便于装载,在运输过程中完整无损,处理好货物与货物之间,货物与船舶之间的关系,将货物尽量适当地进行分类是必要的。

货物按其状态可分为:

①包装货物——用箱、捆、桶、袋等包装起的货物。

②装货物——没有进行包装的件货,如木材、钢材、汽车等。

③液散货物——液态和散状,一般以重量计算进行运输的货物,如石油、砂石、粮谷等。

货物按其性质又可分为:

①危险货物(dangerous cargo)——具有燃烧、爆炸、腐蚀、毒害、放射等性质的货物,这类货

物在运输过程中必须遵守《国际海运危险货物规则》的规定。

②清洁货物(clean cargo)——在运输过程中不能混入杂质或被污染的货物。

③扬尘污秽货物(dusty and dirty cargo)——能扬尘并污染其他货物的货物。运输中应避免将其和其他易受污染的货物混装在一起。

④流质货物(liquid cargo)——装在各种容器中的液体或半液体货,如油类、酒类、菜品等。这类货物在运输过程中容易因容器损坏而泄漏,损害其他货物。

⑤气味货物(smelled cargo)——能散发香气、臭气,刺激性及特殊气味的货物,如生皮、猪鬃、马尾、樟脑、烟叶、农药、骨粉、化肥等。运输过程中应防止其污染清洁货和食品等。

⑥冷藏货物(refrigerated cargo)——常温下易腐烂变质的货物,如各种肉类,蛋与蛋制品,海产品,鲜果等。这类货物在运输过程中应按要求保持其处于冷冻或冷藏状态。

⑦重大长件货物(awkward and lengthy cargo)——重量过重,货件过大,在装卸和舱位安排上应特别考虑的货物,如机车、起重机、重型机械等。

⑧贵重货物(valuable cargo)——价值昂贵或具有特殊价值的物品,如贵重金属、精密仪器、古董等。这类货物在运输中需特别保管。

⑨易碎货物(fragile cargo)——受挤压或撞击易于破碎的物质,如玻璃及其器皿,陶瓷制品等。这种货物在装卸和运输中应谨慎处理,避免其受挤压或撞击。

⑩活牲畜货物(live cargo)——活的动物,如家禽、家畜及野生动物等。这类货物在运输中一般货主派专人照料。

以上讨论了货物的种类,而有的货物具有多种性质,在运输中要根据具体情况进行装载。

(2)货物的标志

在货物或货物的包装上,由发货人涂刷、烙印、拴挂或粘贴的文字、代号和图案叫货物的标志,其作用是便于工作人员辨认货物,以利交接、装卸、分票、清点、查核;避免错发、错卸和错收等。货物的标志包括:

①主标志(main mark)

主标志是通常用文字或代号表示的收货人名称、贸易合同编号或信用证编号和发货符号等。

②副标志(counter mark)

副标志是主标志的补充,包括目的港、发货港及货物名称、规格、编号、尺码和重量等。

③注意标志(cautionary mark or care mark),注意标志是各种形象的图案和附加文字说明,用以显示货物的性质和有关运输的注意事项。

(3)货物的积载因数和亏舱率

①货物的积载因数(stowage factor)

a. 不包括亏舱的积载因数——某种货物所具有的平均量尺体积(货物最外廓的最大体积),单位为 m^3/t,用 $S.F._1$ 表示。

b. 包括亏舱的积载因数,指某种货物 1 t 所占的货舱容积,单位为 m^3/t,用 $S.F._2$ 表示。

②亏舱率(ratio of broken space)

装货时,货舱中无法利用的空间叫亏舱或空位,其容积与船舶装货舱容积的比值叫亏舱率,用 $C_{b.s}$表示。亏舱率的大小取决于货物的种类、包装形式、堆放方式与质量、货物的装舱部位等因素,其大小可结合统计资料和自己实践经验的积累不断修正得出。

③货物积载因数和亏舱率的使用

实际工作中,货主一般提供不包括亏舱的积载因数,可结合亏舱率换算出包括亏舱的积载因数供配载中使用。

显然

$$S.F._2 = S.F._1(1 + C_{b.s})$$

这样求出包括亏舱的积载因数,便可用其解决以下问题:

a. 确定船舶所能装载的货物吨数

因为船舶的装货舱容 $V_{c.h}$ 可从船舶资料中得出,所以如果知道了包括亏舱的积载因数,船舶的载货吨数 W 为

$$W = \left(\frac{V_{c.h}}{S.F._2}\right) \quad (\mathrm{t})$$

b. 确定货物所需舱容

如果货物的重量,不包括亏舱的积载因数和亏舱率已知,那么货物所需的舱容 $V_{c.h}$ 为

$$V_{c.h} = W \times S.F._2 \quad (\mathrm{m}^3)$$

c. 确定船舶是否满舱满载

确定船舶是否满舱满载取决于所要装的货物是重货,还是轻货。如果货物的积载因数小于船舶的舱容系数其便为重货;反之为轻货。重货会造成满载不满舱,轻货会造成满舱不满载。

相对于集装箱船要结合集装箱总重量、数量和船舶规定的净载重量(见后讨论)、箱容量一起考虑。如果集装箱过重,数量还没有达到船舶的箱容量时,总重量已达船舶规定的净载重量,则为满载不满足箱容量;反之,则是为满足箱容量而不满载。

二、货物配载

船舶接到"航次命令",明确装货港,中途挂靠港和目的港,得到装货清单后,主管船舶配载的大副就要在对船舶和货物等因素综合考虑的基础上,向各舱位分配货物,并最终通过校核,调整编制货物配载图(计划配载图),配载图经船长批准后就成为本航次货物装船的依据。本部分讨论货物配载的基本原则和配载图的编制。

1. 货物配载的基本原则

在保证船舶安全、货物完整的前提下,充分发挥船舶的运输能力是船舶配载的基本原则,具体包括:

(1)保证船舶的安全

货物装载影响船舶安全的因素有:

①浮性

浮性是船舶的航行性能之一,为了保证船舶具有足够的浮性,要求在装货前认真核定船舶的装货量,使其不大于船舶规定的净载重量(NDW)。船舶规定的净载重量则要根据航次的具体情况由下式确定

$$NDW = DW - \sum G - C \quad (\mathrm{t})$$

式中:C 为船舶常数,其值在一定的时间内为定值。$\sum G$ 为航次储备量,包括航次所需的燃料、淡水、粮食和供应品、船员的行李、船用备品的数量,其中,粮食和供应品、船员和行李及船用备

品的数量一般为定值,燃料和淡水的储备量可根据船上燃油和淡水舱柜的容量及船舶至可补加燃油、淡水的港口的时间长短确定。DW 为船舶的总载重量,其大小可视以下两种具体情况确定:

第一种情况是由于航线(港口及航道)水深的限制,使船舶不能按适应于航行海区的载重线所确定的吃水装载时,应根据下式确定船舶的装载吃水 d

$$d = D_d + H_w + \delta d_g + \delta d_p - D_a \quad (m)$$

式中:D_d—— 航道最浅处的基准水深(m);

H_w—— 过浅水时可利用的潮高(m);

δd_g—— 由始发港至最浅处船舶燃料、淡水等消耗使吃水可以增加的值;

δd_p—— 航道最浅处的水密度使船舶吃水的变化量(m);

D_a—— 船舶过浅水时应留的富余水深。

船舶装载吃水确定后,便可据此从静水力曲线图或载重线图尺上查得船舶的总载重量。

第二种情况是当航线水深对船舶吃水无限制时,则根据船舶航行海区确定,具体为:当船舶整个航次在使用同一条载重线的海区航行或船舶由使用较低的载重线海区航行至使用较高载重线的海区时,应根据船舶装货港所在海区确定装载吃水;当船舶由使用较高载重线的海区航行至使用较低载重线的海区时,应以船舶航行途中的燃料消耗,使之航行至使用较低载重线的海区时,船舶吃水正好等于该海区所允许的吃水为依据确定装载吃水,从而查取船舶载重量。

船舶按以上方法求得船舶规定的净载重量,便可据此受载,从而保证了船舶的浮性。

②稳性

稳性有横稳性和纵稳性之分,因为一般船舶纵稳性都很大,船舶运输中对此不予考虑,所以一般所说的稳性是指船舶的横稳性。

船舶横稳性的大小与航行安全有密切的关系,如果稳性过小或失去稳性,船舶便会有倾覆的危险;如果稳性过大,便会造成航行中船舶的剧烈横摇,从而影响船体强度和主机正常运转,严重时导致货物移动而危及船舶安全。

为了保证船舶的营运安全,国际海事组织和各航运国家都对船舶的稳性提出了衡准要求,其计算和校核内容有很多项,最基本的是船舶的初稳性,其用初稳性高度表示,而且我国《海船稳性规范》规定船舶设计部门应为船舶提供《临界稳性高度曲线》以简化稳性衡准,即船舶的初稳性高度不要大于从曲线上根据船舶排水量查得的临界稳性高度,也就同时满足了其他衡准的要求。

为了保证船舶有足够的稳性,应尽量减小存在自由液面的舱柜的数量,装载时一定要将重货尽量配布在舱的下部。但是如果将重货不加考虑地全部配在舱的最下部,将有可能造成稳性过大,从而影响船体安全。对于特定船舶,其稳性报告书中提供的货物在不同舱室的分配比例和经验数据是最有参考价值的资料,应充分加以利用,以获得适合船舶的最佳稳性。

③强度

船舶结构抵抗船体发生损坏及变形的能力称为船舶强度(strength of ship)。船舶强度分为总强度(纵强度、横强度、扭转强度)和局部强度。船舶强度是否满足要求,取决于船体结构尺度的正确选择和船上载荷分布的合理性,对于营运中的船舶,只能通过合理地分配载荷以改善船舶的受力情况从而保证船舶强度不受损失。从配载角度来看,主要应考虑纵强度和局部强度问题。

船舶纵强度(longitudinal strength)是指船舶抵抗船体沿船长方向产生剪切及弯曲变形的能力。如果载荷在船长方向上分布不均,势必造成船舶纵强度的损失,例如,船首尾部货舱装货过多,中部货舱装货过少,首、尾部承受过重的负荷,就会产生中拱现象,严重时便会造成中部舱口处裂缝,从而导致船体折断;反之,中部货物过重,首、尾部位装货过少,就会产生中垂现象,严重时也会使船体折断。为了保证船舶纵强度不受损失,配载和装卸货时应综合考虑以下几个方面的问题:

a. 各舱位装货量,对于一般货船按各舱的舱容占全船装货舱容的比例(舱容比)分配各舱装货量,对于集装箱船,按各排的规定箱数占全船规定箱数的比例分配各排装货重量后再确定各排装箱个数。分配完后,为了满足其他方面诸如吃水差、货物的性质是否互抵等的要求,可做适当调整,但调整时应参考船舶稳性报告书中提供的各种配载方案。

b. 当有中途卸货港时,中途港的货物在考虑其装卸方便的基础上均衡配载,不要将中途港的货物集中装于某个舱内。

c. 为了装货结束前调整吃水差,配载时往往在船舶的首、尾舱中保留一定的舱容,并留出一些货物。这时,应特别注意防止出现过大的弯矩。

d. 装卸过程中,要防止某一个舱或几个舱集中装完或集中卸完,而另外几个舱或一个舱不装或不卸的情况。

船舶的局部强度是船舶结构抵抗船体局部变形或破坏的能力。虽然局部强度是局部性的,但如果配载不当,轻者使船舶局部塌陷,严重时导致全船的破坏。为了保证船舶的局部强度不受损失,配载时应综合考虑以下几个问题:

a. 使船舶局部受力不大于船舶结构的允许负荷量。船舶各部位的允许负荷量可从船舶资料中查得,但实用中必须考虑船舶因锈蚀等原因造成强度降低,对此做适当的调整。

b. 装重大件货时,应在其下面衬垫,使接触面积增大降低单位面积所承受的负荷,且重件货应配装在跨过横梁及甲板下有支柱的位置,必要时加临时支撑。

c. 为了防止一般货船上的自动舱盖变形漏水,其上一般不允许装重货,必要时可装少量轻货。

④吃水差(trim)

船舶吃水差是指船舶首吃水 d_f 与尾吃水 d_A 的差值,用符号 t 表示,当船舶首尾吃水相等,即吃水差为零时,称为平吃水(even keel);尾吃水大于首吃水时称为尾吃水差(trim by stern),也叫尾倾,一般用负值表示;首吃水大于尾吃水时,称为首吃水差(trim by head),也叫首倾,一般用正值表示。

吃水差对于船舶的操纵性、快速性与抗风浪性能都有影响。船舶首倾时,会使船速降低,操纵失灵,首部甲板大量上浪,而且船舶纵摇时,螺旋桨时而浸入水中,时而露出水面,使主机负荷不均,影响其正常工作。船舶航行要求有一定尾倾,其可以使船体入水部分流体线型良好,充分发挥速度性能,提高推进效率,也能改善舵效,使操纵灵活,又可以减少首部甲板上浪,对船舶安全及货运质量均有利,但尾倾过大会使船舶操纵性能变差,易偏离航向,船体首部底板易受波浪拍击而导致损坏,还不利于瞭望,而且吃水差的大小也影响船舶出入吃水受限制的港口及通过浅水航道时载重量的利用。配载时,要结合船舶稳性报告书中提供的资料、航行经验数据和航次具体情况,调整好吃水差。为了切实保证装货后吃水差合适,方案中还应包括留出的供调整吃水差用的货物数量和舱位位置,或者对于不满载的情况表明用压载水调吃水差的方案。

(2)保证货物的完整

把承运的货物完整无缺地运至目的港是货运工作的直接目的,这就要求在配载时,周密考虑货物的性质来确定货物舱位的选择和货物混装问题。

①货物舱位的选择

船舶货船的装载条件和保管货物的条件各不相同,而货物品种繁多对运输保管条件的要求也是各种各样的。因此,在配载时应根据货物的性质和包装条件,选择适宜的舱位。对于不同货物应考虑的基本原则为:气味货最好集中在容积较小的首尾舱底舱,或与其他不怕气味的货物配在一起;易碎货物应注意配在其他货物上面,不易受挤压,基础稳固、容易装卸的处所;流质货物宜选择在二层舱的四周;扬尘污染货应配在底舱其他货物的下面;重大件货的配置应选配于舱口尺度较大和备有重吊的大舱舱口下方,如果限于舱口尺度下舱有困难者,在可能的条件下,可配置在甲板上跨越横梁和利于绑扎的部位;包装脆弱、堆高层数不能太多的货物,应装在上层舱或不怕压的货物上面;水果、蔬菜等易腐烂的冷藏货物应配在冷藏舱内;食品货物应选配在清洁、干燥、无异味、无虫害、远离热源和通风良好的处所;贵重货物一般应配置在专用的贵重物品舱内,如无专用舱室,可配置于货舱一角,最先装最后卸,四周围以其他货物围闭,或者配在舱口、最后装最先卸,便于船员监管;清洁货物应选配在清洁、干燥的处所。

②各种货物的混装

同一货舱装载不同种类的货物时,必须考虑货物性质是否互相适应。如果性质互相抵触的货物混装在一起,就要出现污染串味、变质等现象,造成货损。具体应根据货物标明的性质按以下基准配载:气味货不能与怕气味货混装;食品不能与有毒物品混装;扬尘污染货不与怕污染货混装,忌潮湿货物不与散发水分的货物混装;流质货物不配在怕污染货的上面;能相互起化学反应的货物不能混装。

(3)充分利用船舶的装载能力

船舶的装载能力即船舶具体航次能装多少货物的能力,其包括两个方面:一是载货量,其由浮性的保证确定;二是载货容积,其由船舶的货舱容积和货物的积载因数结合确定,最佳的装载即满舱满载。

(4)提高装卸效率

装卸速度的快慢直接影响船舶的营运效益,所以在配载时必须考虑提高装卸效率的问题。如果船舶卸货港口不止一个,分配货物时必须按到港的次序安排,最后到港的货物配装在底舱或不影响前序港货物的位置,上部和舱口位置配装前序港口先卸货物。若一个港口的货物数量太多,则不宜集中配在一、两个货舱内。对数量不多的重大件货或较笨重的货物,应尽量配在吊钩直接可以落下起吊的舱位,便于工人操作。为了减少装卸货时间的延误,应将装卸效率高的货物配在舱容大的货舱,效率低的货物配在舱容小的货舱,并对由于港口堆场对货物到舱顺序的限制作出考虑。

2. 配载的步骤

配载之前应对本船的性能、航线情况、卸货港的条件、港口及航道水深情况有充分的了解,并掌握本航次装运货物的性质、包装、批量、票数等,在此基础上按以下步骤进行配载:

(1)核定本航次的货运量

航次货运量是船舶在本航次装运的货物数量,一般由船公司其代理人确定并在航次开始前以装货清单的形式下达给船上。船舶接到货物清单后应立即对重量和容积两个方面进行综合核定,以满舱满载的准则,如果货物不能装下,则应马上通知公司或代理处理是;如果货物既不满舱也不满载也应通知公司或代理看是否有加载的可能,以便充分利用船舶的装载能力,提高营运效益。

(2)确定各舱分配货物的数量

各货舱货物的分配数量的多少应综合考虑船舶强度,稳性和吃水差确定,具体做法是:首先依据在强度部分中讨论的各舱货量的确定法决定各舱(集装箱船各排)的装货量,然后从稳性考虑确定底舱与二层舱的货物数量比例(对于集装箱船则各层的装货数量),具体数值应根据船舶稳性报告书提供的数据和一般经验数据确定。

(3)向各舱分配货物

向各舱分配货物是配载的关键,对于油船、散粮船按其各舱的货物分配量,并保证装满舱(或在货量不足时,适当考虑减少自由液面影响)即可;对于集装箱船,在考虑了危险品箱和其他特种箱如冷藏、超高箱、超宽箱、超长箱的箱位和货物堆场及装卸的要求后,便可按上一步确定的比例,向各个排、层和列分配货物;对于杂货船这些工作往往是较复杂的,一旦处理不好就会造成货损、货差影响船舶的营运效益,因此,应按一定顺序,慎重仔细地进行,具体做法如下:

①根据装货清单将货物进行分类,首先按卸货港先后顺序进行分类,然后在每类中再将大票货和数量较小的零散货进行分类,并同时标出需重点考虑舱位的特殊货。

②根据先末港后初港、先底层舱后二层舱,先特殊货后一般货,先大票货后零散货的原则将货位作出总的安排。

③仔细考虑各种货物的舱位和忌装问题,重货和不怕压的货装在下面,轻货和怕压的货装在上面;液体货装在干货的下面,需要通风的货装在上面;硬包装货(箱装、桶装)装在形状规整的中部舱位,软包装货(袋装、包捆货)装在艏艉货舱,怕热货物装在远离机舱的舱位;大件货、重货严格考虑船舶局部强度和船舶重吊的位置选择舱位;特殊货物和忌装货物根据其性质选择舱位。

(4)校核强度、稳性和吃水差

以上过程是在保证纵强度、稳性和吃水差基本上没有问题的前提下进行货物配置的,但实际情况与预计要有些出入,为了保证船舶安全,初配完成后,应针对航次情况(包括离始发港,到离各中途港,到达终点港)对船舶的稳性、吃水差和强度进行校核,如有不当,应予以调整,直到符合要求为止。

(5)编制配载图

经过校核,调整,认为已符合要求的配载方案,应绘制为正式配载图,供指导货物装船使用。

绘制配载图即将船舶配载所要求的内容,按照一定的格式和表示方法,填绘在事先印好的船舶侧面图上。绘制的配载图要求清晰、整洁、简明、易懂。图上除注明船名、航次、始发港、中途港、到达港及标明货物在舱内的堆放位置外,还应记载各批货物的名称、件数、重量、提单号码,多港口卸货还应标明港名,对货物的装卸及堆放等有特殊要求时,还要加以相应的备注说明。

货物舱位的表示方法,对于散货船、油船、液化天然气船等较为简单,杂货船和集装箱船相对复杂一些。

杂货船货物舱位一般底舱用侧面图表示，二层舱用平面图表示。在表示底舱配载的侧面图中，水平虚线表示上下分隔，垂直虚线表示首尾向分隔，斜虚线表示左右向分隔。在表示二层舱配载的平面图中，左右方向虚线表示前后分隔，艏艉向虚线表示左右向分隔，斜虚线表示上下分隔。杂货船配载图如图 5-3-3 所示。

集装箱船箱位分布用两种图表示，一是包括有整个船舶全部排位的横剖面缩影图（总图或面图），二是每个排位的横剖面说图（排图或分图）。

总图上只用简单符号表明集装箱的装载位置，基本上有两种表示方法：第一种如图5-3-4所示，箱位方格上，标有的英文代码为卸货港，如上海港用“S”表示，代码左上方的“0”表示该箱位为危险品箱，并以文字 D6.1 表示危险品等级，此外将不同种类的集装箱（危险品箱、冷藏箱、满箱、空箱等）涂以不同颜色。另一种表示方法为在箱位方格上用不同种类的集装箱代码标明（E 表示空箱，F 表示装有货物的集装箱，D 表示危险品箱、F_R 表示冷藏箱），而不同港口货用不同颜色区分。无论哪种表示方法，箱位方格中的“□”，表明该箱位被其相贯通的前排标明的 40 ft 集装箱占用；此外，箱位上方的“∧”符号表示该箱位所装集装箱为超高箱，空格两侧符号“ < > ”表示所装集装箱为超宽箱。

排图表明每排各箱位所装集装箱的详细情况，一般每箱位方格中均标明该箱位集装箱的装货港、卸货港集装箱编号（箱所有人为集装箱编排的号码）、箱重、备注（如危险品按国际危规标明危险品等级）和箱位号（如 010184）等，如图 5-3-4 所示。图 5-3-4 所标明的船舶的第一排排图如图 5-3-5 所示。

三、货物的装卸

配载图是货物装卸工作的指导性文件，但是有了配载图并不等于货物装载问题已经解决，配载图应在装卸过程中贯彻实施，为了很好地实施配载计划，保证货物安全地装载、运输和卸下，必须做好以下方面的工作：

1. 装货准备工作

装货前的准备工作包括：

（1）吊货设备的升起、安置和检查，如果利用岸吊需把船舶的吊杆或克令吊臂转到外档。

（2）货舱的清洁、干燥、去味和通风，如果需要验舱后装货，则应全力以赴、按要求将货舱清洗干净，保证验舱顺利通过。

（3）检查舱内设置，如舱壁护板、舱底板是否完整，污水沟是否畅通，管道有无渗漏。

（4）如果需要衬垫与隔票物料或货物绑扎索具，检查其是否已按需要备齐。

（5）大副向值班驾驶员和看舱水手布置装货要求和注意事项，并对装货的准备情况加以检查。

2. 装货

装货时的主要工作包括：

（1）看舱水手监督装舱货物的破损、水湿或污染等情况，发现不符合要求的货物，应另外放置，并及时报告值班驾驶员或大副处理。

（2）值班驾驶员在装货过程中，应不断将货物装舱位置和分批隔票情况与配载图核对并标记，如发现不按配载图装载应予以制止并报告大副，以便向装卸负责人交涉。

（3）装载危险品、冷藏货物和重大件货物时，值班驾驶员和大副应亲临现场监装，对于不

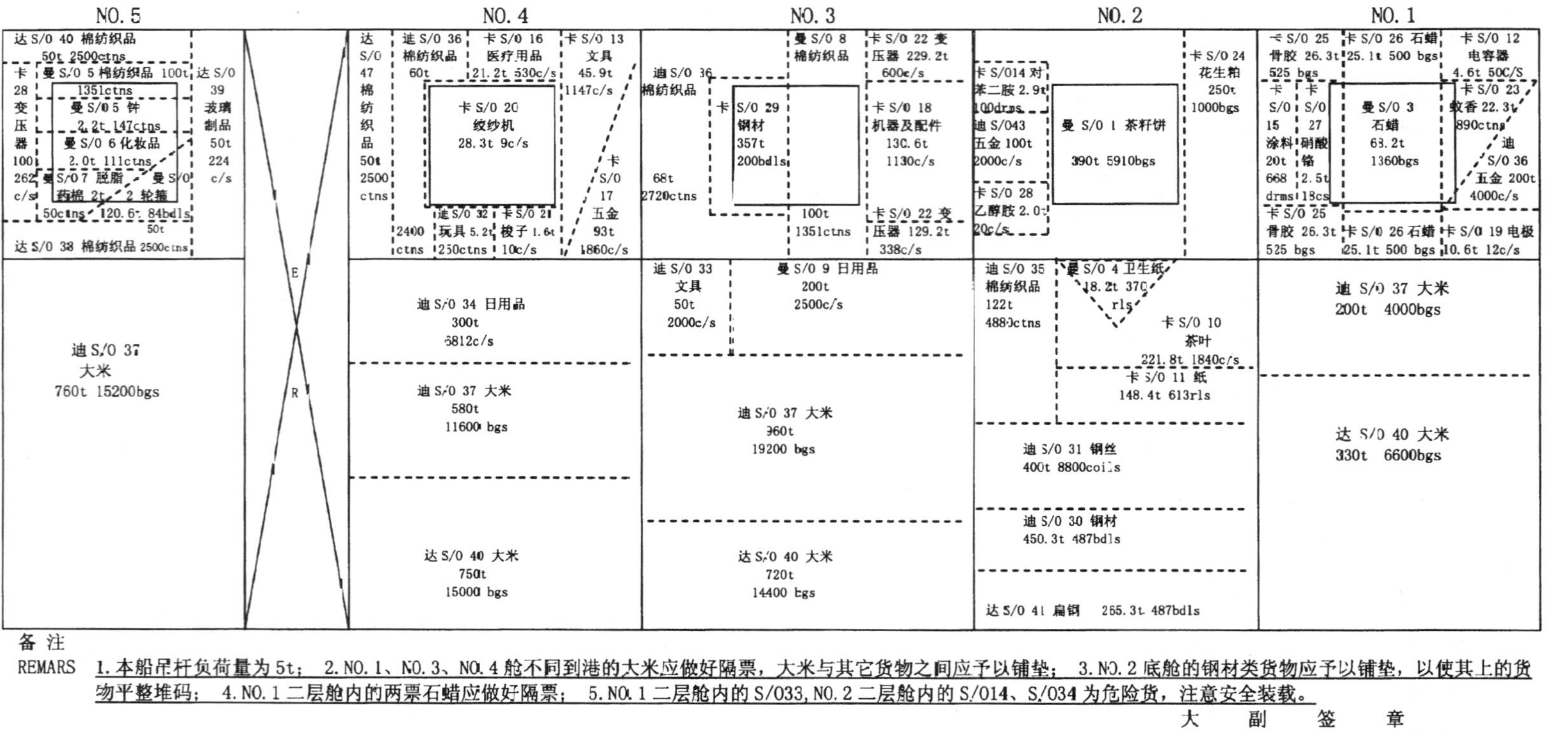

备 注

REMARS 1. 本船吊杆负荷量为 5t； 2. NO. 1、NO. 3、NO. 4 舱不同到港的大米应做好隔票，大米与其它货物之间应予以铺垫； 3. NO. 2 底舱的钢材类货物应予以铺垫，以使其上的货物平整堆码； 4. NO. 1 二层舱内的两票石蜡应做好隔票； 5. NO. 1 二层舱内的 S/O33, NO. 2 二层舱内的 S/O14、S/O34 为危险货，注意安全装载。

大 副 签 章

SIGANTURE OF CHIEF OFFICER (C/O)：×××

图 5-3-3

BAY 07
BAY 05 (04)
BAY 03
BAY 01
D6.1
BAY 15
BAY 13 (12)
BAY 11
BAY 09 (08)
BAY 21 (20)
BAY 19
BAY 17 (16)

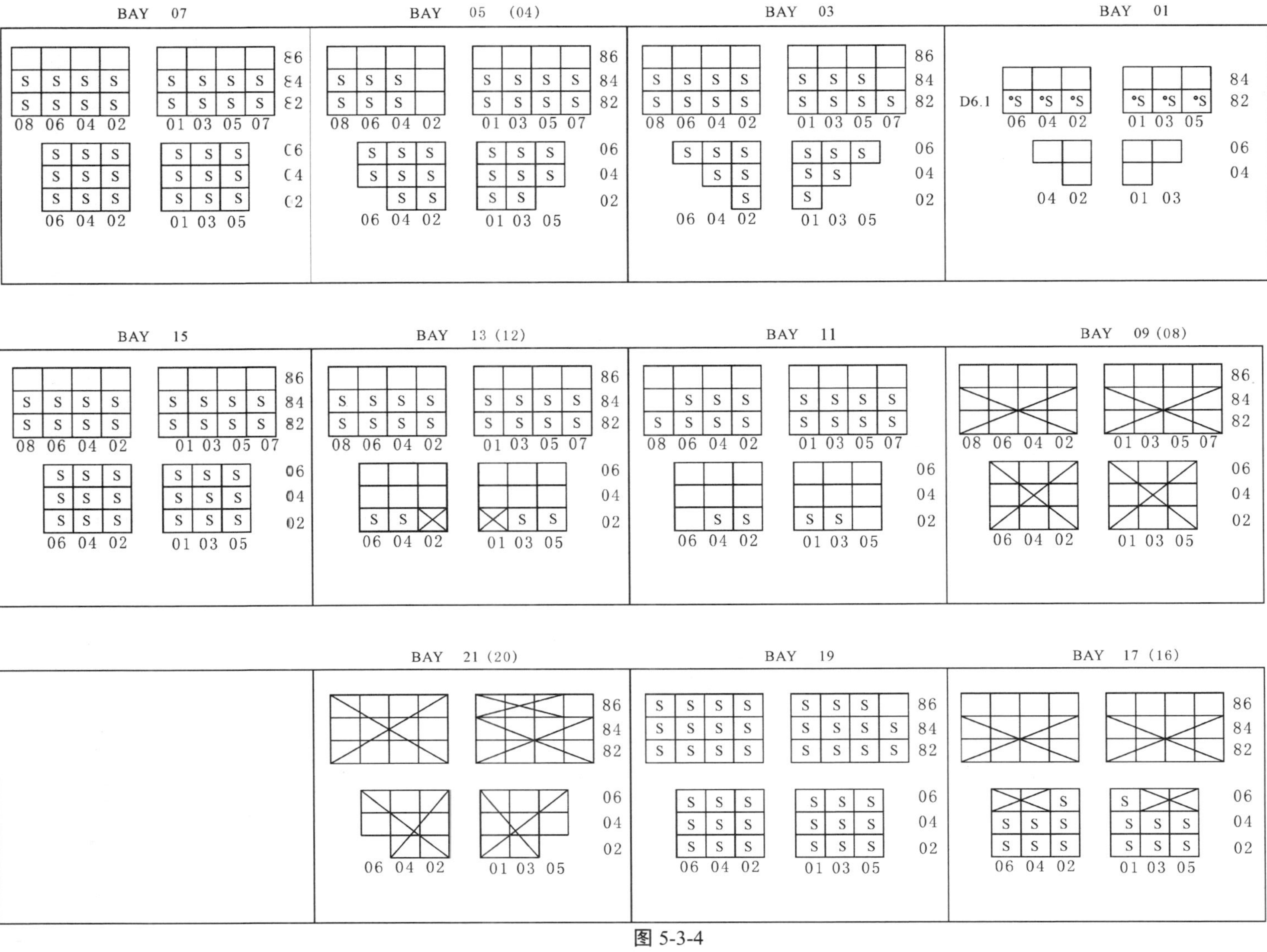

图 5-3-4

BAY 01

010684	010484	010284	010184	010384	010584
010682 SHA X MOJ WCIU 2810163 IMO 6.1 19.6	010482 SHA X MOJ WCIU 2810939 IMO 6.1 19.6	010282 SHA X MOJ WCIU 0623435 IMO 6.1 19.7	010182 SHA X MOJ WCIU 2515390 IMO 6.1 19.7	010382 SHA X MOJ WCIU 2805640 IMO 6.1 19.6	010582

010406	010206	010106	010306
	010204	010104	

图 5-3-5

符合要求的货物和装载方法及时处理。

(4)注意装货过程中的安全,定时检查装卸设备,注意监督是否存在超负荷或不合理的操作现象。

(5)注意平衡装载,防止船舶横倾或过大的首倾或尾倾,及时排出压载水,调整各系泊缆绳的受力情况。

(6)值班驾驶员按时记录各舱的装货进度。遇有货损事故,要正确作出现场记录,请在场业务员签字并汇报给大副。

(7)监督来货质量和理货工作,必要时组织船员参加理货。

(8)大副应掌握全船的装卸进度、检查货物的堆装、衬垫、隔票情况,平衡各舱的装卸进度,及时签发收货单,并做好批注。当遇特殊情况(如货种、数量发生变化、货物体积、尺码估计数与实际有出入,有些货物没有按时集中等)需对配载计划作相应调整时,应以实际装载满足船舶配载要求为依据调整。

(9)货物装毕,大副应会同业务员、理货共同检查货物的装载状态,绑扎是否牢靠,确认一切正常后通知封舱,并检查、签定理货部门绘制的实际配载图(实际装载图),然后将其复制多份由船携带或通过代理寄给卸货港代理,代卸货港作卸货准备和卸货用。

(10)一切工作完成后,报告船长、供其安排开航准备。

3. 卸货

卸货时的工作包括:

(1)卸货设备升起、安置和检查,打开卸货舱舱盖,如果利用岸吊,把船舶吊杆或克令吊臂转到外档。

(2)卸货中应防止混票或错卸。如发现货损应做好记录,查清事故原因。

(3)卸货过程中适时按需要打入压载水。

(4)看舱水手随时整理好衬垫物料,按要求归放好绑扎索具。如果存在底脚货,将其集中供大副与货主协商处理。

(5)卸货毕,大副或值班驾驶员会同装卸业务员和理货检查有无漏卸货,检查船舶设备是否完好。

第四节　航行途中的货物保管

航行途中，由于风浪的作用，船舶常处于摇摆、颠簸的状态中，再加之气象等外界自然条件的变化和货物本身的性质，使货物也处于不断变化之中，这些变化轻者造成货损，重者会危及整条船舶，因此，航海人员在航行途中必须认真做好货物的保管工作。

一、检查与维护

航行途中，对货物和船舶的检查及根据情况所采取的维护是保证货物和船舶安全的基础，其主要包括以下几个方面：

1. 对货物加固和绑扎情况的检查与维护

船舶上的易移动货物，大件货和集装箱在装货时都按一定要求进行绑扎和加固，航行过程中应定时检查绑扎加固情况，发现松动应马上进行重新绑扎和加固。

2. 检查污水沟和压载舱的水位并视情况做相应处理

污水沟的水位直接反映了舱内货物是否受水湿的情况，如果污水沟水位出现异常增加现象，则不仅应马上排水，而且应赶快查明原因。这时，如果与该污水沟所在货舱相关的压载舱水位减少，则可能是压载舱漏水。如果压载舱水位无变化，则应检查货舱舱盖及其相关人孔、通风孔等的水密情况，并做应急处理。

3. 检查冷藏舱、箱的工作情况，并作相应处理

为了保证冷藏货的安全运输，必须按规定控制冷藏舱、箱的温度、湿度和二氧化碳含量。对于冷藏集装箱，这些都是自动控制，并由显示装置和记录装置显示并记录其温度，航行途中，大副应每天定时检查其工作状况，如发现温度超出规定范围，应马上请轮机长安排修理，如果修理不好，应马上报告船长电告公司或代理请示处理指示，而且大副还应将每天温度检查结果、出现的情况和修理情况记录在冷藏箱工作日志中，作为发生货损后判明责任时的参考资料。对于冷藏舱，其温度一般也是自动控制的，而湿度和二氧化碳含量有的船为自动控制，有的船为人工控制。航行途中除检查其温度、湿度和二氧化碳含量外，对于人工控制的船舶，应按规定进行通风换气，使其温度和二氧化碳含量控制在规定范围内。对于货物没有装满或途中卸下部分货物的舱，应注意采用在空位处均匀放置一些与冷藏货性质无抵触的货物或帆布等以防止冷气短路而不流经冷藏货物。此外，必须认真填写冷藏舱日志、冷冻机日志，以备发生货损，判明责任和以后运输冷藏货时作参考。

4. 检查舱盖、人孔、通风孔等的水密情况，并做必要修复

舱盖、人孔和通风孔的水密情况不好，均可造成货舱进水，造成货损。航行途中应经常检查其水密情况，并做必要修复，如果船上没有条件修复，应电告公司，请公司作出安排。

5. 检查货物情况，并做必要处理

航行途中，应根据货物的外表状况、是否出现异味、是否出现异常响声等判定货物是否出现问题，并视具体情况做相应的处理。

二、货舱通风

货舱通风即使空气流入货舱再流出，其是航行途中货物保管的一项基本工作。

1. 货舱通风的目的

货舱通风的目的有以下几点：

(1)降低舱内露点,防止产生汗水;

(2)降低舱内温度,避免货物变质和自燃;

(3)供给新鲜空气,防止货物腐烂;

(4)排除危险性气体,以防引起爆炸、燃烧和中毒事故。

2. 货舱通风方法

货舱通风有以下三种方法:

(1)自然通风

自然通风是利用设置在甲板上的通风筒和自然风力进行通风的通风方式。

(2)机械通风

机械通风是利用与通风筒子相连的鼓风机进行通风的通风方式。

(3)干燥通风

干燥通风是机械通风结合干燥机的通风方式,是利用鼓风机将空气送入干燥机干燥后再送入货舱,如果外界空气湿度较大,其还可以利用循环装置将流过货舱的空气送入干燥机干燥后再送入货舱而形成再循环通风。

3. 货舱通风的基本原则

(1)降低舱内露点,防止产生汗水的通风。

空气中水分的最大含量与空气的温度紧密相关,温度越高,其中所容许的水分的最大含量就越大,在某一温度如果空气中水分含量达最大值时,便达到了饱和状态,这个温度便称作结露温度,又叫露点。此时,如果水分继续增加或温度下降,多余的水分就会析出,凝结成水珠,附着在固体表面即为露水,悬浮在空气中即为水雾。在货舱中,如果船体或货物表面温度低于舱内空气露点,则会在其表面产生露水,即汗水。由此可以看出,为了防止产生汗水,一是将船体和货物的表面温度升高,这显然是很困难的,而且,如果货物温度升高,还势必会导致货物的变质、自燃等,因此这种方法是不可取的。另外,一种方法是降低舱内空气中的水分含量使其露点降低,从而达到防止产生汗水,防止汗水的货舱通风便是以此为根据的。

货舱内外的空气露点可通过露点记录器得出,或者根据干、湿球温度差查露点查算表(船上均配备)获得。得出货舱内外空气露点后,便可根据其关系确定适当的通风方法,具体为:

①当外界空气露点低于舱内空气露点时,采用旺盛的自然通风或机械通风。

②当外界空气露点和温度均低于舱内空气露点时,最好采用干燥通风,对于没有干燥通风装置的船舶,可将通风孔全部朝下风方向,使舱内空气缓慢排出,外界空气很少进入,或者利用将调节阀关小靠自然排气进行缓慢的少量机械通风。

③当外界空气露点高于舱内空气露点时,应断绝自然通风和机械通风,采用再循环并追加干燥空气的干燥通风。

④雨天、恶劣天气甲板上浪时,应将自然和机械通风筒全部罩严,保证水密,采用再循环并追加干燥空气的干燥通风。

(2)降低舱内温度,防止货物变质、自燃的通风。

船舶在航行途中,由于诸如机舱、燃油加热管等热量的传导,太阳光的热辐射、外界气温及货物本身的放热等原因,均会使舱内温度升高,如果积热不散,长期下去便会导致货物变质、融化或自燃,因此,必须对货舱进行降温性的通风。

对货舱的降温性通风应在外界空气温度低于舱内温度的基础上按降低舱内空气露点的通

风原则进行。但当对装有某些具有易氧化、自热特性的易自燃货物的货舱通风时应特别谨慎，必须在完全确认其无自燃因素后再进行。

(3)供给新鲜空气,防止货物腐烂的通风。

装运水果、蔬菜、鲜蛋等有生命的货物时,由于它们不断呼吸,使舱内二氧化碳增加,氧气含量减少,温、湿度升高,造成呼吸不足,并为微生物活动繁殖提供了有利条件,促使货物变质腐烂,因此,必须对装运这些货物的货舱进行通风换气。

一般情况下,这些货物装在冷藏舱内,通风换气的操作取决于冷藏舱的先进程度。有些冷藏舱配备有二氧化碳测示仪和自动通风换气装置,对于这种舱,应经常检查其自动工作状态;有的冷藏舱配备有二氧化碳测示仪,但通风换气需手工控制,对于这种舱,需根据测示仪的显示结果进行通风换气,将二氧化碳的含量控制在规定范围内;还有的冷藏舱不具备二氧化碳测示仪,对于这种舱,应根据经验数据和船舶资料中提供的数据进行通风换气。

(4)排除危险性气体,防止引起爆炸,燃烧和中毒事故的通风。

有些货物能散发出易燃、易爆等危险性气体,当这些气体在空气中达到一定浓度时,遇有明火即会爆炸或燃烧;还有的货物能够散发出有毒气体。当运输这些货物时,在航行途中和卸货之前,必须进行旺盛通风,以便及时排除有害气体,还需特别注意的是,有些有害气体的比重比空气大,往往滞留于舱底、污水沟及其他角落而不易排除,为了保证安全,必须待旺盛通风并经检验合格后才能进行舱内作业。

参考文献

[1]谭以和. 海船驾驶基础. 北京:人民交通出版社,1991
[2]李伟. 船舶结构与设备. 大连:大连海事大学出版社,2008
[3]夏国忠. 船舶结构与设备. 大连:大连海事大学出版社,1996
[4]大连海事大学. 精通救生艇筏和救助艇. 大连:大连海事大学出版社,2008
[5]大连海事大学. 高级消防. 大连:大连海事大学出版社,2008
[6]韩寿家. 造船大意. 大连:大连海运学院出版社,1993
[7]郭禹. 航海学. 大连:大连海事大学出版社,2006
[8]陈放. GMDSS 通信设备与业务. 大连:大连海事大学出版社,2008
[9]洪碧光. 船舶操纵. 大连:大连海事大学出版社,2008
[10]徐邦祯. 海上货物运输. 大连:大连海事大学出版社,2005
[11]魏云雨. 船舶信号与 VHF 通信. 大连:大连海事大学出版社,2008
[12]吴兆麟. 船舶避碰与值班(第 3 版). 大连:大连海事大学出版社,2008
[13]中国海事服务中心. 船舶管理. 北京:人民交通出版社;大连:大连海事大学出版社,2008
[14]李振华. 船舶管理(驾驶). 大连:大连海事大学出版社,2005
[15]王世远. 航海雷达与 ARPA. 大连:大连海事大学出版社,1996
[16]张永宁. 航海气象与海洋学. 大连:大连海事大学出版社,2008
[17]中华人民共和国船员注册管理办法,2008
[18]中华人民共和国船员条例,2007
[19]中华人民共和国船员培训管理规则,2009
[20]中华人民共和国海船船员适任考试、评估和发证规则,2004